中國學術思想 研究輯刊

三 編

林 慶 彰 主編

第 1 冊

《三 編》總 目

編 輯 部 編

先秦勢治思想探微

羅 獨 修 著

花木蘭文化出版社

國家圖書館出版品預行編目資料

先秦勢治思想探微／羅獨修 著 — 初版 — 台北縣永和市：花
木蘭文化出版社，2009〔民98〕

目 4+166 面；19×26 公分

（中國學術思想研究輯刊 三編；第1冊）

ISBN：978-986-6528-71-2（精裝）

1. 中國政治思想　2. 先秦哲學

570.921　　　　　　　　　　　　　　　　98001649

ISBN - 978-986-6528-71-2

9 789866 528712

中國學術思想研究輯刊

三 編 第 一 冊　　　　　ISBN：978-986-6528-71-2

先秦勢治思想探微

作　　者　羅獨修
主　　編　林慶彰
總 編 輯　杜潔祥
出　　版　花木蘭文化出版社
發 行 所　花木蘭文化出版社
發 行 人　高小娟
聯絡地址　台北縣永和市中正路五九五號七樓之三
　　　　　電話：02-2923-1455 ／傳眞：02-2923-1452
網　　址　http://www.huamulan.tw 信箱 sut81518@ms59.hinet.net
印　　刷　普羅文化出版廣告事業
封面設計　劉開工作室
初　　版　2009 年 3 月
定　　價　三編 28 冊（精裝）新台幣 46,000 元

《三 編》總 目

編輯部　編

《中國學術思想研究輯刊》三編　書目

《中國學術思想研究輯刊》三編
各書作者簡介・提要・目錄

第一冊　先秦勢治思想探微

作者簡介

羅獨修小傳：本人生於民國四十年四月十日。湖南邵陽人。家鄉爲武俠之發源地之一，寶慶仔至長沙打碼頭的故事不少湖南人耳熟能詳，平江不肖生之《江湖奇俠傳》有特別介紹。此地務農爲生之農民心目中之天堂是長沙商埠，洪楊之亂爲寶慶人開了另一條榮華富貴之路——投軍。因此占商埠經商與研究軍事爲縈繞於心之問題。閱讀廣泛，只要看得懂，於書無所不窺。制式教育對我一無影響，只以少數時間應付課業、考試。大學、研究所均就讀於文化大學，讀書爲輔，經商爲主。二年兵役得以親身體驗軍旅生活。退伍後做過搬運工、開過餐館，其後再入工廠做工，共十二年，生活閱歷堪稱豐富。後再讀博士班、任副教授、教授迄今。研究範圍主要爲軍事史、上古史、文獻學及史學方法等。

提　要

現今學者對先秦勢治思想有形形色色之誤解。

勢治之道在集天下之人材安置在適當位置，以尊制卑、以合制分、以貴制賤、以眾制寡、以大制小，避免一切矛盾、磨擦、衝突，使力量充分發揮，

以成一如身心使臂、如臂使指之一體有效之政治機械、戰鬥機械。在設計上是君一臣百、君合臣分、君略臣詳、一官一職、分而能合。勢治離不開分合，分合離不開度量，故度量爲勢治之主要要素，有時逕以度量代表勢治。一官一職一方面可收分定爭止之功，一方面又可防勢治之凌夷，一方面又可得分工合作之效。先秦諸子對分工合作奇蹟式的提高工作效率已有深刻認知，能使獨立難成之政治工程、軍事任務變得「眾擎易舉」。勢治之道尙包括地勢、家族之勢治。借勢可使威勢繼長增高，順勢可收事半功倍之效。以暗制明、出奇制勝可使力量產生爆發之震撼效果。

勢治之道爲五帝三王安邦定國之最主要方法。五帝三王之超凡入聖、堯舜之垂拱而天下治、周公之聖明與至德、孔子之「出乎其類，拔乎其萃」、先秦諸子思想之體大思精來者難追，必於勢治之道始能一究端倪。

先秦諸子殆無一家、一人可以自外於勢治之範疇。儒、法、名、陰陽、墨、兵等各家，不斷對五帝三王之勢治之道稍加損益，以建構其思想體系，使之更能適應時代需要，以達其得君行道之目的。《管子》內容與《漢書‧藝文志》對正統派道家所下之定義適相符合，故班固將其列入道家；《管子》敘及勢治之道之大半內容。儒家之禮實爲勢治最典雅之說法，孔子深具「宗廟之美，百官之富」之恢宏氣象；孟子論及勢治之分工，氣壯辭烈；荀子論及禮制條理最爲清晰，且論及經濟一體之勢。愼到敘說一體勢治之道簡明扼要，其以「積兔滿市，行者不顧」說明分定爭止最見深刻，其論及順勢而發在諸子之中允推獨步。重勢、重術在申子〈大體〉篇中水乳交溶的合爲一體。兵家將一體勢治之道用之於整軍經武，達到「立於不敗之地」而又「不失敵之敗」之目的。蘇秦、張儀特就立國形勢聳動視聽，遊說人主。商鞅非徒重法，亦兼及重勢；其死亡原因非止「作法自斃」，亦與勢治之道有關。鄒忌以親身體驗說明壅蔽之患。鄒衍之言雖荒誕不經，但亦以一體勢治之道爲依歸。歸本於黃老之《尹文子》，其思想實以一體勢治之道爲主。魯仲連之勢術最精到者爲掌控最有效之空間位置。韓非子從正反兩面申述勢治之道，但其重點實在舉證歷歷說明失勢則亡國破家身亡之慘禍立現，觀者無不怵目驚心。《呂氏春秋》雜取諸子各家之勢治思想，使先秦諸子各得一察焉之勢治之道分而復合。即使是道家之放者老、莊，農家之許行，處士陳仲，全力反對勢治機械的運作，但其反對思想實對先秦勢治之道有攻錯之助，使當時及後世之人對勢治之道有更周全深邃之認知。

經由本證（諸子自言其勢治思想之所自）旁證（他人論列諸子勢治思想之淵源）互相參證，先秦諸子之勢治思想得之於五帝三王者最多；參驗古代及當代歷史者其次；其自行創獲或來自於親身體驗者最少。

五帝三王之良法美意具載典籍，後世萬千讀者間或有一、二才智之士得以窺破其中關鍵，在紛崩離析、一團混沌之局中，將矛盾、抵觸、四處流竄之力量安排在其依現實須要、增損古制而成之一體政治機械或軍事機械之中，運作政治，整軍經武，再創一統之局。此即中國帝國規模可以「死則又育」「分而能合」之最主要原因。其中之拔尖人物，秦末漢初有劉邦、陳平、韓信、叔孫通；西漢有賈誼、周亞夫；東漢末有曹操、諸葛亮；隋末有李世民；宋初有趙普；蒙古有耶律楚材；元末有朱元璋；明代有戚繼光；清末有曾國藩。王國維單只見及周制立子以嫡以長之家族勢治，即為之狂喜，以為是「萬世治安之大計」「政治上之理想，殆未有尚于此者」。殊不知家族一體之勢治僅是勢治思想之一根分枝而已，其它如軍事上之一體之勢、政治上之一體之勢、地理形勢，其所具「萬世治安之大計」之效用，只在立子以嫡以長之上，而不在其下。

勢治之網高張，此事利弊相參。利是一統之局出現，天下太平；弊是個人安置在勢治機械之中，行動受到羈勒束縛，人性受到刻削。奸狡之輩想到之趨利避害之方是經世則儒、法，退隱則老、莊。

中國人在政治上最大創獲發明實在一體之勢治思想。綜核名實、監察御史制度、內閣設計雖亦精妙，但若與一體之勢治相較，就相形見拙，其懸殊程度有若螢火微光欲與星月爭輝。但近代學者對此最見重要之問題，論之者寥寥，即使討論，或專主一家，或僅論及其枝節，以致聞見有限，難窺大體。

本文規鍥六籍，籠罩百家，下貫諸史，將千頭萬緒，經緯萬端，延續四千年之勢治思想勉強理出一個大概。但因範圍太廣，涉及問題過多，疏漏錯誤之處必夥，尚祈博雅，不吝指正。

目　次

第二冊　先秦儒家「天人合德」哲學之探究

作者簡介

　　吳建明，台灣宜蘭人，東海大學哲學系博士。曾任弘光科技大學、台中空中大學、中華醫事學院兼任講師、靜宜大學通識中心兼任助理教授，現任樹德科技大學通識教育學院專任助理教授。

提　要

「天人合德」爲儒家「內聖」之學的極致，有別於宗教上所言的「神人合一」，在本質上與實踐上都有根本的差異。「天人合德」特別是由道德的實踐獲得證成，是由人而發、由內而外的實踐；因此，是以工夫實踐爲關鍵，並由道德的實踐以證知天道本體之無邊義蘊。

「天人合德」一詞由字面上看，爲境界義之用語；由「天人合德」之可能性論析，則透顯由人而發之工夫義；就「天」所指之內涵，則顯發本體宇宙論之意涵；就「人」而理解則不離心性論與工夫論之範疇。故「天人合德」哲學包含本體宇宙論、工夫境界論之多層面內涵，代表先秦儒家《論語》《孟子》《中庸》《易傳》心性論、天道論、工夫論與境界論完整的義理體系。

本書藉由先秦儒家「天人合德」哲學之探究，指出「天人合德」所顯發者即「生命的學問」之內涵，亦即中國文化之重要核心價值。因此，「天人合德」所揭示之儒家慧命，也是中國「生命的學問」之精神展現所在。筆者本著孺慕中國哲學之初衷，以先秦儒家「天人合德」哲學之探究爲論述主題，期能揭示「天人合德」哲學之義理底蘊，進則一窺先秦儒家豐富的傳統智慧之一二。

目　次

第三冊　荀子社會思想研究

作者簡介

　　袁信愛，一九五九年生於台北市，四川省南川縣人。一九九四年畢業於台灣天主教輔仁大學哲學研究所博士班，現任天主教輔仁大學哲學系副教授。長期從事中國哲學的研究與教學，並有數十篇相關論文的發表。目前專攻中國人學與中國古典生死學的探究，著有《人學省思》（文史哲出版）與《中國哲學史》（文津出版），另有「海歆工作室－袁信愛的人學天地」（http:// http://hk.geocities.com/ai1927）之教學網站的設置。

提　要

　　本論文共分五章，共計十餘萬字：第一章「緒論」，係對荀子其人其學作一概括性的介紹。第二章「荀子的社會思想本論」，係對荀子的社會思想作一具體的說明和完整的闡釋。第三章「荀子的社會思想之哲學基礎」，係對荀子的社會思想所依據與發揮的哲學理論作一整體性的論析。第四章「荀子的塵會思想之反省與評議」，係對荀子的社會思想之兩個重要課題作一析論

與反省，並試圖就歷來學者對荀子之較為持平的論議，以期為荀子尋得一個公允，合宜的歷史定位與價值評定。第五章「結論」，係對荀子的社會思想之論作一審視，並點出當代學者可就不同研究視域而從《荀子》乙書中獲得啓迪。

本文的目的即在結構化與系統化荀子的社會思想，期藉「社會、政治、經濟、教育」等四個次結構的論析，以透顯荀子之社會思想的主軸在其「禮義之統」的意識型態之確立與落實。而此意識型態的形構又有其「天道觀、致知論、倫理學、論理學」的哲學基礎。故本文的研究路徑係分別依結構的舖陳與功能的論析，以進探荀子社會思想的具體方案；依意識型態與社會環境的互動關係，以進探荀子社會思想的哲學理據。從而展現荀子對於人世的關懷，對於人文的重視，及對於人生的肯定。

目　次

從解蔽心看荀子的知識論與方法學

作者簡介

潘小慧，女，輔仁大學哲學博士。

現任：輔仁大學哲學系所專任教授兼主任、輔仁大學士林哲學研究中心主任、哲學與文化月刊社社長

著作：《人類道德實踐的基本結構——析論先秦儒家與多瑪斯哲學》（1990博士論文）、《德行與倫理——多瑪斯的德行倫理學》（2003）、《哲學入門》（2003）、《哲學概論》（2004）、《倫理的理論與實踐》（2005）、《四德行論——以多瑪斯哲學與儒家哲學爲對比的探究》（2007）、《兒童哲學的理論與實務》（2008）等，以及學術論文近百篇。

提　要

綜合《荀子》書中所言之「心」，依其意義及作用，可區分爲「情欲心」、「自主心」、「認識心」及「道德心」四種；其中自主心和認識心爲荀學所特別強調者，可相合成一種較廣義的認知心，稱爲「解蔽心」。在知識論上，解蔽心作爲認識作用的認知主體，具有「徵」與「知」二作用及「虛」、「壹」、「靜」三大功能，故能「知物」、「知天」及「知道」。道之實質爲「禮義」，是聖人積思慮，習僞故的產物，除了作爲言行的表準，也是眞知的判準。「知道」方能「可道」，然後能「守道以禁非道」，導天下國家臻正理平治之境，達成認知的最終目的。在方法學上，「正名」和「辨說」也必須透過解蔽心的運作方可完成。正名思想因應名實紊亂的現實問題而生，除了要破除「三惑」，更有所謂「制名三要」；辨說則爲了對治「姦言」、「姦說」而起，自有其範圍與應有的態度。總之，荀子的知識論及方法學爲其道德實踐的理論基礎。

目 次

第四冊　莊子思想藝術化

作者簡介

黃志盛

1. 學歷：國立高雄師範大學國文研究所博士
2. 經歷：國立高雄海洋科技大學副教授

　　　　國立高雄師範大學兼任副教授

　　　　私立義守大學兼任副教授

　　　　私立崑山科技大學專任講師

　　　　私立中洲技術學院專任講師
3. 學術專長：思想、文學、生死學、方法論
4. 講授課程：華語文學與思想、應用文、中國語文、生死學

提　要

　　本文共一冊，約十五萬字，分六章二十六節。全文旨在說明莊子思想的最高概念——道。就資料來源而言，本文除參考莊子的資料之外，並斟酌參考古今中外學者之著作，計專書一百五十一種，論文二十五種，單篇文章七十七篇。就研究方法而言，本文先從莊子其人及其書之探討入手，而後及於莊子的表意方式，再進入本題——莊子之道的研究。結果吾人發現，莊子之道除具有形上之性質外，同時也具有藝術之性質，而這具有藝術之性質的道，尤其為莊子所注重。茲將全文各章之內容，略述於下：

　　第一章　緒論，旨在說明本文的寫作旨趣、研究方法、論述程序及資料取捨之標準。

　　第二章　莊子其人及其書，旨在說明莊子的生平及其著作。

　　第三章　莊子三言的探討，旨在說明莊子的表意方式——寓言、重言及卮言這三種文體在作法上的分別。

　　第四章　莊子用三言以說明道的舉例，旨在說明莊子之道具有形上的性質。

　　第五章　莊子的藝術的心靈，旨在說明莊子之道具有藝術的性質。

　　第六章　總結，則將本文研究所得，擇要敘述之。

目　次

第五、六冊　林雲銘《莊子因》「以文解莊」研究

作者簡介

　　錢奕華，目前於國立空中大學人文學系、台灣師範大學華語文學科兼任助理教授，曾擔任泰國甘苪碧皇家大學中文教育專業負責人。畢業於台灣師大國文系學士、高雄師範大學碩士、博士，碩士論文：《宣穎南華經解之研究》台北：萬卷樓出版，2000 年 5 月。《林雲銘《莊子因》「以文解莊」研究》爲博士論文。學術研究以莊學詮釋爲主軸，教學以通識博雅教學、華語教學爲重。

提　要

　　本論文從莊學史中「以文解莊」之詮釋過程與意義爲主，以文學角度論述《莊子》，運用文章章法以剖析《莊子》，以《莊子》爲文本（text），在歷代注疏《莊子》者，作「可讀的」與「可寫的」無限的揮灑下，後世的讀者，不但在作「恢復」文本原來的意義與脈絡的工作，更是不斷的「開發」文本內涵意義的容量與理論的潛力而努力，歷代的學者，也都在詮釋的角度下，「重建」（reconstruction）經典，發展其內具的潛在力，人人探驪得珠，《莊子》予以後世無限寬廣的空間，在哲學、文學、經學、史學、社會學、政治學、生死學、宗教學等等，都蘊含著無窮的意義與潛力。本論文分八章：

　　第一章〈緒論〉：說明研究動機、文獻回顧與研究方法，以勾勒出論文之組織架構。

　　第二章〈「以文解莊」釋義〉：由縱向的莊學詮釋的歷史中，在歷時研究（Diachronic Study）之下，歷代莊學無論從義理方面：「以儒解莊」、「以佛解莊」，或從語言文字上的訓詁方式解莊，即使言：「以莊解莊」，亦根據自己的特質，闡發莊子之義涵，尋求另一種詮釋莊子之契機。由此歸納出以文學角度

詮釋莊子的詮釋方法：由援用莊子到評注莊子，從以文評莊、以脈絡評莊，進而到以文解莊。

第三章〈清初「以文解莊」之形成背景〉：以並時研究（Synchronic Study）為主，作橫向的政治、文化、文章、科考、社會、學術風氣等等影響下，說明「以文解莊」的形成背景，清初林雲銘《莊子因》可說是將《莊子》由文學理念建構成文學理論最具代表的作品。當時是由注轉評，制義科考、書院教育、選本講學、科舉取士、文章講求文理兼具等學術環境，以形成了「以文解莊」的風氣。

第四章〈莊子因以讀者角度對莊子之詮釋〉：林雲銘不但以其讀者身分，以對世事抑鬱哀憤之情以解莊，更運用其優越的古文造詣，為後世讀莊者，引導閱讀方向與方法。

第五章〈莊子因對莊子文本之詮釋路徑〉：林雲銘再就莊子表層的文字、句讀、段落、大旨、章法，提出「眼目所見，精神所匯」以內七篇相因之法，結合外雜篇相因之理，以結構論、形式論、言意詮釋論、批評論說明《莊子》之形式結構。

第六章〈莊子因以文解莊之深層意涵〉：而《莊子》之深層意涵，林雲銘亦以社會價值、生死觀點、虛靜無為最後化入「道體」，作為其詮釋的方法與理論的建構。

第七章〈莊子因之影響與評價〉：林雲銘「以文解莊」能掌握《莊子》文本之文學理論的意義，以讀者作家與作品進而化于宇宙之「道」的觀點詮釋莊子，以「因」為全書詮解之主軸，建立《莊子》之詮釋理論，將莊子的文學性與哲學性加以連結，在詮釋方法的運用上、莊學史「以文解莊」的詮釋上，日本漢學解莊的方法上，及對學術所產生的意義與效用上，都產生一定的影響性。

第八章〈結論〉：林雲銘同時發揮莊子文學與哲學特質，運用有效率、科學的方法解莊，此書有系統、有方法的文學理論的建構，做到了：哲學、科學與文學的結合之詮釋。

《莊子因》從字面意義入手，再進入到形上意義時，運用洞見去看出超越之道，憑文字、旨意、章法入手，再化諸忘己之工夫、灌注至精神層面，本論文藉由東方與西方的對話，古與今之詮釋，期待能作更精準客觀的論證。

目 次

上 冊

第七、八冊　《莊》、《列》思想比較研究

作者簡介

　　林秀香，畢業於國立高雄師範大學國文研究所博士班。現任教於高雄市三民家商綜合高中科。著有學位論文：《《莊子》寓言及其美學義涵研究》（碩士論文）、《《莊》《列》思想比較研究（博士論文）。期刊論文：〈試論《莊子》審美歷程與精神美〉（《國文學報》創刊號）、〈從《南華真經》中談莊子的逍遙人生〉（《宗教與心靈改革研討會論文集》)）、〈試論《莊子》中體道的境界〉（《問學》第八期）、〈試論《莊子》處世之道與理想社會〉（《所友論文學術討論會》)）等。

提　要

　　先秦道家，創始於老子，「道」是道家學派及其哲學思想的中心概念。《莊子》與《列子》在老子思想的基礎上，同樣以「道」作為其哲學的最高範疇，對於道家思想的繼承與發展具有重大的貢獻。莊子和列子雖同為道家思想的代表者，《莊子》與《列子》二書雖並列為道家重要經典之一，但歷來給予的關注卻明顯不同。《莊子》一書不論是精神自由、體道境界、人生哲學、處世哲學等方面皆有獨特的見解，有對老子思想的繼承與開創。除了在先秦文學史上大放異彩，也影響了兩千多年來的許多哲學家與文學家。

　　至於《列子》一書則由於本文的真偽及作者問題，多年來爭論不休，反而使人忽略了書本身的價值。近年來有不少學者，致力於論證《列子》一書並非完全為偽，認為它成書於先秦時期，中間流傳的過程十分複雜，因此不排除雜有其他思想的可能，但基本上仍是保存著列子及其後學的思想。本論

文希望藉由《莊》《列》思想的研究探討，除了對《莊》《列》思想及其彼此間的相互關係有更進一層的認識之外，對道家思想亦能有更具系統且深入的了解。並將此思想吸收轉化爲生活之能量，使吾人在面對現實生活，尤其是面對困境時，得以更爲從容自得，展現人生高度的智慧。

目　次

第九冊　《韓非子》思想體系

作者簡介

　　張素貞 Chang Su-Chen 小傳：張素貞，臺灣省新竹縣人，一九四二年生。臺灣師大國文系文學士、師大國文研究所碩士，國立臺灣師大國文系教授。專長在韓非子、現代小說，兼研古典小說，講授韓非子、現代小說選讀，中國小說研討、新文藝散文、國音等課程。著有：《韓非子思想體系》、《韓非子解老喻老研究》、《韓非子難篇研究》、《國家的秩序 —— 韓非子》、《韓非子的實用哲學》、《中國文學與美學‧古典小說的多采與變化》、《細讀現代小說》、《續讀現代小說》、《現代小說啓事》、《案頭春秋》等；校注譯有：《新編韓非子》。

提　要

　　《韓非子思想體系》爲民國五十九年六月師大國文研究所碩士論文，李日剛教授指導，以文言文撰就；後交由黎明公司出版，增訂版補充四篇語體論文。

　　《韓非子思想體系》乃就《韓非子》全文做通盤剖析理解，進而歸納排比論述所得。版本大抵選用陳啓天《韓非子校釋》及陳奇猷《韓非子集釋》之說，而參酌專家論述，排比聯串，提挈條目，彙敍篇題，評議事類，全力歸納彙整其思想體系。欲知人論世，故先論韓非之身世，詳其時代、祖國、生平梗概。再探其思想淵源，法家爲內因；道、儒、墨、名家爲外緣。欲明其思想基礎，而列哲學思想，探究人性自利、歷史進化、國家務力之基本主張。再進入重要政治思想，細論《韓非子》思想精華：因其帝王政治理想首在君主集權，故先談「任勢」，君主獨擅賞罰，即先論賞罰，而於「尚法」、「用術」節另做照應。法之成文、公布、詳明、必行，術之細密，有客觀考核，有微妙之運用，皆條列論說。韓非之耕戰富強論，堪稱論述之目標，列爲國防思想。《韓非子》要求全民貴法尊君而行愚民之實，乃列教育思想。此中列證引述，由重而輕，層

次分明，而論議僅能約略點出；為集中論說，乃撰「韓非學術思想評議」一章，藉由參引近代學者論述，客觀評議韓非思想之利弊得失，亦可視為本論文之研究結論。

目　次

第十冊　魏晉玄論與士風新探——以「情」爲綰合及詮釋進路

作者簡介

　　吳冠宏，民國五十四年（1965）出生於花蓮，性喜沈思冥想，雅好山海自然，情鍾於中國傳統文化，對人文教育深具使命感。台灣大學中國文學博士，曾擔任東華大學中文系主任（2001～2004），現爲東華大學中文系教授兼通識中心暨藝術中心主任。著有《聖賢典型的儒道義蘊試詮——以舜、甯武子、顏淵與黃憲爲釋例》（里仁書局 2000）、《魏晉玄義與聲論新探》（里仁書局 2006）及多篇學術論文著作，專長爲魏晉學術與儒道思想。

提　要

　　本篇論文是透過「情」來綰合魏晉之「玄論」與「士風」兩大課題。藉由個別特質的照明以尋索兩者合理的關係定位，繼而發揮相濟映襯之功，以契入魏晉「尚智」與「鍾情」的時代殊趣。

　　而「情」不僅爲本文探討的「主題」對象，它更是一種「方法」的運用：如「玄論」則透過論「情」問題的串引，以深入何晏、王弼、嵇康、郭象的思想內涵，進而比較其異同，使之得以有一並觀互照的進路。士風之探則援用迴盪兩端——「玄」的形態來入手進行，藉由四組相對觀點：「鍾情與忘情」、「眞情與矯情」、「約情與肆情」、「高情與俗情」的揭示，期能掌握魏晉士人輾轉交錯、游移周旋其間乃至和諧融會的生命風貌與心態。

經此分殊，何、王之「聖人有情無情之辯」遂得以重新置於「有」、「無」觀念來掌握，免於依其名目訴諸「有情感」與「無情感」的理解，而淺化了玄論之深旨。郭象「聖人無情說」則宜從其「冥」義轉進，進而使何、王、郭之間勾勒出「賤有以貴無」→「有無並觀而以有顯無」→「消無歸有而以有冥無」的發展脈絡。

此外，本文也將郭象玄學的情理關係、嵇康〈聲〉文的聲情關係涵融收攝成層次分明的理論結構，除了有助於有效地解讀之外，一則由前者尋索適性稱情之士風的理據，一則由後者揭示鍾情而忘情的生命向度乃至體物以契道境的忘情方式，而援引以解尚情士風更深的旨趣，使玄論與士風之探在各定其位外又能尋得會通互證之妙，而魏晉人之所以能融攝深情之美趣與契物之深智，亦可由此知曉。

目　次

第十一冊　顏子形象與魏晉人物品鑒

作者簡介

　　吳冠宏，民國五十四年（1965）出生於花蓮，性喜沈思冥想，雅好山海自然，情鍾於中國傳統文化，對人文教育深具使命感。台灣大學中國文學博士，曾擔任東華大學中文系主任（2001～2004），現爲東華大學中文系教授兼通識中心暨藝術中心主任。著有《聖賢典型的儒道義蘊試詮——以舜、甯武子、顏淵與黃憲爲釋例》（里仁書局 2000）、《魏晉玄義與聲論新探》（里仁書局 2006）及多篇學術論文著作，專長爲魏晉學術與儒道思想。

提　要

　　人物形象之探討，向來著眼於傳統史傳與小說的領域，而義理思想的研究，亦每側重在論點及概念的辨析，本文則嘗試從「顏子形象」轉進，試圖開關以人物形象連結思想問題的詮釋新途。

　　賀昌群先生曾提出「漢晉間賞鑒人物何以獨擬顏子」的論題，本文即承此特殊的品鑒現象出發，一則藉著具有典型意義的顏子形象，探入《論》、《莊》及魏晉《論語》注疏的思想底蘊，以作爲討論人物品鑒之思想背景的詮釋基礎；二則乃從顏子形象與魏晉人物品鑒交會而生的待詮面向切入，透過對應效用法，將被喻爲顏子的黃憲、荀彧、陳群、羊祜、陸雲、謝尙諸人對照並觀，從而勾勒出天資異稟、言談風姿、知人善鑒之理想人格的時代特質，並彰顯「人物喻體—顏子」之義涵有由「道德（至德）→才德（才略、明智）→才情（才器、性情）之轉變的趨勢，遂使此部分現象與整體之間，可以形成相互詮釋、彼此證成的關係。

　　可見，本文之所以標舉顏子，不僅視其爲一探討的對象，也使之成爲一種方法的運用。如此，耳熟能詳的顏子，不再只是被人歌頌的對象而已，更能爲我們開啓探討儒、道、玄的思想精義及魏晉人物風貌與品鑒風向的橋樑。

目　次

魏晉任誕士風研究

作者簡介

栗子菁，祖籍河南省輝縣，臺灣高雄出生，國立臺灣大學中國文學研究所畢業，現任國防大學通識教育中心專任文職教師，曾任教育部第二梯次四年期（91-95 學年度）「提昇大學基礎教育計畫」——「國防大學基礎學院通識教育提昇計畫——通識教育課程設計」共同主持人及總結報告者。發表論文「杜蘭朵公主三版本——歌劇、豫劇、川劇的比較」、「全國性大學校院通識教育巡迴講座課程——文學講座教學教案分析」等。

提 要

任誕士風是魏晉時代頗為特殊的文化現象，時間長達二百年之久，它的興起與詭譎險惡的政局密切相關。由於不滿執政掌權者虛矯、詐偽的作風，任誕名士遂以任性誕行（越名教而任自然）的方式來渲洩心中的憤懣不平。此種異乎常態的言行舉止，對當時的政治、學術界影響甚為深遠，然而細究任誕狂放行徑的背後，實可觀察到不同時代的名士們，在面對處世立身艱難的挑戰時，不同層次的抉擇與心態，有的藉此反襯出批判省思、針砭時弊的用心；有的則是東施效顰、無所用心的頹廢消散。在內外情境極不協調的狀況下，遂構成此一獨特而不易為人所了解的文化景象。長久以來，任誕士風受到不少學界人士嚴厲的批評與苛責，甚至對它的觀察也有籠統而不切實際的部分。本論文研究目的即期能深入探討魏晉任誕士風的內涵與不同時代所顯示的意義，並試圖給予一客觀公正的評價。

本論文資料來源主要以世說新語、後漢書、三國志、晉書為主要依據，輔以作家文集和後世史學、思想論著，並參考時賢論文以組織成篇。首先，說明先秦莊老想及魏晉以前少數士人誕行對魏晉任誕名士的影響；其次界定任誕一詞的涵義並就五倫關係區分誕行為任誕與狂誕；再依時代先後分三期以探討任誕士風形成原因及名士風格與行為表現，以突顯各期任誕士風的特色與前後影響、傳承的關係，最後除綜整前賢對任誕士風的評價外，再歸納提出一己之研究心得。

目 次

第十二冊 由《世說新語》探討——魏晉清談與雋語之關係

作者簡介

　　陳慧玲，東吳大學中文系研究所碩士，輔仁大學心理系社會文化組博士生，目前任教於東南科技大學，講授國文、實用中文、文學與電影、社會心理學等課程。

　　基於對人文社會之濃厚興趣，畢業後從事學校諮商輔導工作，並轉向人物傳記之心理分析研究，前後發表《從溝通分析 Transactional analysis 之腳本（Script）理論看黛玉的性格與人生／91》、《唐傳奇女性的生命圖譜——以 TA（Transactional Analysis）理論之腳本特質詮釋分析／92》、《從構通分析理論看班昭《女誡》的女性心理地位問題及其影響／93》、《反抗、妥協與認同——以日據初期陳秋菊的抗日與歸順爲例／93》、《從敘說分析（Narrative

Analysis）角度看吳濁流在日治經驗下的自我書寫／95》等論文，並擔任《文山區志》、《深坑鄉志》編撰，目前以精神分析、文化心理學爲研究主題。

提 要

　　本論文主旨乃以《世說新語》爲範疇，探討魏晉時代清談思想對當時語言態度之影響，及雋語中顯露之清談玄論、人物品鑒與名士之思想言行等。所謂雋語，專指味美而意深長之語言，所被載於《世說》者。全文除序論、結語外，共分五章言之：

　　第一章探討兩漢時代，道、儒、名、法諸家思想之演變，與荆州新學興起，對魏晉玄學思想之啓發，共分四節言之。

　　第二章明言清議之過渡到清談，又將魏晉時代清談分爲五期，各具有不同之思想傾向與論談主題，分二節，第二節又分五目言之。

　　第三章討論《世說新語》中雋妙言語自口頭談論，轉變爲文學語言之契機，由談辯風氣、言意之辨、音韻講求及文學技巧上，分四節言之。

　　第四章評析《世說新語》中具有玄學哲理之雋言，以何晏王弼之貴無主張、時下達莊思想及般若佛學之研究爲主軸，貫穿當時討論之清談主題，分三節，節下各分細目言之。

　　第五章白美學觀點評判魏晉之人物品鑒，分析其品鑒之標準與方式，並論及其對文學批評之影響。共分三節言之。

目 次

第十三冊　時空下的身體展演——《世說新語》之研究

作者簡介

周翊雯，2001 年畢業於中興大學中國文學研究所，現正就讀於成功大學中文博士班。專長領域為魏晉文學、思想。「身體」的探討是目前方興未艾的議題。而由於身體的塑形必然是自我／外界、主／客、內／外交互融攝後所形塑出的樣貌，而身體又是人之所以為人的最基本單位，因此筆者相信，以身體展演角度觀看魏晉名士的風度，必然可以給予一種微觀的角度，觀看名士們的種種風貌，這也是本文寫作的原因。也期許這本論文的完成，能夠拋磚引玉，讓更多身體相關的論述，進入魏晉風度之中。

提　要

「身體」是人的根本，人之所以「無所逃於天地之間」，便是因為身體的存在，而人也因為身體的存在，必須拘陷在特定的時空之中；人的種種活動，更必須依靠「身體的存有」，主動將自我放置在「現場」，藉著身體場域才能進一步與世界作真正的溝通、聯繫。因此，身體是人生命存在的最根本基礎，也是人體驗生存的本質因素。

而魏晉板蕩亂世，對於「身體」的感受力往往更為深刻，身體一方面是存在的基礎，一方面卻又成為痛苦、快樂、不堪、超越……的最根本源頭。「身體」成了他們擺脫不了，既痛苦又快樂、既沉淪又超越的基礎根源。因此，藉由身體現象之挖掘，必能勾勒出魏晉人生動的生命寫照以及自我風貌。

除此之外，魏晉時期的身體展演，相較於先秦兩漢的傳統有非常大的突破。先秦兩漢時期，身體的展現，仍較偏向威儀性質。但魏晉時期的身體展演，卻開始脫離威儀禮教的限制，朝向自我個性的展現。他們的身體，開始由社會化、規範化、倫理化、威儀化的體現，轉而走向獨立化、個性化的情形；身體成為他們在主流體系下所裝置的一具具揚聲高喊「寧作我」的擴音器。他們開始意識到身體主權的存在，身體的符號與表情，都可說是為了體現自我的存在而高蹈展演，所以「身體」在魏晉知識分子的心中，已不純然只是外在的軀殼而已，它已然轉型到可由自我掌控的私有領地。他們也藉著身體，宣示著自我存在的價值與意義。

因此，魏晉士人開始探索身體的可塑性，也借著身體，充分表達出他們的個性意識。他們的身體是多元的，也是豐富的。他們或躁動、或沉靜、或守禮、或無禮、或豪爽、或縱情、或驕奢、或流離、……種種的身體表情，豐富的展

演出他們的內心，也勾勒出一個又一個生動的自我風貌；而他們的生命個體，也都清晰地藉著身體展演映現目前。

目 次

郭象天道性命思想研究

作者簡介

　　沈素因，台灣雲林縣人，國立中正大學中國文學系博士候選人。目前研究重心爲魏晉玄學與美學，著有《郭象天道性命思想研究》（碩士論文），及〈郭象自生義之深層意涵探析〉、〈郭象《莊子注》之工夫論探究〉、〈孔子的養生論——從《論語‧鄉黨篇》的飲食觀談起〉、〈《型世言》之「厭女」研究〉、〈《聊齋誌異》之妒悍婦形象及其性政治意涵研究〉等學術論文數篇。

提　要

　　中國哲學是生命的實踐哲學，致力於調節生命、運轉生命、安頓生命，以求安身立命之道。而郭象幾乎經歷了西晉政權的建立與滅亡；從司馬氏奪權的誅戮縱橫，至八王之亂的攻伐混戰，再至永嘉之禍的燒殺擄掠，現實生活充斥著太多的苦難、恐慌與慘酷，百姓生活顛沛流離，無一不在生死線上痛苦地掙扎著，令諸多名士對生命的無常感到唏噓不已，不禁熄滅心中理想之火，士風日趨頹廢，另一方面，也有一部份的名士仍努力調和自然與名教，試著爲失序的社會尋回平衡點，爲無依的靈魂找到安置處。而郭象身處此中，面臨現實與理想的割裂矛盾，對生命的感觸與思維應有深刻之處，是以，本論文藉著探究郭象之天道性命思想，以瞭解郭象如何爲動盪環境下的人們提供一安命立身之道。

　　第一章緒論：說明研究動機、研究範圍，回顧前人研究文獻，並闡述研究

方法與步驟，以陳構郭象天道、性命之思想內容。

第二章郭象天道思想——有無雙遣之自然論：先論述孔、孟、老、莊、王弼、嵇康、阮籍等人之天道觀，再闡明郭象面臨元康年間的虛無風氣時，仍試圖保存「無」的眞正精神，其思想乃與道家血脈相連，具有道家玄理玄智的性格，以「自然」爲思想中心來建構其玄學系統。然而，爲了無去時人對於「無」的執著，郭象在說明萬物之生時，多以自生敘之，而不直言道生。但這並不代表郭象全然否定「無」的形上意義，「道生」與「自生」並不衝突，二者是一體的兩面，說萬物自生並不代表就是否定形上之萬物宗主，而是以有顯無，是經由萬有之自生自化來彰顯無的形上智慧。故仍承襲道家精神，以「無」爲形上之萬物宗主。

第三章郭象性命思想——順性安命之人性論：旨在說明郭象對人性的看法雖重人之才性部分，但是，對於人人具有之超越善惡的自然眞性亦能正視之、論及之，認爲人性是源於自然無爲之天道，故精純眞樸、善惡兩忘，即使各人所稟賦的才能有多寡、高低之別，但皆同通於道，而無好壞、貴賤，因此，凡得於性者，不論大小，俱可逍遙。至於現實外在環境或條件的限制，郭象則以「命」論之。當郭象「性」、「命」二字連用時，常常透顯出對人生命本身以及現實外在環境或條件限制的超越意義與安然承擔。

第四章天道與性命相貫通——泯齊性分之逍遙論：著重於郭象工夫論的探究，以及分辨凡人之逍遙與聖人之逍遙的同與異。認爲郭象《莊子注》是透過詭辭爲用的方式來呈現其工夫修養之言論，不過，郭象雖主張人人皆可透過生命實踐的工夫回歸自在具足之本性，但並不就此宣稱自足於本性者即可爲聖人，因爲，郭象以爲眞正的聖人非僅是足於本性之自通，亦須使萬物不失其所待而同於大通。且期許在上位者成爲聖王，以沖虛靈妙之心玄覽萬物，令天下萬物各順其性，達到天下皆逍遙之整體和諧與完滿。

第五章結論：除了總結、歸納本論文之重要觀點外，並指出尚有幾個論題頗值得繼續加以深究。

目　次

第十四冊　尹師魯的生平與學術

作者簡介

　　劉明宗，高雄師大國文研究所博士，屏東教育大學客家文化研究所所長，曾任國小、國中、高中、海軍官校教師、屏東師院總務長、主任秘書、附小校長；學術專長為：唐宋詩詞、古文、兒童文學、應用文、語文教學、客家俗諺歌謠；曾任教育部九年一貫課程與推動小組輔導委員、僑委會海外（泰北、緬甸、美加東、印尼、美加西、美南）華文講座、全國中小學教師檢定命題委員、全國語文競賽命題、審題、評審、申訴委員；現任教育部九年一貫課程國語文教科圖書審查委員、客委會計畫審查委員。

提　要

　　古文運動，自韓、柳推動以後，曾經晚唐、五代之中落沈寂；至北宋，由於眾古文家之大力蹈揚，復重現璀璨光芒，尹洙（字師魯）即其中先驅。歐陽脩曾稱其文章「簡而有法」、「惟春秋可比」，並不時向其請益，因而激起提倡

古文、維護聖道之心志。

　　尹洙一生交游，多當世忠義賢良，如范仲淹、韓琦、歐陽脩輩，其人品甚受朋輩及後世推重。其一生成就偏重於事功，尤其國防方面最爲突出。尹洙身爲宋代古文先驅作家，推助宋代古文運動大放異采，承先啓後厥功甚偉；至於其與歐陽脩共撰五代史部分，歐陽脩曾盛讚尹洙「素以史筆自負」，並稱其「河東一傳大妙」；惟因師魯早亡，故未克竟功。

　　綜觀尹洙之生平及學術，實在值得吾人由識其人、知其學，進而效其行。

目　次

第十五冊　張橫渠思想研究

作者簡介

　　劉錦賢，臺灣省彰化縣人，民國四十二年生。臺灣師範大學國文學系畢業、國文研究所碩士、博士。曾任彰化縣立永靖國中、臺北市立北一女中國文教師、臺北工專共同科講師、臺北科大共同科副教授，現任中興大學中國文學系教授。主講中國思想史、宋明學術及周易等儒學相關課程。著有《戴東原思想析論》、《儒家保生觀與成德之教》、《孟子的生活智慧》等書，並發表〈易道之「懼以終始」論述〉、〈莊子天人境界之進路〉、〈眾生病則菩薩病〉、〈康德美學析論〉等中西哲學論著數十篇。

提　要

　　本書旨在表彰橫渠學說之精華，疏通後人對橫渠思想之誤解，以見橫渠思想在儒學傳承中之地位。所據文獻以橫渠之著作為主，以先秦諸子、宋明諸儒之專著及近人對橫渠思想之論著為輔。一則歸納橫渠之重要思想，一則透過橫渠思想與道釋二家及宋明諸儒思想之比較，以表彰橫渠思想之價值。文分九章：

　　第一、二章分述橫渠之生平事蹟及其思想淵源；第三至五章為橫渠思想之核心，分天道論、心性論與工夫論三方面闡述橫渠義理之學；第六章分論橫渠在政治、社會、教育及軍事方面之見解，第七章討論橫渠對道釋批判之當否，第八章衡定先儒對橫渠思想之抑揚，第九章為結論。

　　橫渠之思想實乃先秦儒學進一步之推闡，其形上學乃是參和不偏，兼體無累，以實理貫實事，由實事顯實理之道德形上學；道釋二家之思想對橫渠思想

之形成僅有刺激之作用，並無本質之影響；其在天道及心性方面之睿見，實足以確立橫渠思想在中國思想史上之地位。

目　次

程伊川心性學之研究

作者簡介

　　張德麟，中國文化大學中國文學研究所文學博士，臺灣神學院道學碩士。曾任國立中央大學中文系專任副教授，中山醫學大學臺灣語文學系專任副教授兼系主任。教育部國語推行委員會委員，考試院特種考試典試委員。《聖經》現代中文譯本 1995 年修定本、《新約聖經研讀本》參與人，《新使者》

雜誌總編輯。現任中山醫學大學臺灣語文學系專任副教授。

提　要

　　宋明理學當分幾系？到目前爲止，就義理內容來分，以提出的時間先後來說共有三說。分別爲傳統的二系說，牟宗三先生的一系說以及勞思光先生的一系說。

　　傳統的二系說將宋明理學分爲程朱、陸王二系。牟先生則主張，濂溪、橫渠、明道時尚不能分系。至伊川後，宋明儒分爲三系：（1）五峰蕺山系（2）象山陽明系（3）伊川朱子系。而勞先生則認爲宋明儒的各種學說，只是一個直線進展的三階段而已。第一階段是周濂溪和張橫渠，第二階段是二程，第三階段是陸象山、王陽明。這是他的一系三型說。

　　二程之學是否應當分開，對上述三種學說的結論影響很大。如果二程不應當分開，則傳統的二系說，勞先生的一系說都可能是適當的分法。但是，如果二程的學術差異大到非分開敘述不可，那麼牟宗三先生的論述是適當的。

　　本書研究程伊川的心性學，共分七章：（一）導論（二）伊川的天道論（三）伊川的心性論（四）伊川的修養論（五）伊川對朱子的影響（六）伊川心性學的評價（七）結論。探討伊川學中，道、氣、心、性、情、敬、致知、格物……諸概念，以及其學之義理結構。進而證實其學與明道學南轅北轍，兩人之學術思想必須分開了解。

　　在「宋明理學應分幾系」的爭議中，本書的結論贊成牟宗三先生的三系說。

目　次

第十六冊　胡五峰《知言》哲學課題之研究——以「內聖外王」概念展開之

作者簡介

　　蘇子敬，台南新化人，祖籍福建海澄，台灣大學哲學系學士，中國文化大學哲學研究所碩、博士。自幼生長在講求和諧禮敬、富含詩書氣息的百年蘇家古厝中。幼習書法數年，既長醉心古典文學、關懷歷史時事，慨然有復興國家民族文化之志。大學起，治中西哲學，關心民主自由和形上大道，踵隨當代新儒家，宗主儒家學說和唐君毅哲學，尤衷情於宋明理學，兼及道家情致，近年亦究心於書道。著有《胡五峰《知言》哲學課題之研究——以「內聖外王」概念展開之》、《唐君毅孟學詮釋之系統研究》、《陳丁奇的書道志業及其書道哲學觀》等書，以及〈論斯賓諾莎《倫理學》之形式結構〉、〈斯賓諾莎《倫理學》「論神」八大定義範疇釋疑〉、〈伯夷列傳析詮〉、〈王陽明「拔本塞源論」之詮釋——文明的批判與理想〉、〈唐君毅論橫渠、明道、伊川學徑異同〉等論文多篇。現爲國立嘉義大學中文系教授兼系主任。

提　要

　　首先，論文點出哲學乃追求理想之學。進而追問做爲中國哲學主流的儒學之吸引力和發展前途，而以爲其前途主要繫於其是否掌握到了永恆普遍的人生

理念或形上根源。乃循宋儒胡五峰學說及其與朱子的一段因緣以探究之。

　　簡述了五峰學承及其理學代表作《知言》後，解讀了「內聖外王」概念以澄清時疑，繼而指出此恰可適度表明《知言》的內容綱領，遂分頭自「內聖學」與「外王學」兩面去展示。

　　「內聖學」一面，先揭示其義理綱維為「天道性命相貫通」，然後分化成道器（理氣）論、心性論及工夫論三層面的課題以析論。道器論中，先自存有形式之普遍性（道無不在）論起，繼表示道不虛懸、即事明道而闡述出「物在道中、道在物中，我即一切、一切即我，一之於人之仁」的立場，而以「『仁者天地之心』的一元有機泛神論」名之。然其間的內在結構或構成秩序如何，尚未盡明，乃再就宇宙論或氣化流行側面進一步展示之，而定位了「氣」，並得到「陰陽交互辯證，一氣大化流行而化現為時間歷程，原始反終」的「氣宗」等側面。又闡明「有」與「無」之「感性形跡」與「理性心靈實踐」二義，嘗試「存有」與「價值」之調和。心性論中，則闡明其心性分設、「盡心成性」、「以心著性」的義理架構和實質義涵，解析「心知」的層次；並辯明「心無死生」、「性無善惡」之爭議，指出五峰與朱子「心」的見解有異，且對善行著眼不同，彼此心中所認之「善」義涵略別，遂於性善的立論相出入。工夫論中，則點出其識仁盡心之逆覺體證工夫，並略及其他路數而稍分辨與朱子「靜中涵養」、龜山「觀喜怒哀樂未發氣象」之別；也解析了「察識」與「涵養」孰先孰後之辯。「外王學」一面，分化為政治與經制及闢佛老兩層面的課題以評析。指出五峰以為政道與治道之大本為仁心，欲成治功須法制以為舟楫，而法制中以井田、封建為大；復表示此未至「法治國」的理念，仍受人治思想限制。還點出五峰也承續了大一統思想。至於闢佛老層面，則評析其本「『仁者天地之心』的一元有機泛神論」及「妙道精義俱在、天性倫不可磨滅的心性論」以闢佛家自私其身、違逆道德天命；並兼及其闢老。

　　結論則簡單作了綜結，也指出吾人自以為的創闢處。

目　次

胡五峯之心性論研究

作者簡介

陳祺助，1961 年出生於台灣彰化縣。1983 年畢業於國立台灣師範大學國文系，1986 年畢業於高雄師範學院國文研究所碩士班。曾任台中縣立霧峰國中教師兼導師（1983）、台南女子專科學校專任講師（1988 年），1989 年服務於正修工專即現在的正修科技大學，現任該校通識教育中心專任副教授。著有《王船山「陰陽理論」之詮釋》（高雄，復文書局，2003 年）、《天道、善惡與人性的關聯 ──王船山儒家道德形上學理論之研究》（本書獲國科會 2006 年補助）等書。另外，曾發表關於王船山哲學的研究論文十數篇於國內各大學術刊物上。專長研究領域爲王船山哲學，同時也旁通宋明理學與先秦儒哲學。

提　要

本文之完成，多蒙曾師昭旭之指導。主旨在闡明胡五峯心性思想之義理

內涵及其學術性格。資料乃以五峯著作爲中心，在近人的研究基礎上，廣予搜集。全文共一冊，約八萬字。共分五章，並附錄〈五峯年譜〉一篇。

第一章〈五峯學術性格所以形成的思想淵源〉。乃從學術史的角度，剖析直接導致五峯形成其學術性格的思想淵源。

第二章〈五峯之實體義〉。旨在疏解「心性分設」、「盡心成性」、「心無生死」及「性不可以善惡言」等義。

第三章〈五峯之理論中的圓教義理〉，乃在說明五峯係基於「道德創造性」一義建立其圓教理論，由此以判開儒佛之別。並疏解五峯在圓教理論之背景下，所建立的獨特義理「天理人欲詭譎相即」之內涵。

第四章〈五峯之修養工夫論〉。旨在闡明五峯之修養工夫在於「識仁」即內在的逆覺體證與「定性」二義。

第五章「結論」，綜述全文大義，及五峯之學術性格。

附錄：〈五峯年譜〉，旨在敘述五峯之交遊情狀及其立身處事之大節。

五峯之心性精微，自朱子肆力批評之後，其潛德幽光竟至沈埋而不彰。本文乃透過一較合理之觀點，重新詮釋五峯著作中所隱藏的義理蘊奧而彰顯之。透過這樣一種方法，希望能對五峯之思想有一合理的詮釋與恰當的了解。如此，得出之結論爲：五峯乃是以「盡心成性」、「以心著性」爲其學的特色，由此而替圓教模式─心性天─一建立了理論根據。至於，達至此一圓教境界的工夫進路，則在「逆覺體證」。此上之結論，則與朱子之批評截然相異者。

目 次

序 言

第十七冊　南宋永嘉永康學派之經世致用論

作者簡介

　　夏健文，祖籍安徽盧江，1965 年出生於高雄市。國立政治大學中國文學系學士，中文研究所碩士，現任教於北台灣科技學院通識教育中心，並於國立彰化師範大學國文研究所博士班進修。主要開設課程有大一國文、應用文、二技國文「與大師相遇——經典人物研究報告」、文學欣賞「從電影活化生活」等。主要研究方向在南宋浙東學術，及與現代通識教育的相關探討，大學國文教學通識化等。

提　要

　　南宋的學術思想，乃朱子理學、象山心學、浙東學派三足鼎立的局勢。其中程朱理學與象山心學很早即受學界注意及研究；而浙東學派中的永嘉、永康學派，標榜著經世濟民，開物成務的經世致用之學，卻鮮為學界重視與研究，甚至有視其為專重功利的異端之學。本論文乃盼望在南宋偏安，國家內憂外患的大時代環境下，學術界盛談理氣心性的理學氣氛中，對永嘉學派之薛季宣、陳傅良、葉適，永康學派之陳亮四人的經世致用論，作一研究。以期看出此四人之思想內容及所呈現的價值意義。

　　本論文採「基源問題研究法」，即以經世致用統攝此四人學術思想之範疇，從經世致用之學所包含的五大方面，即道德持養、待人接物、政事、厚生、軍事五方面，呈現其經世理論，並探討有否躬行實踐其經世理論。在分論的基礎上，再進而對永嘉永康學派之形成背景、價值意義、思想異同、衰落與影響，作一綜合評論。由於採「先分論，後綜論」的程序，盼能使整體性的判斷立基於堅實的基礎。

　　經過本文之研究，發現永嘉永康學派除了是程朱學派格物論部分的具體實踐外，更欲結合道德持養與典章制度，使治世之體與治世之法本末一貫，其不專主一家之說，實事求是的論學態度，正是中國人文精神的具體呈現；其所謀求的全是百姓的利益、國家的福祉，豈可以功利視之。其非但不是南宋學術界的異端之學，更是在當時環境下的異軍之學！

目　次

博識以致用──王應麟學術的再評價

作者簡介

　　林素芬，1965 年生於福建省金門縣烈嶼鄉。台灣大學中國文學系學士（1990）、碩士（1994）、博士（2005）。現任慈濟大學東方語文學系專任助理教授。研究領域爲宋明儒學、儒學思想史。著有《北宋中期儒學道論類型研究》（2008），及相關論文十數篇。

提　要

　　本書研究南宋末學者王應麟，論述主線爲：一、尋繹王應麟學術與當時學術的對應關係，以展現其學術的精神與特色；二、檢討前人對王氏學術的評價。

　　王應麟之學屬於理學脈絡，篤信儒學可以化成世界，基於經世抱負而發憤投考博學宏詞科，立志成爲一個博學通儒。王氏堅信經由廣博的歷史知識可以求得三代聖王之「道」，因此特別重視由「知識」以求「道」的學問之路。所以王氏的「小學」教育著重記誦歷史知識，進一步注重整理歷史知識，考索各種名物制度，以及古代文獻、注疏的彙整、考證等等。由「知識」以求「道」是王氏經世精神的展現。

　　王應麟學術在當時並不甚顯，然而到了清代初期，由於徵實學風興起，王氏《困學紀聞》一書，成爲乾隆時代學者的每日課程。可見學術評價與學風轉

變息息相關。全祖望《宋元學案》認爲王氏學術是「私淑東萊」、「呂氏世嫡」，忽略王氏與朱子之學的淵源。《四庫全書總目》則拘於考證學的視域，對道學懷有偏見，因而將王氏納入漢學一脈，忽略了王氏學術中的義理面向。通過辨析論證，本書主張王氏學術的精神在於「博識以致用」，可以代表「理學的經世之學」的一個面向。

目　次

第十八冊　王應麟之經史學

作者簡介

　　何澤恆，廣東中山人，1950 年生，台灣大學中國文學博士，現任該校中國文學系教授。研究領域涉及《周易》《四書》《老子》《莊子》《孫子兵法》、中國經學史、宋代學術、清代學術等方面。著有《先秦儒道舊義新知錄》《焦循研究》《王應麟之經史學》《歐陽修之經史學》等書。

提　要

　　《四庫提要》稱王應麟博洽多聞，在宋代罕與倫比。其著作宏富，見於著錄者無慮三十種，散佚之餘，現存者仍得其半，其中《玉海》、《困學紀聞》二書流傳為尤廣。《玉海》多傳故實，可補史志所未詳；而為其學術心得之結晶者，則當在《困學紀聞》。故本書以《紀聞》為主要之依據，而以其他著述為輔，以研討其經史之學。蓋王氏為學，雖博涉多方，然尤以經史為主。如《紀聞》書中經史各卷，已占全書之大部分，即其評詩、評文三卷之所述，亦多以考證之方式為之，是亦無異為史學也。故本書雖以經史學為主題，實亦猶綜合而研究其學術之全部。全文分四章：首章考述王氏生平事跡及其學術淵源。第二、三兩章就其經史之學分別部居，一一有所闡述。末章專論王氏之學術與清儒之關係。蓋首章考其源，而末章泝其流也。

　　清儒於王氏之學，特為重視，倣法《紀聞》以著書者，自顧炎武《日知錄》以下，不知凡幾。而為《紀聞》箋校輯注者，自閻若璩、何焯、全祖望以下，亦不啻十家。故王氏之學，於有清一代，可謂始終盛行不輟。惟清儒箋注其書，或校勘其文字之異同，或稽考其引據之來歷，而於其為學之本原與夫著書精神之所在，則鮮有抉發。此蓋由箋注體例所限，再則清儒之重其學，無疑多偏在考證博聞之一面，於知人論世之義遂不免有所忽略。是編之撰，董理其全書之脈絡而為其學術作全盤之申述，可補前賢所未備。

目　次

第十九冊　胡居仁與陳獻章

作者簡介

　　呂妙芬，國立臺灣大學中文碩士，美國加州大學洛杉磯分校（UCLA）歷史博士，現任中央研究院近代史研究所副研究員。從事明清學術文化史研究，主要著作有《陽明學士人社群》，其他學術論文散見國內外期刊。目前正從事

《孝經》與明清政治、文化相關議題研究。

提　要

　　胡居仁、陳獻章是明初二位著名儒者，二人均曾師事吳與弼，後來也都奉祀孔廟。整個明代僅有四人獲此殊榮，由此可見二人的重要地位。學術史一般均以胡居仁爲篤守程朱矩矱的明初醇儒，以陳獻章爲開啓明代心學的先驅人物，而胡居仁也強烈批評陳獻章之學爲禪。本書主要探討胡居仁、陳獻章二人的學問內涵，並且試圖將二人之學放在從朱子理學到陽明心學的發展史中觀照。全書主要分爲三部分：

　　第一部分旨在說明朱子學從南宋到明初的變化，已顯出愈來愈重視實踐篤行與強調心體的趨向，此正是胡、陳二人思想產生的大時代背景。

　　第二部分詳細討論並比較胡、陳二人思想內容的異同。

　　第三部分則進一步將胡、陳二人思想特質與朱熹、王陽明交互比較，試圖進一步說明胡、陳二人的思想在學術發展史上的意義。

目　次

湛若水與明代心學

作者簡介

潘振泰，臺師大歷史系學士、碩士、英國愛丁堡大學哲學博士。現任嘉義大學史地系助理教授。著有：〈明代江門心學的崛起與式微〉（《新史學》，7 卷 2 期，1996 年 6 月）、〈清代「漢宋之爭」的宋學觀點初探——以方東樹的《漢學商兌》為例〉（《政大歷史學報》，20 期，2003 年 5 月）、*Liu Tsung-chou* （1578 ～1645） *and His Reconstruction of Ming Neo-Confucianism*（PhD Dissertation, The University of Edinburgh, 2004）、〈劉宗周（1578～1645） 對於「主靜」與「靜坐」的反省——一個思想史的探討〉（《新史學》，18 卷 1 期，2007 年 3 月）。譯有：理查・伊凡斯著《為史學辯護》著（臺北：巨流，2002 年）。

提　要

王陽明心學的興起在明代中期取代程朱舊學成為學術的新典範，其實，在陽明之前已有陳獻章開啟了心學新說，然而就其學說的流衍而言，依《明史》的說法，陳獻章的「江門之學」是「孤行獨詣，其傳不遠。」而王陽明的「姚江之學」則是「門徒遍天下，流傳逾百年，其教大行。」本書乃從學術思想的時代性問題出發，不聚焦於陳、王二位深具原創力的心學巨擘的學說之闡釋，而以置身心學陣營中，既受心學新說影響又難擺脫程朱舊學規範的學者湛若水的學行思想為研究的焦點。湛若水既是陳獻章學說最重要的傳人、又是王陽明論學的諍友，藉由他與陳、王二人的互動，我們可以了解明代心學在程朱舊學的壓力下如何從隱微走向興盛的過程。依此研究取徑，本書首先探究陳獻章所開啟的江門心學在理學內部所產生的典範轉移作用，以及程朱舊學對於此一新典範的質疑。其次說明湛若水的生平與思想，了解湛若水對於陳獻章學說的繼承與宣揚的歷程，以及他與王陽明的交往始末和論學的重點，從而申論湛若水本人的學說特色。最後，討論湛若水為回應程朱舊學對於陳獻章學說的質疑所作的辯護，以及因此所產生的改造江門的效

果；還有湛若水以趨近程朱舊學的立場對於王陽明學說所作的批判，以及因此所產生的針砭王學的作用。

目　次

第二十冊　陽明「內聖之學」研究

作者簡介

　　林月惠，1961 年生，臺灣省彰化縣人。臺灣省立臺中師範專科學校畢業，臺灣師範大學國文研究所碩士（1988），臺灣大學中國文學研究所博士（1995）。曾任國小教師、嘉義師範學院語文教育學系講師、副教授、哈佛燕京學社訪問學人（2002-2003）、韓國國立首爾大學哲學思想研究所客座研

究員（2006），現任中央研究院中國文哲研究所副研究員，主要研究領域爲宋明理學、中韓儒學比較研究。

著有：《詮釋與工夫：宋明理學的超越蘄嚮與內在辯證》（2008）、《良知學的轉折——聶雙江、羅念菴思想之研究》（2005），合編有：《現代儒家與東亞文明：問題與展望》（2002）、《現代儒學與西方文化：宗教篇》（2005）。另有關於宋明理學、中韓儒學，以及其他學術論文數十篇。

提 要

本文以「陽明『內聖之學』研究」爲題，除〈緒言〉（含研究動機、研究範圍、研究態度與方法等）、〈附錄〉與〈後記〉外，全文共分五章完成。

第一章：陽明思想之中心課題——人人皆可成聖。此章分別從陽明之學思歷程與宋儒所留下之心性是否爲一的問題，來烘托陽明思想之中心課題是「人人皆可成聖」。此乃內聖之學的核心問題，而此問題之開展，即是道德實踐之所以可能的超越根據的認定，及對道德實踐有無必然性的解答。

第二章：陽明思想與其先行者之關係。此章分三節說明陽明與朱子、陸象山與孟子之關係，並從客觀義理上指出，陽明思想實從朱子轉出而歸宗於象山與孟子。

第三章：道德實踐之所以可能之超越根據——良知。此章屬本體論的論域，旨在說明「良知」是陽明思想的中心概念。第一節先從陽明遮撥朱子析心、理爲二之非，逼顯「心即理」之義，以明意志之自律。其次於第二節關聯著孟子四端之心，探討陽明良知概念之形成，指出以「知」爲本體乃陽明創發性之見解。而第三節則是對良知概念詳加分析。分別從「體」上說明良知之先天性、常存性，良知之明覺與智的直覺之作用，再承體起用地言良知之主觀性、客觀性與絕對性。闡明良知是道德實踐之所以可能的超越根據，亦是一切存在之存有論根據。如是，良知開道德界亦開存在界；總持地說，良知是「即存有即活動」之創造眞機。

第四章：如何成聖之實踐工夫 —— 致良知。此章屬工夫論的探討，旨在說明「致良知」是陽明工夫論之結穴。第一節天理與人欲，以此建立道德生活中善惡之二元性，因而開對治之門，呈顯德性實踐之必要性與嚴肅性。第二節從「知行合一」到「致良知」，除說明陽明各期的工夫教法外，主要集中於知行合一之確解與致良知本義之探究。第三節憑藉《大學》而言「致良知」教，

首先關聯著《大學》之格、致、誠、正,將心、意、知、物諸概念作超越的區分。進而綜括爲四句教法而展開正心、誠意、致知、格物之工夫次第,並指出致良知工夫有其一貫性,顯示出道德實踐之完備性與統一性。第四節成聖工夫之化境,說明「四無」乃致良知之調適上逐所至之化境。

第五章結論。綜括全文之要旨,並指出陽明「內聖之學」乃顯教中之又爲顯教;於儒家內聖之學發展脈動中,有其獨特之地位與不朽之價值。

目 次

第二一冊　東林學派與晚明經世思潮

作者簡介

　　蕭敏如，1977 年生，台灣台中人。國立政治大學中國文學系畢，國立台灣大學中國文學研究所碩士、博士，專攻明清學術史與清代《春秋》學。著有〈由「尊王」向「攘夷」的轉化──清初遺民士人《春秋》學中的民族意識〉等學術期刊數篇，現爲暨南大學中國語文學系專任助理教授。

提　要

由晚明以至清初，在這一個急遽變化的歷史階段裡，士人展現出與明初截然不同的文化形貌。本論文試著以東林學派為觀察對象，由他們對明代理學史裡朱子學與王學論爭議題的處理、對人才的重視與貢舉制度的檢省、對於政治與經濟思想的看法，追索晚明儒學知識分子如何由「明初文人大儒皆不仕」的傳統下轉而走向政治，並如何在明代覆亡之際表現出強烈的愛國精神與國族認同。由這一個基點出發，論文的架構大致分為儒學發展、經世學門的興起與士人文化三大面向來分析東林學派：

第二章「東林學派與東林學者」：此章分為四節。第一節主要探討晚明「東明」概念如何由「學術」、「學派」而走向政治性的「東林黨」。本節試圖藉由列舉明中後期「東林」概念的遞嬗，觀察東林學派作為一個士人社群由學術活動走向積極參與政治活動的歷程。第二節則試著以東林學派的興起探討明代的政治、知識分子與儒學之間的關係。最後，則針對東林學派重要講學者的學術、地域與科第背景析論。

第三章「明代朱王學之爭與東林學派的朱子學」：此章共分為四節，試圖在明代儒學思想界朱子學與王學論爭的脈絡之下，觀察作為儒學知識分子的東林學者，在朱王學論爭所扮演的角色，及東林學者對理學朱王學論爭的態度。首先探討明代朱子學與王學的論爭，進而探討江右學風與東林學派間的關係，並論述晚明東林學派朱子學復興運動之中所涵蘊的儒學正統意識興起、和會朱王學論爭、尊經意識與復古思維等意涵。

第四章「東林學派的經世思想」：此章分五節。首先由東林學派對人才的重視談起，探論他們重視士風、士習與對貢舉制度的意見，觀察東林學派重視名教、重法制的傾向。其次則論述東林學者對明代中晚期講學風氣的反思，以及他們心目中理想的講會圖式。其次則論述東林學派對政治與商業的態度。

第五章「東林學派與明末清初的士人文化」：此章分三節。首先針對晚明士風的「重視氣節」與明季士人的殉節風氣加以申論，探究東林學派在晚明士人風習的轉變過程中所扮演的角色。其次則論述東林學派的興起，如何使晚明士人社群性質發展質變。最後並探討東林學派與明末清初的學術發展之問題。

第六章「結語」：總結全文，探討東林學派的時代意義，並論述晚明至清前期知識分子對東林學派評價的轉變問題。

目　次

第二二冊　晚明張楊園先生學術思想研究

作者簡介

　　何明穎，民國 43 年生，雲林縣人，今定居台南市。中國文化大學中國文學博士。執教於台南科技大學二十餘年，現職爲通識教育中心副教授，擔任五專國文、四技國文、應用文、文學欣賞等課程。自寫完博士學位論文後，嚮慕張楊園先生志行，欲效其遯世悶、不輕爲著作，默存於世，潛心教育子弟，以盡餘生。

提 要

　　張履祥，初字吉人，後字考夫，浙江嘉興府桐鄉縣人，學者稱揚園先生。幼孤，得力於母教，自小立志聖賢之道，至死不怠，守身修業，踐履篤實，終成一代大儒。

　　先生居窮鄉僻壤，家貧窘，非世家名門，幼無名師之教，故初以舉業制義，即聖賢之道。二十四歲得王畿龍溪集，始知門徑，故潛心姚江學十年，深信而服膺之。三十四歲問學於劉宗周，對所學愈有自信，此後漸脫離姚江學派之影響，學日精進，理愈純熟，言益平實，至四十三歲後俱以程朱爲法則，篤實醇粹。故先生對聖學之追求，其思想實經多次波折，幾經轉變，並經過艱困省思，乃能卓然不惑也。

　　先生少逢亂世，長歷戰亂，身遭國變，以遺老自居，隱遁鄉野，唯恐受清廷之薦舉，故不求聲聞，與同志砥礪氣節，獨以學術人心致明道救世之功，故特重教育子弟，培養人才，欲因此而深植復國之基。檢討亡國之因，歸結於陽明良知之學流弊所致，故對當時姚江末流邪說辨斥不遺餘力，欲求端正學風，挽回世道人心；對其餘異端邪說、儒釋異同，亦辨析透徹，以防其亂學術而惑溺人心，閑邪崇正實爲先生學術之一大特色，亦即其經世思想之踐履實施也。至於先生祖述孔孟，憲章程朱，通貫經史，彙總宋明諸儒學說菁華，以啓迪來世，誠爲守先待後之醇儒，是以後世論者謂爲朱子後一人也。

目 次

第二三冊　戴東原思想析論

作者簡介

劉錦賢，臺灣省彰化縣人，民國四十二年生。臺灣師範大學國文學系畢業、國文研究所碩士、博士。曾任彰化縣立永靖國中、臺北市立北一女中國文教師，臺北工專共同科講師、臺北科大共同科副教授，現任中興大學中國文學系教授。主講中國思想史、宋明學術及周易等儒學相關課程。著有《張橫渠思想析述》、《儒家保生觀與成德之教》、《孟子的生活智慧》等書，並發表〈易道之「懼以終始」論述〉、〈莊子天人境界之進路〉、〈眾生病則菩薩病〉、〈康德美學析論〉等中西哲學論著數十篇。

提　要

　　宋明心性之學自滿清入關之後，雖呈多頭發展，但學者大多把握不住孔孟原始之智慧方向，道德理想主義之精神步步下趨，卒有心性之學之大反動，戴東原乃其中最具代表性之人物。而其前之陳乾初及顏習齋、李恕谷之說當有影響於東原。

　　東原之所謂天道，惟是陰陽五行之氣化；所謂人道，惟是人倫日用之實事；所謂理，則是實然事物虛以會之於心之分理。東原所謂性，惟是血氣心知，故性、命、才、智皆有所不齊，由以解釋人之異於禽獸及人之才質有等差之事實。東原成德工夫之要在去私與解蔽，去私惟在絜情，解蔽有賴多學，期使自然者歸於必然。然《易傳》所言之道乃形上之創生實體，孟子及宋明儒所言之理乃實理，仁義禮智悉本心所自發之道德律則。儒家成德之要在循逆覺體證之路，端正行為之方向，以踐形盡性。由此可見東原思想與正宗儒家大有距離。

　　東原視老莊與釋氏無異，皆只默想一空無之神識，絕人情欲而悖道害教；視告子與象山、陽明同於老釋，而以荀子之主性惡為非。東原之作《疏證》，主要在駁倒程朱，以為其雜糅老釋與荀子，析理氣為二本，以意見為理。以各家之本旨衡之，可見東原實混漫彼此之義理分際，是以對各家之批評多失當。

　　東原之後一班考證學者言義理，率質實而不透脫，與東原基於經驗以言義理之病略同。至於若干批評東原人品及其思想之學者，亦不能直就儒學之本質以提挈東原，而難免流於意氣之爭。

目　次

第二四冊　湘學與晚清學術思潮之轉變

作者簡介

黃聖旻，臺灣省臺南縣人，1969 年生，國立成功大學中文研究所博士，國立成功大學中文研究所碩士，國立成功大學中文學士。

目前擔任中華醫事科技大學生物科技系專任副教授，曾任教於國立成功大學、國立空中大學、實踐大學（高雄校區）、和春技術學院、東方技術學院、樹人醫專等校。

師事宋鼎宗教授，著有博士論文《湘學與晚清學術思潮之轉變》，碩士論文《王先謙荀子集解研究》（收於《古典文獻研究輯刊・二編・第 14 冊。台北：花木蘭文化出版社出版，2006 年 3 月》。單篇論文〈屈原的伊卡羅斯情結〉、〈略論敦煌的結社活動〉、〈秩序情結與荀韓關係〉、〈論荀學的兩度黑暗期〉、〈湘學與晚清學術思潮的轉變〉、〈漢元帝所用非醇儒論〉、〈荀子注通假字研究〉、〈光影交戾的多重鏡相——論《古都》的存在意識〉、〈山水畫的形神理論〉、〈論船山詩論中的「勢」〉、〈清學對中國學術的承繼與超軼〉等。

提　要

本論文的理論建構基礎，是在深信學術有一內在理路的發展下，檢驗晚清學術的變化所得致的結論，並蒐羅學術資料，以證明湘學與晚清學術內在理路脫軌之間的關聯。

然而湘學一個地方學派何以對清代學術觀念的轉變，竟有舉足輕重的影響呢？為分析此一現象，本文的進行方式如下：

第一章是前言，其中首要說明的是文章的題旨及動機，其次則是路徑，以便解釋所採行的研究方法以及章節的概要。

第二章主旨在析論清代學術的內涵。學術實為一有機體，有其內在需求所衍生的理路必須遵循，其特質的呈現亦自必與此需求的滿足息息相關。因而本章第一節的處理，旨在呈現此一研究成果。第二節筆者選擇自中國學術流變的三大動因，追索湘學何以能在此學術氛圍中發揮影響的原因。中國學術發展迄清，變因十分繁瑣。除與內在理路的需求相關外，清代學術所呈現的在地化特色，也是影響清代學術由魯、吳、皖、浙、揚、湘、粵各地學術輪番繼起掄元的主因；而學術中以禮改革的傳統，更是何以清學終世都不曾跳脫治禮需求的因素。故而敘述此三大動因，將有助於釐清湘學躋身影響清

代學術的現象。

第三章是敘述湘學的在地化特質。根據筆者追索的結果，發現湘學的前身受南學與理學的影響，因而第一節中，筆者先敘述南學的形成及其學術特質。第二節則追索南學特質在落實於湘地學術中時，是透過什麼方式深化的，被強固的特質又爲何。第三節，筆者將根據前二節的探索，抽繹出湘學的三大在地化特質：一是偏重形下的義理學風、二是堂廡特大的學術形態，三則是禮學的時務傳統。此三大特質與清學形成激盪之後，將對清代學術形成深遠的影響。

第四章討論清代湘學的轉變。在地化的學術在面臨時空轉捩的情形下，本就有偏移的可能。因而第一節中談及清乾嘉年間盛行的樸學，是如何使善於兼賅的湘學選擇融會並蓄。也開啓了湘學對考據學的認識。第二節則是論述清中葉興起的經世之學，使湘學因本身特重時務傳統的特質，而崛起爲經世學風風雲會聚之處。第三節處理清中葉的崇禮思想是如何挑起漢宋爭隙，於是本有禮學傳統又擅長兼容並蓄的湘學因而選擇「以禮調和漢宋」的主張，也自此轉向了晚清學術的內在理路。

第五章則反向探索清代湘學對晚清學術思潮轉變的影響，重點在呈現兩方面：一是在經世學風的影響下，湘地學者如何接軌此一學風，而湘學學者又如何因自身的雜揉特質以致在變古與復古思潮間矛盾地擺蕩，於是形成第一節「在變古與復古間的取捨」；其次又注到注意湘學的兼容並蓄畢竟仍是受限於自身特質形成的好尚，以致在西學的引進上也出現擁抱技藝科學，但卻排斥以中學揉雜西學的現象，因而論述第二節「在西學的引進與排斥間取捨」的內容。

第六章則是結論。總結上述章節，並論證整個晚清歷史上風起雲湧的變革，實與湘學有著至深至切的關係。

目　次

第二五冊　救亡與啓蒙：梁啓超之儒學研究

作者簡介

黃雅琦

高雄市人。國立高雄師範大學國文研究所文學博士，現任實踐大學高雄校區應用中文系助理教授。著有《劉師培之倫理思想研究》、《救亡與啓蒙：梁啓超與中國儒學史之建立》二書，並有〈先秦儒家的人欲觀〉、〈羅澤南其人其學〉、〈周敦頤之自然觀〉、〈梁啓超與近代儒學之境〉、〈朱熹淫詩說在詮釋學上的意義〉、〈從大學八目論陸游生命的困結〉、〈經典形成中的宋代詩經學〉等多篇學術論文發表。

提　要

梁啓超一生熱衷於中國學術思想的探究。本論文以「救亡與啓蒙：梁啓超之儒學研究」爲題，全文共分十章。旨在藉由梁啓超對兩千年儒學發展變遷的研究，觀察做爲傳統文化核心的儒學，在東西碰撞，新舊交替之際，究竟該如何進行創造性的轉化？同時也給予梁啓超一個合理、適切的歷史定位。

第一章：緒論。本章說明研究動機、概述前人研究成果、界定研究範圍、以及所運用的研究方法。

第二章：晚清民初的儒學。本章討論晚清民初的儒學發展概況，了解梁啓超所處時代的學術背景。

第三章：梁啓超的成學歷程。本章論述梁啓超的成學歷程，了解梁啓超不同階段不同的學術關懷。

第四章：梁啓超的儒學變遷論。本章論述梁啓超對於儒學發展的分期，及儒學盛衰流變的掌握。

第五章：梁啓超的先秦儒學論。本章論述梁啓超對於先秦儒學發展的探究。

第六章：梁啓超的漢唐儒學論。本章探討梁啓超於漢唐儒學的見解。

第七章：梁啓超的宋明儒學論。本章考察梁啓超對於宋明儒學的論述。

第八章：梁啓超的清代儒學論。本章論述梁啓超的清代儒學研究。

第九章：梁啓超的儒學研究述評。本章指出梁啓超的儒學研究，除了探究儒學的過去外，更關切儒學未來的發展。

第十章：結論。本章總結全文論述，並敘述全文研究的結果與心得。

目　次

第二六冊　梁啓超思想之演進與轉變

作者簡介

　　王心美，生於台灣嘉義，東海大學歷史研究所畢業。現任職新竹縣大華技術學院通識教育中心，講授中國近代史、台灣史，著有《梁啓超思想之演進與轉變》。

提　要

　　梁啓超生歷清朝末年過渡到民國初年的求變轉型時代。其思想上的屢變屢遷，與清末民初時局的雲變波折互爲相應；而其前瞻先驗，透過他聲情激越的文字，導向了新中國加快形塑與發展。是故，梁氏個人思想上的演進轉變實爲中國近代歷史轉化過程的投射縮影。基於此一旨趣，本文乃探討梁氏思想上屢變屢遷的契機造因與畢生憂念之所在，意欲透過對梁氏個人思想轉折的了解，順勢將中國近代的變遷具體而微的呈現出來。全文凡分六章，其要點如后：

　　第一章，緒論。旨在分析梁氏身處的時代背景，明其環境之特質與殊異，並說明前人研究的方向與成果，以及筆者所著重的方向，以導入本文主題。

第二章，傳統中尋求變革理念（1890～1898）。闡明梁氏早期主要在其師康有為「三世之義」的啟示影響下，衍化出求變革、興民權的理念。第一節，言梁氏早年學知目標，與傳統士子並無二致。第二節，說明梁氏入學康門，思想重新大為開啟，獲得「三世之義」為求變的基礎理論。第三節，申述梁氏主持時務學堂時期，仍在其師思想籠罩下，倡興民權與種族革命。

第三章，西方思想的涵泳與影響（1899～1917）。梁氏流亡日本後，廣泛的接受西方思想，西哲的思想學說變成他言論上新的依據，西方富強的極則：民權、自由、進化觀念成為其絕對的信仰。本章旨在探討梁氏思想上的變化，並究明其內在底蘊。第一節，研究梁氏言論轉變的由來。第二節，分析梁氏流亡日本前期盛倡的激進革命的政治主張。第三節，先探究梁氏流亡日本後期言論轉趨保守的原因，再述及此時期其緩進改良的政治主張。

第四章，歐遊後的思想轉折（1918～1929）。闡述梁氏歐遊後思想上的轉變與新論。第一節，申述梁氏民國政治作為的失意，導致了歐遊之行。第二節，闡明梁氏反對歐洲過度發展物質文明與信賴科學萬能的辯解。第三節，探討梁氏對於社會主義的態度與駁斥馬克斯主義的理由、論證。

第五章，傳統文化的重新體認。旨在闡明梁氏的儒家唯心意識，至「五四」時期，在全面反傳統運動中，強化轉為護衛傳統文化的過程。第一節，先由反孔疑古與再創世界新文明說起，以引入本章。第二節，闡述梁氏整理國故的成果。第三節，說明梁氏對於儒家倫理文化的重新肯定與推引。

第六章，結論。綜合前述各章論點，並將筆者之觀點予以申論，以結本文。

目　次

熊十力《新唯識論》研究——以《新唯識論》所引發儒佛之爭爲進路的探討

作者簡介

　　林世榮，中央大學中文所博士，現爲龍華科大通識中心副教授。著有《熊

十力《新唯識論》研究》、《熊十力春秋外王學研究》、《熊十力與「體用不二」論》，及單篇論文〈朱熹《周易本義》發微〉、〈程朱「復其見天地之心乎」說研究〉、〈李光地《周易折中》發微〉、〈李光地《周易折中》屯六二「乘馬班如，匪寇婚媾」研究〉等十數篇。

提　要

　　熊十力由佛返儒，平章華梵，其《新唯識論》乃融儒佛而折衷於《易》之作，對佛學儒學可謂皆作了一終極意義之探究，從而挺立出道德主體性，在近代思想史上實有重大意義。而由此所引發之儒佛論爭，無疑地豐富思想界甚多，且使宋明以來即已存在之儒佛問題，有一新的接觸與溝通。本文即欲由此一進路以探討儒佛兩家是否有融通之道，從而彰顯出《新唯識論》之理論得失及其時代意義。

　　第一章導論，略述寫作緣由與全文之大概，以利爾後各章之順遂開展。第二章論熊氏對佛學理論之反省，因覺其不足，故由佛家入又由佛家出，而終歸於儒。第三章論《新唯識論》之理論建構，以明熊氏即破即立，其翕闢成變，即用識體之「體用不二」論是如何展開的。第四章論佛學界對熊氏之反駁，藉此不只可從反面看熊氏，更可見雙方之著重點所在。第五章結論，綜合前面所論，歸為幾點結論，就其大端再略加評述。

　　經由以上之探討，從而得知儒佛兩家難以溝通（至少在熊氏當時是如此）；唯識理論未為圓融；《新唯識論》誠然有其創見，而其論證則嫌簡略；而其時代意義，無疑地乃熊氏以全幅真精神，再次挺立了道德主體性，並為當代新儒家奠立了一典範。

目　次

第二七、二八冊　明末曹洞殿軍——永覺元賢禪師研究

作者簡介

　　范佳玲，台灣省台北縣人。東吳大學中國文學系、研究所碩士，台灣師範大學國文研究所博士。以明清思想與佛學思想爲研究主題，目前任教於中部大學。

提　要

　　明末曹洞的永覺元賢（1578-1657），是相當具有代表性的禪師。雖然也受到學者的注意，但一直缺乏完整性的研究。本文以「時代環境　元賢的回應　元賢的特色」作爲研究進路，嘗試對元賢作較全面性的研究。

　　元賢是個積極入世的禪僧，全心投入於佛教復興的工作。除了建寺安僧外，更積極於僧團素質的提升。此外，他還改變傳統寺院的經濟型態，採多元化的方式經營，使鼓山成爲一個綜合型態的寺院。

　　在思想上，元賢對於「禪」始終有著徹底的堅持。他強調禪只能從心的冥契與逆覺體證上說，反對各種形式化、義理化的禪。元賢的禪法素樸簡約，爲明末紛亂的禪界，注入了一股清流，回歸了慧能禪的基本精神。

　　元賢以兼容並蓄的態度，廣納所有的教法。他重新肯定戒律的地位，亦認同念佛的可行性。但是對於禪師而言，所有的法門，都只是禪法的前行方便；所有的經教，都是禪師禪悟經驗的註腳。因此即便他註經說教、倡律談淨，元賢徹始徹終都是個禪者。

　　元賢反對混融的三教說，嚴格區分儒釋道的異同。在他看來，儒道總是有其理論的缺陷與不足，唯有透過佛理的引入，會通才有機會成爲可能、理論也才有希望臻於圓滿。

　　元賢的整個生命都與時代有著密切的呼應，他在堅持禪法純正性的同時，以應化利世的慈悲情懷，廣納多元的思想，發爲救世工作的熱情。對於明末佛教而言，元賢的地位與貢獻，是無庸置疑的。

目　次
上　冊

先秦勢治思想探微

羅獨修　著

作者簡介

羅獨修小傳

本人生於民國四十年四月十日。湖南邵陽人。家鄉為武俠之發源地之一，寶慶仔至長沙打碼頭的故事不少湖南人耳熟能詳，平江不肖生之《江湖奇俠傳》有特別介紹。此地務農為生之農民心目中之天堂是長沙商埠，洪楊之亂為寶慶人開了另一條榮華富貴之路——投軍。因此占商埠經商與研究軍事為縈繞於心之問題。閱讀廣泛，只要看得懂，於書無所不窺。制式教育對我一無影響，只以少數時間應付課業、考試。大學、研究所均就讀於文化大學，讀書為輔，經商為主。二年兵役得以親身體驗軍旅生活。退伍後做過搬運工、開過餐館，其後再入工廠做工，共十二年，生活閱歷堪稱豐富。後再讀博士班、任副教授、教授迄今。研究範圍主要為軍事史、上古史、文獻學及史學方法等。

提　要

現今學者對先秦勢治思想有形形色色之誤解。

勢治之道在集天下之人材安置在適當位置，以尊制卑、以合制分、以貴制賤、以眾制寡、以大制小，避免一切矛盾、磨擦、衝突，使力量充分發揮，以成一如身心使臂、如臂使指之一體有效之政治機械、戰鬥機械。在設計上是君一臣百、君合臣分、君略臣詳、一官一職、分而能合。勢治離不開分合，分合離不開度量，故度量為勢治之主要要素，有時逕以度量代表勢治。一官一職一方面可收分定爭止之功，一方面又可防勢治之凌夷，一方面又可得分工合作之效。先秦諸子對分工合作奇蹟式的提高工作效率已有深刻認知，能使獨立難成之政治工程、軍事任務變得「眾擎易舉」。勢治之道尚包括地勢、家族之勢治。借勢可使威勢繼長增高，順勢可收事半功倍之效。以暗制明、出奇制勝可使力量產生爆發之震撼效果。

勢治之道為五帝三王安邦定國之最主要方法。五帝三王之超凡入聖、堯舜之垂拱而天下治、周公之聖明與至德、孔子之「出乎其類，拔乎其萃」、先秦諸子思想之體大思精來者難追，必於勢治之道始能一究端倪。

先秦諸子殆無一家、一人可以自外於勢治之範疇。儒、法、名、陰陽、墨、兵等各家，不斷對五帝三王之勢治之道稍加損益，以建構其思想體系，使之更能適應時代需要，以達其得君行道之目的。《管子》內容與《漢書・藝文志》對正統派道家所下之定義適相符合，故班固將其列入道家；《管子》敘及勢治之道之大半內容。儒家之禮實為勢治最典雅之說法，孔子深具「宗廟之美，百官之富」之恢宏氣象；孟子論及勢治之分工，氣壯辭烈；荀子論及禮制條理最為清晰，且論及經濟一體之勢。慎到敘說一體勢治之道簡明扼要，其以「積兔滿市，行者不顧」說明分定爭止最見深刻，其論及順勢而發在諸子之中允推獨步。重勢、重術在申子〈大體〉篇中水乳交溶的合為一體。兵家將一體勢治之道用之於整軍經武，達到「立於不敗之地」而又「不失敵之敗」之目的。蘇秦、張儀特就立國形勢聳動視聽，遊說人主。商鞅非徒重法，亦兼及重勢；其死亡原因非止「作法自斃」，亦與勢治之道有關。鄒忌以親身體驗說明壅蔽之患。鄒衍之言雖荒誕不經，但亦以一體勢治之道為依歸。歸本於黃老之《尹文子》，其思想實以一體勢治之道為主。魯仲連之勢術最精到者為掌控最有效之空間位置。韓非子從正反兩面申述勢治之道，但其重點實在舉證歷歷說明失勢則亡國破家身亡之慘禍立現，觀者無不怵目驚心。《呂氏春秋》雜取諸子各家之勢治思想，使先秦諸子各得一察焉之勢治之道分而復合。即使是道家之放者老、莊，農家之許行，處士陳仲，全力反對勢治機械的運作，但其反對思想實對先秦勢治之道有攻錯之助，使當時及後世之人對勢治之道有更周全深邃之認知。

經由本證（諸子自言其勢治思想之所自）旁證（他人論列諸子勢治思想之淵源）互相參證，先秦諸子之勢治思想得之於五帝三王者最多；參驗古代及當代歷史者其次；其自行創獲或來自於親身體驗者最少。

五帝三王之良法美意具載典籍，後世萬千讀者間或有一、二才智之士得以窺破其中關鍵，在紛崩離析、一團混沌之局中，將矛盾、抵觸、四處流竄之力量安排在其依現實須要、增損古制而成之一體政治機械或軍事機械之中，運作政治，整軍經武，再創一統之局。此即中國帝國規模可以「死則又育」「分而能合」之最主要原因。其中之拔尖人物，秦末漢初有劉邦、陳平、韓信、叔孫通；西漢有賈誼、周亞夫；東漢末有曹操、諸葛亮；隋末有李世民；宋初有趙普；蒙古有耶律楚材；元末有朱元璋；明代有戚繼光；清末有曾國藩。王國維單只見及周制立子以嫡以長之家族勢治，即為之狂喜，以為是「萬世治安之大計」「政治上之理想，殆未有尚于此者」。殊不知家族一體之勢治僅是勢治思想之一根分枝而已，其它如軍事上之一體之勢、政治上之一體之勢、地理形勢，其所具「萬世治安之大計」之效用，只在立子以嫡以長之上，而不在其下。

勢治之網高張，此事利弊相參。利是一統之局出現，天下太平；弊是個人安置在勢治機械之中，行動受到羈勒束縛，人性受到刻削。奸狡之輩想到之趨利避害之方是經世則儒、法，退隱則老、莊。

中國人在政治上最大創獲發明實在一體之勢治思想。綜核名實、監察御史制度、內閣設計雖亦精妙，但若與一體之勢治相較，就相形見拙，其懸殊程度有若螢火微光欲與星月爭輝。但近代學者對此最見重要之問題，論之者寥寥，即使討論，或專主一家，或僅論及其枝節，以致聞見有限，難窺大體。

本文規鍥六籍，籠罩百家，下貫諸史，將千頭萬緒，經緯萬端，延續四千年之勢治思想勉強理出一個大概。但因範圍太廣，涉及問題過多，疏漏錯誤之處必夥，尚祈博雅，不吝指正。

第一章　疑雲重重

　　戰國法家三派之一爲重勢派。但有時學者（如胡適、許倬雲等）在論及戰國治術或學術思想之際對先秦勢治思想完全略而不述。〔註1〕

　　有少數學者在論述勢治思想之際，對勢爲何物根本懵然無知，如沈成添，即誤以刑罰、獎賞爲勢。〔註2〕

　　近代之絕大多數學者論及先秦之勢治思想往往語焉不詳，一筆帶過。如陳啓天、王邦雄、吳康、蕭公權、楊寬、陳麗桂、張素貞、吳亞東等人，僅管用字遣詞稍有差異，但詳析其內容均是將勢之定義界定爲君王之統治權與借勢。陳啓天云：「簡單的說，（勢）包括一切統治權。」〔註3〕王邦雄云：

　　　　勢爲勝眾之資，故勢爲統治權力。……韓非言勢，其性質有二：其

〔註1〕　胡適之《中國古代哲學史》及許倬雲之〈戰國的統治機構與治術〉全書、全篇對先秦勢治之道不著一字。見胡適，《中國古代哲學史》（臺北：遠流出版社，1994年1月，初版7刷），頁1～347；許倬雲，〈戰國的統治機構與治術〉，《求古篇》（臺北：聯經出版社，民國71年6月初版），頁381～422。

〔註2〕　沈成添云：「然則二者之區別何在？他說：君執柄以處勢，故令行禁止。柄者，殺生之制也。勢者，勝眾之資也（八經），柄正是韓非所說的人設之勢。……韓非把柄分爲二種：一爲刑罰，一爲獎賞，他以爲君主須緊握住此二柄，否則太阿倒持，便要受制於人。」見沈成添，〈韓非論勢〉，《政治學論集》（臺北：華岡出版有限公司，民國67年3月），頁114～115。沈成添將刑罰、獎賞二柄解釋爲勢，錯誤太過明顯，韓非原文「君執柄以處勢，故令行禁止。」已指明柄與勢截然有別。而此句不論句法、句意，均與「抱法處勢則治」（《韓非子・卷十七・難勢第四十》）符同。故二柄之意義絕非勢完全可以斷定。

〔註3〕　陳啓天，〈法家述要〉，《中國上古史》待定稿第四本（臺北：中央研究院歷史語言研究所，民國74年7月出版），頁446。

一勢本爲君位，……其二勢本爲一中性之權力，便治而利亂，必與法結合，始成可治而不可亂。〔註4〕

吳康云：

勢者何，謂勢位也。以必居人主之位，始能乘其勢以治天下，其辭云：……（以下全引慎子飛龍乘雲借勢之說）。〔註5〕

蕭公權云：

勢之一名，法家每用以概舉君主之位分權力。……法家承認此新史實而加以說明，權勢之理論，於是成立。慎到飛龍騰蛇之言足爲其開宗之代表。〔註6〕

陳麗桂云：

在客觀情勢強大威力的籠罩之下，一切內在主觀的道德、才能、情感都變得卑微、脆弱，無法抵擋。情勢優越，勝券等於操持了一大半；情勢低劣，再好的才資也難奏功。……善假自己週身外客觀而有利的情勢條件，去把自己推向成功。……人君與生俱來就附帶著一個最有利的外在條件——權位。人君應該善用這個有利的條件，去鞏固自己的統御。《韓非子·難勢》引《慎子》說：《慎子》曰：『飛龍乘雲……。』」〔註7〕

張素貞云：

其〈難勢〉篇即純爲勢論。……韓非之言任勢，與西方所謂權力政治義實相似。〔註8〕

吳亞東云：

這些所謂勢，無非都是君勢，即封建專制的王權。……用參驗方法考察發展變化的歷史，韓非找到了天下興替治亂的關鍵——勢，即

〔註4〕 王邦雄，《韓非子的哲學》（臺北：東大圖書公司，民國79年8月再版），第五章〈韓非政治哲學體系之建立與其實際之發展〉，頁173～175。

〔註5〕 吳康，〈戰國法家思想概述〉，《史學先秦史論集》（大陸雜誌史學叢書第三輯，第一冊）（臺北：大陸雜誌社，未標出版年月），頁291。

〔註6〕 蕭公權，《中國政治思想史》（臺北：中國文化大學出版部，民國82年11月新1版5刷），第一編〈第七章·商子與韓子〉，頁230～231。

〔註7〕 陳麗桂，《戰國時期的黃老思想》（臺北：聯經出版社，民國80年4月初版），第四章〈申、慎、韓的黃老思想——兼論田駢〉，頁177～178。

〔註8〕 張素貞，《韓非子思想體系》（臺北：黎明文化事業，民國83年8月5刷），第四章〈第一節任勢〉，頁69。

君主的王權專制。〔註9〕

謝雲飛論列稍詳，加上「因緣際會之時機」。〔註10〕

　　呂思勉論及勢之定義，更進一層，論及明分。呂思勉云：

> 蓋位之所存，勢之所存，欲定于一，必先明分也。然則慎子勢治之
> 論，即是法家明分之意。〔註11〕

　　這就形成一奇怪現象，即法家三派之中，重法、重術理論豐贍，而重勢
思想相形之下，顯得空洞，遠不足與重法、重術思想相提並論。〔註12〕

　　論列勢治理論稍詳者為郭沫若、鄭良樹。郭沫若論及勢有自然之勢，人
為之勢，聰明之勢，借勢，勢為人主所獨擅，不能與臣下、部屬共享，必要
時須忍痛刑及所愛。〔註13〕鄭良樹論及先天的處勢、後天的造勢（以刑賞鞏
固政權、加強君威）、積極的用勢。在積極的用勢上，鄭良樹分列了十一條綱
目。鄭良樹云：

> 它們是：1. 設置人民想望的事務，希求人民立功，所以制定爵位和
> 俸祿來鼓勵他們；2. 設置人民厭惡的事務，禁阻人民作壞事，所以
> 制定刑罰和獎賞來威迫他們；3. 該獎賞的無不獎賞，該刑罰的必定

〔註9〕　吳亞東，〈勢治是韓非政治思想的發端和歸旨〉，《華南師範大學學報‧社會科
　　　　學學報》1984 年第 1 期，頁 65～66。

〔註10〕　謝雲飛分析勢之含義有四：1. 因居高位而生之統制力；2. 剛性之威力；3. 權
　　　　柄；4. 因緣際會之時機。其 1、2、3 項實可併入君王之統治權內，故其勢治
　　　　定義較陳啟天等人多出之項目僅「因緣際會之時機」而已。其詳可見謝雲飛，
　　　　《韓非子析論》（臺北：東大圖書公司，民國 85 年 2 月 3 版），〈韓非子之政
　　　　治思想第四‧參勢論〉，頁 97～98。

〔註11〕　呂思勉，《先秦學術概論》（北京：東方出版社，1996 年 2 月 2 刷），下編〈第
　　　　三章法家〉，頁 99。

〔註12〕　如楊寬論及韓非之「法、術、勢的兼用」這一條目，凡六百字，其中涉及勢
　　　　及勢治部份僅「重勢一派以慎到為代表，著重講究保持和運用國君的權勢地
　　　　位。」「他把國家比作君主的車，勢比作用來拖車的馬，術比作駕馭的手段。」
　　　　二句而已。見楊寬，《戰國史》（上海：上海人民出版社，1991 年 9 月 2 版 8
　　　　刷），第十章〈十韓非兼用法、術、勢的法家學說〉，頁 431～432。這不是楊
　　　　寬《戰國史》之特殊現象，實是論及先秦政治、思想多數著作之普遍現象，
　　　　例證可多至數不勝數之地步。如吳亞東亦云：「韓非的政治學說是法、術、勢
　　　　三者有機聯繫的統一體。歷來研究先秦諸子的評論家，談起韓非，多以其法
　　　　治為討論主題。」見吳亞東，〈勢治是韓非政治思想的發端和歸旨〉，《華南師
　　　　範大學學報‧社會科學學報》1984 年第 1 期，頁 65。

〔註13〕　見郭沫若，《十批判書‧韓非子的批判》（北京：東方出版社，1996 年 3 月 1
　　　　版），頁 373～377。

刑罰；4. 有功的官吏均獲拔擢，邪惡的官吏絕難幸進；5. 人民對上述諸事如果處理得合宜，官吏就為他效力，壞事就不會發生；如不合宜，官吏就蒙蔽人君，縱恣私欲；……6. 一個人不能兼任兩個官職；7. 一個官職不能兼辦兩種事務；8. 小官不須尊貴的人推薦就能拔擢，大官不靠親信的人接引就能晉見；9. 百官的意見都能通達朝廷，群臣的心力都能歸向人君；10. 受賞者人君都看到他的功勞，受罰者人君都曉得他的罪狀；11. 人君事前看到聽到的沒有謬誤，事後獎賞懲罰的沒有差失。這十一條綱目，幾乎包含了治國為君之道的大部分法則了；如果我們說，韓非所指的用勢之道就是人君站在最優勢的中央位置上，開動他所有的政治技巧和技術，以絕對萬能的姿態指揮著堂殿下的百官，役使他們獻出最大的力量；似此說法，應該不會太差錯了。〔註14〕

但此二人立論專主一家（韓非），不及其餘。殊不知勢治在先秦實為一普遍命題，除法家外，兵家、名家、縱橫家亦多有涉及此一問題之處。兵家四派之一即為兵形勢家，先秦諸子中以重勢、勢治顯名者，除法家之慎到外，尚有兵家之孫臏、〔註15〕儒家之魯仲連。〔註16〕蘇秦、張儀在遊說六國之際，更是開口、閉口不離形勢。郭沫若、鄭良樹對勢治所下之定義，揆之《韓非子》及法家未必全合，驗之其他各家多有不通，其所下之定義，實有進一步商榷之必要。

《莊子·卷十·天下》云：「禮法、度數、刑名、比詳，治之末也。」其中度數與禮法、刑名並列，其為治天下之具（設施）固無疑問。但度數究係何物，千古無解。即使是最晚出之王叔岷之《莊子校詮》，釋及度數，亦僅寥寥數語，無法指實其在治道上之作用。〔註17〕度數是否為勢治之變名？亦為本文所欲解開之謎團。

〔註14〕見鄭良樹，《韓非之著述及思想》（臺北：學生書局，民國 82 年 7 月初版），後編〈第二章第二節 3 勢〉，頁 492～499。

〔註15〕《呂氏春秋》（陳奇猷校釋本）（上海：學林出版社，1995 年 10 月 3 刷），卷十七〈審分覽·不二〉，頁 1124，云：「孫臏貴勢。」

〔註16〕《藝文類聚·六十三》云：「魯連先生見孟嘗君於杏唐之門。孟嘗君曰：『吾聞先生有勢數，可得聞乎？』……」，見阮廷焯，《先秦諸子考佚·五魯連子考佚》所引（臺北：鼎文書局，民國 69 年 3 月初版），頁 89。

〔註17〕見王叔岷，《莊子校詮·外篇天道第十三》（臺北：中央研究院，民國 77 年 3 月出版，87 年 6 月影印三版），頁 480。

　　《管子》一書多談法制，漢後學者多將其歸入法家，〔註18〕但《漢書‧藝文志》何以將其歸入道家，與老莊並列？胡適在〈諸子不出於王官論〉中，即以爲「管子豈可在道家？」

　　《漢書‧藝文志》敘及道家有正統派與放者。正統派道家與法家思想有一脈相承之處，但《老子》究竟屬於正統派抑或屬於放者，張舜徽之看法即與顧實有別。〔註19〕

　　《淮南子》以爲「申、韓、商鞅之爲治也」「鑿五刑，爲刻削，乃背道德之本。」〔註20〕是《淮南子》以爲法家之思想與道家根本無關。此一說法即與《漢書‧藝文志》、《史記‧老莊申韓列傳》之說法完全背道而馳，此二種相異之說法究竟當以何者爲是？

　　《韓非子‧卷十七‧難勢第四十》云：「夫勢者，名一而變無數者也。」此語透露「勢論」之複雜性。先秦諸子之中究竟有多少思想有勢治之實而無勢治之名，亦大有深究之必要。儒家論禮與法家論勢，幾乎雷同。特別是在效用上、語彙上。〔註21〕禮是否亦爲勢之別名？傳統學者（如孟子、司馬遷

等）以爲孔子上承堯、舜、禹、湯、文、武、周公之道統，下開百代，孔子實爲不世出之聖之時者，具經天緯地之才。司馬遷《史記》中個人列爲世家者僅孔子、陳涉兩人而已。但胡適羅列孔子一生行誼，以爲孔子地位卑下委瑣，實是靠助葬相禮爲業，不過是殯葬業者而已。〔註22〕此一天壤之別之相異看法，究以何者爲是？

《韓非子》明言申不害重術、愼到重勢，但荀子對此二人之學說則有截然不同之評論。荀子以爲申不害重勢，而愼到重法。〔註23〕申不害、愼到其所擅長者究竟是術、勢，抑或是勢、法？即有疑待考。

法家有重勢派，兵家四派之一爲兵形勢，而孫臏又以貴勢名聞戰國時代。法家之重勢與兵家之兵形勢是否有相通之處？兵家之形勢與縱橫家之形勢是否雷同？

《司馬法》明明是兵家著作，就流傳後世之《司馬法》及其佚文來看，《司馬法》之主要內容實屬於兵形勢之範疇。何以班固《漢書・藝文志》將此書列入〈六藝略〉之禮部當中，而不列入〈兵書略〉之範疇？禮與形勢是否有所關連？

劉歆評名家之《尹文子》云：「歸本於黃老。」〔註24〕《尹文子》是否亦如「歸本於黃老」之申、愼、韓，亦以勢治思想立說？

墨翟、尸佼、商鞅、鄒忌、鄒衍、范雎等人之思想似與勢治之道全不沾邊。但若將其思想與勢治之道比合而觀，就會有出人意表之發現。

韓非爲法家集大成之人物，以爲欲求致治，法、術、勢三者不可偏廢，以車喻國，法、術不過是駕馭之法，但勢卻是馬，爲一切動力之來源，相形之下，勢更顯重要。但近代學者論列韓非思想之際，法、術部份敘述得條分

言曰：『上下一日百戰，下匿其私，用試其上；上操度量，以割其下。』……」儒家制禮，亦用度量，如《禮記・卷九・明堂位第十四》：「武王崩，成王幼弱，周公踐天子之位以治天下，六年朝諸侯於明堂，制禮作樂，頒度量而天下大服。」

〔註22〕見胡適，〈說儒〉《中央研究院歷史語言研究所集刊》第四本第三分（上海：中央研究院歷史語言研究所，民國23年），頁246～255。

〔註23〕《荀子》（王先謙集解本）（臺北：世界書局，民國63年7月新2版），卷十五〈解蔽第二十一〉，頁262，云：「申子蔽於勢而不知知。」《荀子》卷三〈非十二子第六〉，頁58～59，云：「尚法而無法，下脩而好作，上則取聽於上，下則取從於俗。終日言成文典，反紃察之，則倜然無所歸宿，不可以經國定分。然而其持之有故，其言之成理，足以欺惑愚眾，是愼到、田駢也。」

〔註24〕見洪邁，《容齋續筆》（點校本）（長春：吉林文史出版社，1994年1月1版），卷十四〈尹文子〉，頁3。

縷析，重勢部份往往一筆帶過，其故何在？

　　《呂氏春秋・卷第十七・審分覽》中連續八篇論及勢治之道，陳奇猷以為係襲自尹文學派。〔註25〕此等說法是否可信？

　　申、慎、韓之思想司馬遷以為歸本於黃老，但申、慎、韓之思想究竟是歸本於黃，抑或是歸本於老，郭沫若、王叔岷、張舜徽、陳奇猷即與顧實、裘錫圭之看法截然相反。〔註26〕

　　先秦諸子之勢治思想究竟是其自行創獲，亦或是別有所源，亦為本文所欲探究之問題。

　　中國之帝國規模何以具有不死之生命力，能夠歷萬劫而不毀，死而又育？日本學者對此深感興趣，冥神苦思，百思而不得其解。〔註27〕而中國帝國之

〔註25〕陳奇猷云：「奇猷案：上正名及此下八篇皆法家言，本篇言審分。‥‥可知尹文主張以法術勢為治，與此覽數篇所論同一旨趣。據此，上〈正名〉及此覽八篇皆尹文學派之著作也。」見陳奇猷，《呂氏春秋校釋・卷十七・審分覽》校釋（一），頁1031～1032。

〔註26〕郭沫若、王叔岷、張舜徽、陳奇猷均以為申、慎、韓之思想源出於老。郭沫若云：「老子學派的君人南面之術在〈主道〉與〈揚權〉兩篇是表現得極其酣暢的。這兩篇差不多通體是韻文，想見作者寫它們時是怎樣的躊躇滿志。近來也有人疑它們不是韓非所作，但理由僅是『這兩篇文體和〈五蠹〉、〈顯學〉諸篇不類。』這根據是很薄弱的。」見郭沫若，《十批判書・韓非子的批判》，頁378。王叔岷云：「申不害之本黃老，僅本於老，而與黃無關，慎到亦然。」見王叔岷，〈論司馬遷述慎到、申不害及韓非之學〉，《中央研究院歷史語言研究所集刊》五十四本第一分，民國72年3月，頁98。張舜徽云：「非之學雖為法家之集大成者，而實深於黃老無為之旨。今觀其書，非特〈解老〉、〈喻老〉所以發明五千言者至為邃密，即如〈主道〉、〈大體〉、〈揚權〉諸篇，皆道論之精英也。」張舜徽，《漢書藝文志通釋・三（四）法家・韓子五十五篇》，《二十五史三編》第三分冊（長沙：岳麓書社，1994年12月初版），頁795。陳奇猷云：「因之韓非之理想社會，乃基於老氏而改進。故韓非有取於老氏者此也。史遷謂韓非『歸本於黃、老』（韓非傳）者亦以此也。」見陳奇猷，《韓非子集釋・韓非學述》（高雄：復文圖書出版社，民國80年7月影印），頁9。顧實、裘錫圭均以為老子屬道家之放者，主張「絕去禮學，兼棄仁義，曰獨任清虛可以為治。」顧實云：「然老莊同歸小國寡民之治，有什佰之器而不用。是其黃金天國，故與三代大國之制殊已。」見顧實，《漢書藝文志講疏》（臺北：廣文書局，民國77年10月再版），頁34。裘錫圭云：「按照這種觀點（《漢書・藝文志》對道家評論），莊子無疑是道家中的放者，甚至老子也不能看作道家正宗。他雖然講了很多『君人南面之術』，但也是『欲絕去禮學，兼棄仁義』的。」見裘錫圭，〈馬王堆《老子》甲乙本卷前後佚書與道法家〉，《古代文史研究新探》（南京：江蘇古籍出版社，1996年2月），頁557。

〔註27〕杜正勝即云：「中國古代社會研究，日本也是一個重鎮，他們發現中國王朝二

生命韌性是否亦與勢治之道有所關連？

　　蔣廷黻以爲歷史證明中國人是有政治天才的。〔註28〕但梁啓超一口咬定中國人全無政治能力。〔註29〕這兩種截然相反之看法究以何者爲是？

　　中國人常說，中國人處世哲學是學儒、用法，或經世則孔、孟，退隱之際則變爲道家。〔註30〕此一奇怪之處世態度從何而來？是否亦與中國先秦勢

千餘年未絕，認定這是大問題，故多從政治、社會的角度觀察古史，企圖探尋王朝形成的原因，與大陸之側重經濟社會者大異其趣。」見杜正勝，《周代城邦‧第一章緒論》（臺北：聯經出版公司，民國68年1月初版），頁9。

〔註28〕蔣廷黻云：「我國秦始皇的廢封建爲郡縣及漢、唐兩朝的偉大帝國，足證我民族是有政治天才的。」見蔣廷黻，《中國近代史大綱‧總論》（北京：東方出版社，1996年3月北京第一次印刷），頁2。

〔註29〕梁啓超云：「昔英將威士勒之言曰：『中國人有可以蹂躪全球之資格。』我負此資格而不能自信，……惟是日懼外人之分割，……」、「今天下最龐大最活躍之民族莫如盎格魯撒克遜人。彼嘗自誇曰：使吾英國民百人與他國民百人，同時徙居於一地，不十年後，而英國之百人，粲然成一獨立國。他國之百人，渾然如一盤散沙，受轄於英人矣。……不見今日之印度，英人居者不及萬，而使二萬萬之印人，戢戢如群羊乎？不見中國十八行省中，英人官商教士，統計來者不過四千人，而遍布要隘，儼若敵國乎？……」、「我國自黃帝以來，立國數千年，而至今不能組織一合式有機完全秩序順理發達之政府者，其故安在？一言以蔽之，亦曰無政治能力而已。……若夫自明末以來，數百年間，我民自殖於南洋群島者，以數百萬計。至今日即以暹羅一國論，而隸華籍者已百餘萬，新加坡、庇能、噶羅巴等處稱是。……其甚者，如荷屬法屬之僑民，笞畜刲割，曾羊豕之不若也。抑海峽殖民地諸島，多由我民篳路籃縷，與天氣戰，與野獸戰，與土蠻戰，停辛貯苦，以啓其地，顧不能自建設自約束，而必迎西方之強者以鎮撫我，則又何也？……若夫今日美洲澳洲諸地，吾民散居亦不下數十萬，其地之法律，固自由也，平等也，而吾民又與彼之國民同受治於一法律之下者也，集會言論之自由，一無所禁也。顧何以英人不滿四千之上海，百廢具舉，純然爲一小政府之形，而華人逾三萬之舊金山，竟終歲干戈相尋，不能組成一稍有力之團體也。是其無政治能力之證驗二也。……」見梁啓超，《新民說》（臺北：中華書局，民國67年7月台2版），頁116、51、150、151。

〔註30〕我於民國65年上王舟之先生之「中國近代史」曾聞其講述此言。聞一多敘及英人韋爾生對中國人之觀察所得是：「在大部份中國人的靈魂裡，鬥爭著一個儒家，一個道家，一個土匪。」聞一多云：「那便是說一個儒家做了幾任官，撈得肥肥的，然後撒開腿就跑，跑到一個別墅或山莊裡，變成一個什麼居士，便是道家了。——這當然是對己最有利的辦法了。」見聞一多，〈關於儒、道、土匪〉，《聞一多全集》戊集（臺北：里仁書局，民國89年1月影印開明書店民國37年8月版），頁19、22；其境界甚至可以高至「可兼尊顯之達官與清高之名士於一身，而無所愾忌，既享朝端之富貴，仍存林下之風流，自古名利并收之實例，此其最著者也。」見陳寅恪，〈陶淵明之思想與清談之關

治之道有所關連？

　　這些疑問均是本文亟欲解開之謎團。

係），《金明館叢稿初編》（臺北：里仁書局，民國70年3月），頁188；但蔣
夢麟居然以此等行徑來說明吳稚暉之志高行潔，實足令人大開眼界。蔣夢麟
云：「中國學者（此處實指吳稚暉）往往把老莊哲學和孔孟學說融化爲一。經
世則孔孟，避俗則老莊。」見蔣夢麟，〈一個富有意義的人生〉，《新潮》（臺
北：傳記文學出版社，民國56年9月初版），頁85。

—9—

第二章　勢治釋義

　　勢雖是「名一而變無數者也。」但歸根結底，勢只是力量。不但在先秦諸子之中，勢作力量解。如：「威勢者，人主之筋力也。」〔註1〕、「故國者，君之車也；勢者，君之馬也。」〔註2〕、「任人者，使有勢。」〔註3〕、「勢者，勝眾之資也。」〔註4〕、「人主之所以制臣下者，威勢也。」〔註5〕、「王也者，勢也。王也者，勢無敵也。勢有敵，則王者廢矣。」〔註6〕兵家孫武對勢之定義是：「戰勢不過奇正。」、「激水之疾，至於漂石者，勢也。」、「勢如彍弩，節如發機。」、「善戰者之勢，如轉石于千仞之山者，勢也。」〔註7〕孫臏對勢所下之定義是：「勢者，攻無備，出不意。」〔註8〕即使非先秦諸子提及非「法、術、勢」、「戰勢」範疇之「勢」字，勢亦多作力量解。如阮元《經籍纂詁》釋勢字之字義，引例無一及於「法、術、勢」及「戰勢」之勢，其對「勢」字所下之定義是：

〔註1〕　《韓非子》（陳奇猷集釋本），高雄，復文出版社，民國80年7月影印2版），卷二十〈人主第五十二〉，頁1118。
〔註2〕　《韓非子》卷十四〈外儲說右下第三十五〉，頁782。
〔註3〕　《韓非子》卷十八〈八說第四十七〉，頁973。
〔註4〕　《韓非子》卷十八〈八經第四十八〉，頁996。
〔註5〕　《管子》（顏昌嶢校釋本）（長沙：岳麓書社，1996年2月1版），卷二十一〈明法解第六十七〉，頁520。
〔註6〕　《呂氏春秋》（陳奇猷校釋本）（上海：學林出版社，1995年10月3刷），卷十七〈審分覽・慎勢〉，頁1109。
〔註7〕　《孫子》（靖嘉堂藏宋本《武經七書》，《續古逸叢書》之三十八）（臺北：臺灣商務印書館，民國60年），卷上〈兵勢第五〉，頁5上、5下。
〔註8〕　銀雀山漢墓整理小組，《銀雀山漢墓竹簡（壹）・孫臏兵法・勢備》（北京：文物出版社，1985年9月1版1刷），頁63。

勢謂形勢，《考工記・弓人》：「射遠者用勢。」司農注，勢，力也；《易・象上傳》：「地勢，坤，君子以厚德載物。」虞注；又《淮南・修務訓》：「各有其自然之勢」注；又《戰國策・秦策》：「其勢不能。」注。勢，位也。……勢業，權勢，事業也。……勢，列班列也。……勢，親，親也。……〔註9〕

力量在君王手上則爲君勢；在左右便辟之手則爲幸倖之勢；在地理上，則爲地勢、形勢。

　　勢（力量）由何而生？《韓非子・卷十七・難勢第四十》引及慎子之自然之勢，生而爲君，自然有勢（君勢）。君王之勢在於得到臣僚、百姓之擁戴，自然有威勢。但此種威勢亦非一成不變。如禹傳位於益，益爲天子。但官吏均爲禹子啓之人，勢重盡在於啓，故啓弒益。〔註10〕故此等自然之勢，力量不但小而且不完全可靠。雖然有時非此不可。〔註11〕勢之產生主要須靠後天之設施（人爲之勢）。有勢而善加聚勢、用勢，才能聚集、攫取更多的力量，才能使力量充份發揮，使力量繼長增高，成等比級數迅速增長。道家（如管子）、法家（慎到、韓非）、縱橫家（蘇秦、張儀、魯仲連）、名家（尹文子）、兵家（孫武、孫臏、尉繚）等勢治思想主要著重於人爲之勢。

　　後天之設施（人爲之勢）在積聚本身之力量方面，主要在用盡方法將治下之官吏、諸侯、人民完全納入管理，將其安置在最佳時空位置之上（賢者在上，不肖者在下；貴者處上，賤者處下；強者處上，弱者在下；眾者處上，寡者在下）。力量沒有磨擦、碰撞、抵消，而又能充份發揮，建立內重外輕、本大末小、層層節制、如臂使指、指揮如意之一體之政治機械。在軍事上，則是整陣而戰，建構戰則必克、攻則必取之戰鬥機械。在家族上，建構其以尊使卑、以貴使賤、以嫡使庶、上下有序之一體之家族結構。在地勢上，設法占據以富制貧、以高制卑、以廣制狹、以險制易之一體有效控制之地勢。任何有礙此一體之治之政治機械或戰鬥機械之運作者應不計代價加以剷除。

〔註9〕 阮元等撰集，《經籍纂詁》（阮氏琅嬛仙館本）（北京：中華書局，1995 年 8月 2 刷），卷六十七〈勢〉字條，頁 1495。

〔註10〕《戰國策》（點校本）（臺北：河洛出版社，民國 69 年 8 月影印初版），卷二十九〈燕一・燕王噲既立〉，頁 1059，云：「或曰：禹授益而以啓爲吏，及老，而以啓爲不足任天下，傳之益也。啓與支黨攻益而奪之天下，是禹名傳天下於益，其實令啓自取之。」

〔註11〕《呂氏春秋》卷十七〈審分覽・慎勢〉，頁 1109，云：「湯其無郼，武其無岐，賢雖十全，不能成功。湯武之賢，而猶藉知乎勢，又況不及湯武者乎？」

修身、齊家、治國、平天下均是一理相通。詹子回答楚王爲國之道，最足以說明兩者之密切關連：

> 楚王問爲國於詹子。詹子對曰：「何聞爲身，不聞爲國。」詹子豈以國可無爲哉？以爲爲國之本在於爲身，身爲而家爲，家爲而國爲，國爲而天下爲。故曰：「以身爲家，以家爲國，以國爲天下。此四者，位異同本。古聖人之事，廣之則極宇宙、窮日月，約之則無出乎身者也。」〔註12〕

在職掌上是君略臣詳，君出令，臣奔走實踐；君操持大綱，臣行其目。在軍事上，兵、將各有分職。

倘若敵（臣下、敵人、諸侯）強我弱，敵（臣下、敵人、諸侯）衆我寡，則設法將對方力量加以分割，力分則弱，敵（臣下、敵人、諸侯）分我（君王）合，使己方因之而能取得各個擊破之有利地位，而能穩操控制之權柄。《管子・卷一・乘馬第五》：「聖人之所以爲聖人者，善分民也。聖人不能分民，則猶百姓也。」韓非子云：

> 黃帝有言：上下一日百戰。下匿其私，用試其上。上操度量，以割其下。故度量之立，主之寶也。黨與之具，臣之寶也。臣之所以不弒其君者，黨與不具也。〔註13〕

《孫子・卷中・虛實》則力主「我專爲一，敵分爲十」之有利形勢。勢治建立在君合臣分、我合敵分之基礎上。黃帝以度量分割臣下，打散其黨羽，以成有效之統治。孫武在論及兵之形勢亦提及度量：

> 兵法：一曰度，二曰量，三曰數，四曰稱，五曰勝。地生度，度生量，量生數，數生稱，稱生勝。故勝兵若以鎰稱銖，敗兵若以銖稱鎰。〔註14〕

明言度數、度量與必勝之勢密不可分。由此可知《莊子・第十卷・天下》之「禮法、度數、刑名、比詳，治之末也。」《逸周書・卷六・明堂解第五十五》之「頒度量，而天下大服。」《韓非子・卷二・姦劫弒臣第十四》之「明法術度數」中之度量、度數，實指勢治而言。此即先秦古籍提及治天下之具，將度數與刑名、禮法、法術相提並論之原因。

〔註12〕《呂氏春秋》卷十七〈審分覽・執一〉，頁 1132～1133。
〔註13〕《韓非子》卷二〈揚權第八〉，頁 123～124。
〔註14〕《孫子》卷上〈軍形第四〉，頁 4 下。

　　君合臣分之道，在於君一臣百。合之者、一之者在君（天子、國君、統治者）、將，君、將使力量向主要方向集中發揮，充份發揮統合力量。《呂氏春秋・卷第十七・審分覽・不二》云：

> 故一則治，異則亂。一則安，異則危。夫能齊萬不同，愚智工拙，皆盡力竭能，如出一穴者，其惟聖人矣乎！

《呂氏春秋・卷十七・審分覽・執一》云：

> 天下必有天子，所以一之也。天子必執一，所以摶之也。一則治，兩則亂。今御驪馬者，使四人，人操一策，則不可出於門閭者，不一也。

臣分（設官分職）之作用主要有四。（一）在於一官一職，一人一位，上下有序，以免力量對消、紛爭，而且能明責任歸屬。如《呂氏春秋》即引慎子百人逐兔之故事說明分定爭止：

> 今一兔走，百人逐之。非一兔足為百人分也，由未定。由未定，堯且屈力，而況眾人乎？積兔滿布，行者不顧，非不欲兔也，分已定矣。分已定，人雖鄙不爭。故治天下及國，在乎定分而已矣。〔註15〕

　　（二）在於一官一職，可免兼官現象，造成臣子權力增長，國君實力之下降。君王之有效統治基礎建立在「上操度量，以割其下」之基礎上。一官一職可免臣下專斷攬權，結黨營私，形成臣強君弱之局面。孟德斯鳩《法意》以為避免專斷獨裁之有效方法是立法、司法、行政三權分立。這種以分權手段避免獨裁專斷的構想中國早在三千年前已見之行事。申不害主張：「治不逾官，雖知弗言。」《韓非子》對此說了一則令人印象深刻的故事：韓昭侯殺典冠。〔註16〕

　　（三）在於設官分職，職司易於謹守勿失。慎子云：

> 古者工不兼事，士不兼官。工不兼事則事省，事省則易勝。士不兼官則職寡，職寡則易守。……〔註17〕

　　（四）在於設官分職可收分工合作之效。分工合作能將工作效率大幅提升。分職之後，勤、惰、優、劣無所遁形。韓非子以有名之南郭吹竽說明此中景況。〔註18〕《呂氏春秋》敘及分地而作，人無所匿其力之情形：

〔註15〕《呂氏春秋》卷十七〈審分覽・慎勢〉，頁 1109～1110。
〔註16〕《韓非子》卷二〈二柄第七〉，頁 112。
〔註17〕《慎子》（錢熙祚校本）（臺北：世界書局，民國 63 年 7 月新 2 版），〈威德〉，頁 2。
〔註18〕《韓非子》卷九〈內儲說上第三十〉，頁 557。

今以眾地者，公作則遲，有所匿其力也；分地則速，無所匿遲也。

主亦有地，臣主同地，則臣有所匿其邪矣，主無所避其累矣。〔註19〕

分工合作所產生之效能足以完成個人獨立無法完成、勝任之大事。個人智力、體力、時間實在有限，過於艱鉅、複雜之政治工程確是「眾擎易舉，獨立難成。」二、三千年前之古人對於合眾智、眾力以成就大事業實有相當深刻之體認。《呂氏春秋》云：

今之為車者，數官然後成。夫國豈特為車哉？眾智眾能之所持，不可以一物一方安車也。〔註20〕

又云：

大橈作甲子；黔如作虜首；容成作曆；羲和作占日；尚儀作占月；后益作占歲；胡曹作衣；夷羿作弓；祝融作市；儀狄作酒；高元作室；虞姁作舟；伯益作井；赤冀作臼；乘雅作駕；寒哀作御；王冰作服牛；史皇作圖；巫彭作醫；巫咸作筮。此二十官者，聖人之所以治天下也。聖王不能二十官之事，然而使二十官盡其巧，畢其能，聖王在上故也。〔註21〕

先秦諸子對地理形勢已有深刻體認，稱地形所蘊含之力量為地勢。〔註22〕

善於借勢，可使本身無勢可以有勢，有勢可以增加威勢。慎子言及飛龍乘雲、騰蛇遊霧全憑借勢。〔註23〕

順勢而發，因勢利導，用力少而收效宏，可坐收事半功倍之效。在君王而言，設法使君、臣、民之利益一致，臣、民為一己之利而盡心竭力，亦所以為國為君謀取最大的利益，這才是安邦定國或全軍最大的力量。慎子云：

天道因則大，化則細。因也者，因人之情也。人莫不自為也，化而使之為我，則莫可得而用矣。是故先王見不受祿者不臣，祿不厚者，不與入難。人不得其所以自為也，則上不取用焉。故用人之自為，

〔註19〕《呂氏春秋》卷十七〈審分覽・審分〉，頁1029。

〔註20〕《呂氏春秋》卷十七〈審分覽・君守〉，頁1050。

〔註21〕《呂氏春秋》卷十七〈審分覽・勿躬〉，頁1077～1078。

〔註22〕《戰國策》卷三〈秦策一・蘇秦始將連橫〉，頁78，云：「大王之國，西有巴蜀漢中之利，北有胡貉代馬之用，南有巫山黔中之限，東有肴函之固。田肥美，民殷富，戰車萬乘，奮擊百萬，沃野千里，蓄積饒多，地勢形便，此所謂天府，天下之雄國也。……」

〔註23〕《慎子・威德》，頁1。

不用之爲我，則莫不可得而用矣。此之謂因。〔註24〕

《孫子・卷上・兵勢第五》云：「故善戰者，求之於勢，不責乎人。」《孫子・卷下・九地第十一》論及迫於形勢，即使吳、越世仇，如同處漏舟之中，亦可相救如左右手。

君暗臣明，臣民對君王莫測高深，君王則能出奇制勝，行不測之恩威，使力量在瞬間爆發，造成臣民悚懼於下，君王收威於上，加強君權之鞏固。《管子・卷二十・形勢解第六十四》云：

> 虎豹，獸之猛者也，居深林廣澤之中，則人畏其威而載之。人主，
> 天下之有勢者也，深居則人畏其勢。故虎豹去其幽而近於人，則人
> 得之而易其威；人主去其門而迫於民，則民輕之而傲其勢。

在軍事上，有利之形勢是我暗敵明，用兵以奇，出其不意攻其無備。

此處對勢治之道先說一個大概。以此爲標準可對五帝三王之治術及先秦諸子之勢治之道做一眞實而客觀之衡量。經由比較，五帝三王所涉及勢治之道之層面；諸子之中孰能緊持勢治之大綱；孰論列勢治之道詳而有體；孰有勢治之實而無勢治之名；孰僅涉及勢治之一端；孰對勢治之道多做消極之維護；孰全力違反勢治之道之運作或躲避勢治之道之迫害；均可洞若觀火，一目瞭然。

〔註24〕《慎子・因循》，頁3。

第三章　先秦諸子之勢治思想

　　先秦諸子殆無一家不涉及勢治之道。《管子》觸及勢治之道之每一層面，敘理精闢，但較缺乏條理，舉例不多，猶存勢治之道之大體。其他各家往往各有取捨。儒家以禮綱紀天下，禮、勢多有相通之處，依勢之觀點，儒家有勢之實而無勢治之名；慎到論列勢治之道，理論豐瞻而深刻；申不害之思想實是術、勢兼及；蘇秦、張儀喜論立國形勢；兵家講究以形勢整軍經武、克敵制勝；韓非以辯證方式從正反兩面探究勢治之道，並驗之春秋、戰國史實，敘理深刻、邃密至令讀者怵目心驚；《呂氏春秋》論及勢治之道綱舉目張，條理分明，而內容豐瞻；道家之老、莊及隱者陳仲、農家許行均力反勢治之道，尤其是莊子，論及勢治機械之刻削人性，入木三分，但這些人之反對意見實對勢治理論產生攻錯效益；尹文對勢治之道僅止於標舉大綱；商鞅雖以重法聞名，但其《商君書》亦敘及勢治之分定爭止；鄒忌論及壅蔽之患；鄒衍其語雖閎大不經，但亦以勢治之道為依歸；魯仲連重勢治之空間位置；范雎以勢治之道勸秦昭王進行奪權鬥爭。

第一節　《管子》之勢治理論具體而微

壹、《漢書·藝文志》將《管子》列為道家之原因試析

　　《漢書·藝文志》將《管子》與《老子》、《莊子》並列，歸入道家。漢後學者以為《管子》一書多談法制，以此種歸類為擬於不倫。〔註1〕但若進一

〔註1〕 見第一章註18。

步推究《漢書・藝文志》對道家所下之定義：

> 道家者流，蓋出於史官，歷記成敗禍福古今之道，然後知秉要執本，
> 清虛以自守，卑弱以自持，此君人南面之術。

所謂正統道家之《老子》與之全然不合，《老子》中根本無一句「歷記成敗禍福古今之道」之語，《莊子》大談清虛無爲治術之理及其本事，似是合於《漢書・藝文志》之所敘，但《莊子》之論及治道、治術，根本是站在對立立場大放厥辭，而且莊子自言其書多寓言、重言。《莊子・卷十・天下篇》云：「以天下爲沈濁，不可與莊語。」而其〈馬蹄〉、〈秋水〉等篇力主反樸歸眞，無爲無用，反對刻削羈勒，其主要思想根本與君王南面之術背道而馳。《管子》之內容不但恰好與《漢書・藝文志》對道家所下之定義相應，〔註2〕而且亦與司馬談筆下之〈論六家要指〉中之道家絲絲如扣。張舜徽以爲司馬談之〈論六家要指〉根本是一篇政治論文。〔註3〕〈論六家要指〉言及道家之特色是：

> 道家無爲，又曰無不爲，其實易行，其辭難知，其術以虛無爲本，
> 以因循爲用。無成勢，無常形，故能究萬物之情，不爲物先，不爲
> 物後，故能爲萬物主。有法無法，因時爲業，有度無度，因物與合。
> 故曰：「聖人不朽，時變是守。虛者道之常也，因者，君之綱也」。
> 群臣並至，使各自明也。其實中其聲者謂之端，實不中其聲者謂之
> 窾。窾言不聽，姦乃不生，賢不肖自分，白黑乃形。在所欲用耳，
> 何事不成？乃合大道，混混冥冥，光耀天下，復反無名。〔註4〕

整段文字幾乎是《管子・卷十二・心術上第三十六》之摘要。依《漢書・藝文志》對道家所下之定義來看，《管子》實應屬於正統派之道家，而後人以爲道家正宗之《老子》、《莊子》則反而是非正統派道家之放者。故在分類上，《漢書・藝文志》將《管子》歸入道家確有其理。

貳、《管子》之勢治理論

《管子》一書內容龐雜，涉及整個勢治之道之大半。但管子本人卻不以

〔註2〕 如〈封禪書〉、〈中匡〉、〈小匡〉等多敘古人行事興壞，〈明法〉、〈君臣上〉、〈君臣下〉等篇則是「秉要執本，清虛以自守，卑弱以自持」之君王南面之術。

〔註3〕 見張舜徽，《周秦道論發微・敘論》（臺北：木鐸出版社，民國77年9月初版），頁7～8。

〔註4〕 司馬遷，《史記》（百衲本）（臺北：臺灣商務印書館，1994年4月台1版7刷），卷一百三十〈太史公自敘第七十〉，頁1200。

勢治思想名家，最主要原因一是《管子》敘及勢治之道，均是枝節敘述，隨興而發，缺乏系統條理；二是韓非所言之「勢者名一而變無數者也」，勢有無數變名，《管子》有〈勢〉篇，但其內容完全不談勢治之道，而其勢治之精要理論多附在各種變名篇章之中，以致其勢治之道有實無名。現就勢治之道之整體，依序論列《管子》之勢治之道。讀者可由此對《管子》之勢治思想得一鳥瞰式之瞭解，而由資料之出處，讀者亦因之可以知悉勢之變名在《管子》書中之情況。

在一體之勢方面，《管子》一書中至少有三篇敘及此一主題。在《管子・卷一・牧民》之說法是：「禮不踰節……不踰節，則上位安，……」在《管子・卷十一・君臣下第三十一》之說法是：「四肢六道，身之體也。四正五官，國之體也。」在《管子・卷十三・心術上第三十六》之說法是：

> 心之在體，君之位也；九竅之有職，官之分也。心處其道，九竅循理。

國君人為之勢，首在得民。《管子・卷二十・形勢解第六十四》云：

> 蛟龍，水蟲之神者也。乘於水，則神立，失於水，則神廢。人主，天下之有威者也。得民則威立，失民則威廢。蛟龍待得水而後立其神，人主待得民而後成其威。

在合天下之人才以成天下之治方面，《管子・卷二十・形勢解第六十四》云：

> 明主不用其智而任眾人之智，不用其力，而任眾人之力。故以眾人之智思慮者，無不知也；以眾人之力起事者，無不成也。能自去而因天下之智力，則身逸而福多。亂主獨用其智，而不任眾人之智；獨用其力，而不任眾人之力，故其身勞而禍多。故曰：「獨任之國，勞而多禍。」

在刻削人性，將人才安置在勢治機械之適當位置，使其能規行矩步，明主須以術數斲削手段對人才加以整治，使勢治機械能運轉無礙，管子特以奚仲為車做比喻加以說明。《管子・卷二十・形勢解第六十四》云：

> 奚仲之為車也，方圓曲直，皆中規矩鉤繩，故機旋相得，用之牢利，成器堅固。明主，猶奚仲也。言辭動作，皆中術數，故眾理相當，上下相親。巧者，奚仲之所以為器也，主之所以為治也。斲削者，斤刀也。故曰：「奚仲之巧非斲削也。」

在明言主道、臣道判然有別（君須無為，臣有為；主佚臣勞；主出令，臣奔走；主言其要，臣行其詳；主勞心，臣勞力）。君合臣分，君主分割臣下、人民，層層節制以成其一體之治方面，《管子・卷十一・君臣下第三十一》云：

> 是故有道之君執本，相執要，大夫執法，以牧其群臣。群臣盡智竭力以役其上。四守者，得則治，易則亂。

《管子・卷二十一・明法解第六十七》云：

> 明主操術任臣下，使群臣效其智能，進其長技。故智者效其計，能者進其功，以前言督後事所效，當則賞之，不當則誅之。張官任吏治民，案法試課成功，守法而法之，身無煩勞而分職。故〈明法〉曰：「主雖不身下為，而守法為之可也。」

《管子・卷一・乘馬第五》敘及「聖人之所以為聖人者，善分民也。聖人不能分民，則猶百姓也。」

《管子・卷十・君臣上第三十》云：

> 天有常象，地有常形，人有常禮，一設而不更，此謂三常。兼而一之，人君之道也，分而職之，人臣之事也。君失其道，無以有其國，臣失其事，無以有其位。

《管子・卷十一・君臣下第三十一》云：

> 是以為人上者，患而不勞也，百姓，勞而不患也。君臣上下之分素，則禮制立矣。……主勞者方，主制者圓，圓則運，運則通，通則和。

《管子・卷十五・明法第四十六》全篇多敘明主勢治之道。

《管子・卷四・宙合第十一》云：

> 左操五音，右執五味，此言君臣之分也。君出令佚，故立於左，臣任力勞，故立於右。

《管子・卷十八・九守第五十五》云：

> 心不為九竅，九竅治，君不為五官，五官治。為善者，君予之賞；為非者，君予之罰。君因其所以來，因而予之，則不勞矣。

明主能凝聚境內之力為一，亂主則任由境內之力為大臣私自壟斷。國力之強弱不以其實際人數計數，而以其能納入綱紀者（為己所用者）計數。《管子・卷二十一・明法解第六十七》云：

> 明主在上位，則境內之眾，盡力以奉其主，百官分職致治，以安國家。亂主則不然。雖有勇力之士，大臣私之，而非以奉其主也。雖

有聖智之士，大臣私之，非以治其國也，故屬數雖眾，不得進也，
百官雖具，不得制也。如此者，有人主之名，而無其實。故〈明法〉
曰：「屬數雖眾，非以尊君也，百官雖具，非以任國也。此之謂國無
人。」

《管子・卷五・法禁第十四》云：

昔者聖王之治人也，不貴其人博學也，欲其人之和同以聽令也。《泰
誓》曰：「紂有臣億萬人，亦有億萬之心，武王有臣三千而一心。」
故紂以億萬之心亡，武王以一心存。故有國之君，苟不能同人心，
一國威，齊士義，通上之治以爲下法，則雖有廣地眾民，猶不能以
爲安也。君失其道，則大臣比權重以相舉於國，小臣必循利以相就
也。故舉國之士以爲己黨，行公道以爲私惠，進則相推於君，退則
相譽於民。名便其身，而忘社稷，以廣其居；聚徒成群，上以蔽君，
下以索民，此皆弱君亂國之道也。

《管子・卷一・形勢第二》云：

君不君則臣不臣；父不父，則子不子。上失其位，則下踰其節；上
下不和，令乃不行。衣冠不正，則賓者不肅。進退無儀，則政令不
行。

經由君合臣分，再合爲一體，縮合之權，操之在君。合爲一體之後，國
君須謀其不協，避免任何力量之磨擦、對立、一官二臣、運轉不靈，這就須
認清君臣利害各異，須防止大權旁落，防止群臣形成朋黨、門戶，架空君權。
《管子・卷十一・君臣下第三十一》云：「爲人上者，制群臣百姓，通中央之
人和。」《管子・卷二十一・明法解第六十七》云：

明主者，……察於分職而不可亂也。……人主之所以制臣下者，威
勢也，故威勢在下，則主制於臣，威勢在上，則臣制於主。夫蔽主
者，非塞其門，守其戶也。然而令不行，禁不止，所欲不得者，失
其威勢也。故威勢獨在於主，則群臣畏敬。法政獨出於主，則天下
服德。故威勢分於臣，則令不行，法政出於臣，則民不聽。……故
〈明法〉曰：「威不兩錯，政不二門。」

《管子・卷二十一・版法解第六十六》云：

若使威利之操不專在君，而有所分散，則君日益輕，而威利日衰，
侵暴之道也。

《管子‧卷二十一‧明法解第六十七》且敘及君王須防止「滅、雍、塞、侵」等大權旁落、群臣比周之現象。

在一官一位以止爭上，《管子‧卷十一‧君臣下第三十一》云：「朝有疑相之臣，此國亂也。」

在宗族之勢治上，國之本在家，整飭一家，形成家族一體之勢治，須嚴上下之法、妻妾之別、嫡庶之分。《管子‧卷十一‧君臣下第三十一》云：

> 是故國君聘妻於異姓，設爲姪娣，命婦宮女，盡有法制，所以治其內也。明男女之別，昭嫌疑之節，所以防其姦也。……內有疑妻之妾，此宮亂也。庶有疑適之子，此家亂也。

在耳目之勢方面，《管子》著重軍事情報與地利知識。《管子‧卷十‧制分第二十九》云：

> 故小征，千里徧知之，築堵之牆，十人之聚，日五間之。大征徧知天下，日一間之，散金財，用聰明也。故善用兵者，無溝壘而有耳目。

《管子‧卷十‧地圖第二十七》又云：

> 凡兵主者，必先審知地圖，轅轄之險，濫車之水，名山、通谷、經川、陵陸、丘阜之所在，苴草、林木、蒲葦之所茂，道里之遠近，城郭之大小，名邑、廢邑、困殖之地，必盡知之。地形之出入相錯者，盡藏之，然後可以行軍襲邑，舉錯知先後，不失地利，此地圖之常也。

在順勢而發方面，《管子‧卷二十‧形勢解第六十四》云：

> 明主度量人力之所能爲，而後使焉。故令於人之所能爲，則令行；使於人之所能爲，則事成。亂主不量人力，令於人之所不能爲，故其令廢；使於人之所不能爲，故其事敗。夫令出而廢，舉事而敗，此強不能之罪也。故曰：「毋強不能。」

國君且須深藏不露，以臨其下。《管子‧卷二十‧形勢解第六十四》云：

> 虎豹，獸之猛者也。居深林廣澤之中，則人畏其威而載之。人主，天下之有勢者也，深居則人畏其勢。故虎豹去其幽而近於人，則人得之，而易其威。人主去其門而迫於民，則民輕之，而傲其勢。

在立國形勢上，《管子》主張立國須占居高臨下、居中制馭四方、土地肥饒足以自存、四塞以爲固之有利地勢。《管子‧卷一‧牧民第一》云：「錯國於不傾之地，積於不涸之倉，藏於不竭之府。」《管子‧卷十八‧度地第五十

七》云：

> 故聖人之處國者，必於不傾之地，而擇地形之肥饒者。……天子中
> 而處，此謂因天之固，歸地之利。

《管子・卷一・乘馬第五》云：

> 凡立國都，非于大山之下，必于廣川之上。高毋近旱而水用足，下
> 毋近水而溝防省。因天材，就地利。故城郭不必中規矩，道路不必
> 中準繩。

第二節　老、莊均爲道家之放者

壹、老子究竟是道家之正統派抑或是放者

《漢書・藝文志》羅列道家三十七家（包括《管子》、《黃帝四經》、《老子》、《莊子》）後，對道家之總評是：

> 道家者流，蓋出於史官，歷記成敗存亡禍福古今之道，然後知秉要
> 執本，清虛以自守，卑弱以自持，此君人南面之術也。……及放者
> 爲之，則欲絕去禮學，兼棄仁義，曰：獨任清虛，可以爲治。

此處將三十七家道術之士歸於兩派。一派是講究君王南面術之正統派論者，一派是獨任清虛可以爲治之放者。《史記・老莊申韓列傳》明言莊子：「散道德放論。」莊子屬於道家之放者絕無疑義。但老子究竟該歸類爲正統派論者，亦或是放者，學者有截然不同之看法。張舜徽以爲老子屬於君王南面術之正統論者。〔註5〕但司馬遷則以爲老莊一脈相承，司馬遷云：

> （莊周）其學無所不窺，然其要歸本于老子之言，故其著書十餘萬
> 言，大抵率寓言也。作〈漁父〉、〈盜跖〉、〈胠篋〉以詆訾孔子之徒，
> 以明老子之術。〔註6〕

莊子若爲放者，老子依例亦以爲放者之可能性居高。最先以有限材料窺破黃老關鍵者爲陳鐘凡。陳鐘凡以爲法家「申、韓原於黃而非原於老。」「不知法術之士深得黃帝以來道術之傳，大悖老子旨意者也。」〔註7〕民國六十年所發

〔註5〕見第一章註19。
〔註6〕司馬遷，《史記》卷六十一〈老子伯夷列傳第一〉，頁721。
〔註7〕陳鐘凡，《諸子通誼・原始》（臺北：商務印書館，民國66年1月台1版），頁28～29。

現馬王堆簡帛材料中有《老子乙本卷前古佚書》，多談君王南面之術，唐蘭以為此即失傳之《黃帝四經》，〔註8〕與申、慎、韓之思想實有一脈相承之處，與老莊思想判然有別。此亦充分證明陳鐘凡在民國初年之看法實不為無見。顧實亦以為老、莊均是道家之放者。〔註9〕王蘧常同意顧實的看法，另加舉證：

> 然老子亦曰：絕聖棄智，民利百倍。絕仁棄義，民復孝慈。則知去禮學、棄仁義，老子已然矣。老子又曰：天下之難治，以其上之有為，是以難治。又曰：我無為而民自化，我好靜而民自正，我無事而民自富，我無欲而民自樸。此獨任清虛可以為治之說也。〔註10〕

裘錫圭亦以為「甚至老子亦不能看作道家正宗。他雖然講了很多『君人南面之術』，但也是絕去禮學，兼棄仁義的。」〔註11〕

老子之主要思想，實以「絕去禮學、兼棄仁義」為主，但《老子》一書亦約略敘及「君人南面之術」，其所謂之「君王南面之術」，大體均屬於勢治範疇，如云：「樸散則為器，聖人用之，則為官長。」、「為無為，則無不為。」、「魚不可脫於淵，國之利器，不可以示人。」、「道恒無為而無不為。侯王若能守之，萬物將自化。」不過寥寥數句而已，亦缺乏體系。韓非子在〈解老〉篇就《老子》之「上義為之而有以為也」、「治大國若烹小鮮」，〈喻老〉篇就《老子》之「輕則失臣，躁則失君」、「魚不可脫於淵」、「國之利器不可以示人」發揮其勢治理論，但其所涉及之範圍亦極狹隘。但「樸散則為器，聖人用之，則以為官長。」等勢治思想，恰巧是老子極力抨擊之對象。《莊子‧卷十‧天下篇》敘及老子之思想源自「以本為精，以物為粗，以有積為不足，澹然獨與神明居。」之古之道術。關尹、老聃聞風而悅之古之道術完全是純樸未分之景象。老子理想之人間景象是：

> 小邦寡民，使有什百人之器而勿用，使民重死而遠徙。有舟車無所乘之，有甲兵無所陳之。使民復結繩而用之。甘其食，美其服，樂其俗，安其居。鄰國相望，雞犬之聲相聞，民至老死不相往來。〔註12〕

〔註8〕 唐蘭，〈馬王堆出土《老子》乙本卷前古佚書的研究〉，《考古學報》1975年第1期，頁8～9。

〔註9〕 見第一章註19。

〔註10〕 王蘧常，《諸子學派要詮》（香港：中華書局，1987年12月重印版），卷下〈二漢書藝文志諸子略序〉，頁184。

〔註11〕 裘錫圭〈馬王堆《老子》甲乙本卷前後佚書與道法家〉，《古代文史研究新探》（南京：江蘇古籍出版社，1992年6月1版），頁557。

〔註12〕 《老子‧下篇‧右第六十七章》（魏源本義本）（臺北：世界書局，民國63年

此段文字為老子對大同之世之追惟，此時私有財產、階級、戰爭、文明尚未萌生，協合統治萬邦之勢治分化思想（政治機械）尚未萌芽。讀者若將此段文字與《禮記》之〈禮運〉大同之治、法哲盧梭之《論不平等之起源》一併觀看，必會有深一層之體會。由此可知《老子》所講述「君人南面之術」實在不如裘錫圭所說之「很多」，而是「很少」。若是將《老子》與同列道家之《黃帝四經》（或稱《老子乙本卷前古佚書》）、《管子》比合而觀，就可一目瞭然。《黃帝四經》中《經法》之〈道法〉、〈六分〉、〈四度〉、〈論〉、〈亡論〉、〈論約〉、〈名理〉、《十六經》之〈五正〉、〈順道〉，《稱》等〔註13〕大量敘述君王南面之術之勢治、刑名思想，而《管子》一書中有關君王南面之術之勢治、刑名思想幾乎是排山倒海而來。〔註14〕老子與之相比，真是不可同日而語矣。

貳、莊子、陳仲、許行全力反對勢治機械之運作

君王勢治之綱紀之網大張，攏絡、役使全天下各階層之人（士、農、工、商），將其安置在適當位置上，成為碩大無朋之勢治機械之小構件，為了使全天下之人適應勢治機械之運作，就必須大規模之刻削人性，人人如牛穿鼻、馬絡首一樣，納入管理，遵從聖人所訂下之禮樂教化，規行矩步，人之所以為人之純真自然遭到最嚴重之摧殘斷喪。此種景況自非志士所能堪。面對此種惡劣現象起而正面抗衡者有道家之放者莊周，以及農家之許行及隱者陳仲等。

為了對付勢治機械之迫害，莊子、許行、陳仲首先反對人群之分，使勢治機械從根本上無從運作。莊子主張反樸歸真，主張天，反對人，人為。《莊子·卷六·秋水第十七》借北海若之口解釋「牛馬四足，是謂天，落馬首，穿牛鼻，是謂人。」莊子、許行都有齊物之論，萬物、眾人齊一對待，從根本上取消君子、小人之分。莊子云：

> 我意善治天下者不然。彼民有常性，織而衣，耕而食，是謂同德。
> 一而不黨，命曰天放。故至德之世，其行填填，其視顛顛。當是時
> 也，山無蹊隧，澤無舟梁。萬物群生，連屬其鄉。禽獸成群，草木

7月新2版），頁65。
〔註13〕見國家文物局古文獻研究室，《馬王堆漢墓帛書》（壹）（北京：文物出版社，1980年3月1版1刷），頁43～86。
〔註14〕有關《管子》之勢治思想可參看本章第一節管子為勢治之先驅人物，其勢治理論具體而微。

遂長。是故禽獸可係羈而遊，烏鵲之巢，可攀援而闚。夫至德之世，同與禽獸居，族與萬物並。惡乎知君子小人哉？同乎無知，其德不離。同乎無欲，是謂素樸。素樸而民性得矣。及至聖人，蹩躠爲仁，踶跂爲義，而天下始疑矣。澶漫爲樂，摘僻爲禮，而天下始分矣。……夫殘樸以爲器，工匠之罪也。毀道德以爲仁義，聖人之過也。夫馬，陸居則食草飲水，喜則交頸相靡，怒則分背相踶，馬知已此矣。夫加之以衡扼，齊之以月題，而馬知介倪、闉扼、鷙曼、詭銜、竊轡，故馬之知而態至盜者，伯樂之罪也。夫赫胥氏之時，民居不知所爲，行不知所之，含哺而熙，鼓腹而遊，民能已此矣。及至聖人，屈折禮樂，以匡天下之形。縣企仁義，以慰天下之心，而民乃始踶跂好知，爭歸於利，不可止也。此亦聖人之過也。〔註15〕

其在〈胠篋〉篇所敘及之至德之世由容成氏至神農氏，〔註16〕完全是《老子》小國寡民，沒有階級之社會。一至三代則全變，「甚矣夫，好知之亂天下也，自三代以下者是已。」〔註17〕莊子借伯成子高之口稱自夏禹開始：「德自此衰，刑自此立，後世之亂，自此始矣。」〔註18〕孟子藉陳相之口說明農家許行之齊物，反對分（分工）、建立無剝削階級之理想社會：

陳相見孟子，道許行之言曰：「滕君則誠賢君也。雖然，未聞道也。賢者與民並耕而食，饔飧而治。今也滕有倉廩府庫，則是厲民以自養也，焉得賢？」〔註19〕

孟子則抨擊許行之取消階級之「治天下，耕且爲」爲不可能之事，是「率天下而路也」，許行之齊物論是「相率而爲僞者也」。〔註20〕

勢治之天羅地網舖天蓋地而來，欲收羅天下人材而役用。莊子應付之道是使自己「無用」、「介於有用與無用之間」，使國君無所取材。莊子以櫟社樹之寓言，說明櫟社樹之所以能得盡天年，在於其設法使自己無用，「且余求無所可用，久矣，幾死，乃今得之，爲予大用。」並敘及「支離疏因支離（形

〔註15〕《南華眞經》（宋刊本）（臺北：臺灣商務印書館，民國60年影印），卷四〈馬蹄第九〉，頁8上～9下。
〔註16〕《南華眞經》卷四〈胠篋〉，頁15下。
〔註17〕《南華眞經》卷四〈胠篋〉頁16下～17上。
〔註18〕《南華眞經》卷五〈天地〉，頁5下。
〔註19〕《孟子》（焦循正義本）（臺北：世界書局，民國63年7月新2版），卷五〈滕文公上〉，頁215。
〔註20〕《孟子》卷五〈滕文公上〉，頁217～235。

體不全）其形，猶足以養其身，終其天年。又況支離其德者乎？」〔註21〕

陳仲之主張爲「亡親戚君臣上下」，〔註22〕錢穆先生以爲其「不恃人而食，與其亡親戚君臣上下，皆墨子兼愛節用之旨也。」〔註23〕驗之戰國之士欲與當世國君抗衡者，殆無一不具不恃人而食之本事（如許行等即是），非僅止陳仲而已。相反的，墨家反而常「恃人而食」。〔註24〕

莊子、許行、陳仲等反對君臣上下之分之勢治主張，實足以動搖國本，故不僅韓非子主張「勢不足以化則除之。」〔註25〕趙威后問齊使何以至今不殺於陵仲子，亦持同樣之觀點：

> 於陵仲子尚存乎？是其爲人也，上不臣於主，下不治其家，中不索交諸侯。此率民出於無用者，何爲至今不殺乎？〔註26〕

第三節　有勢治之實而無勢治之名之孔、孟、荀

壹、孔子之勢治思想

一、禮勢之異同

禮、勢實大同小異，目的均是安邦定國。將各方匯集而來之沛然莫之能禦之力量，安排在適當時空位置之上，沒有任何磨擦碰撞，政治機械啓動之後，國力完全發揮，沒有任何遺漏、浪費、對消等現象。禮、勢這種行政機械在古代中國爲最繁雜精巧之設計，以爲此非凡人夢想所及，出之三代聖王之匠心獨運。有緣見識者，對之只有頂禮膜拜，讚聲不絕。孔子爲其魅力所惑，爲之寤寐求之、發憤忘食；對其追求，老而不止；受其影響，即使食亦是「食不知味」。〔註27〕不斷感嘆：「周監於二代，郁郁乎文哉，吾從周。」

〔註21〕《南華眞經》卷二〈人間世第四〉，頁 14 下～16 上；17 下～18 上。
〔註22〕《孟子》卷十三〈盡心上〉，頁 547。
〔註23〕錢穆，《先秦諸子繫年，一五〇陳仲考》（臺北：東大圖書公司，民國 79 年 9 月東大再版），頁 459。
〔註24〕但錢穆先生又云：「今按：墨子弟子事迹少可考見。見者皆仕諸侯，又皆由墨子之遊揚。」見錢穆，《先秦諸子繫年·六二墨子弟子通考》，頁 183。
〔註25〕《韓非子》（陳奇猷校釋本）（高雄：復文出版社，民國 80 年 7 月影印 2 版），卷十三〈外儲説右上〉，頁 711。
〔註26〕《戰國策》（點校本）（臺北：河洛出版社，民國 69 年 8 月影印初版），卷十一〈齊四·齊王使使者問趙威后〉，頁 418。
〔註27〕均見《論語》（劉寶楠正義本）（臺北：世界書局，民國 63 年 7 月新 2 版），

〔註28〕司馬遷敘及禮之由來及其效用，可謂深切著明：

　　太史公曰：洋洋美德乎，宰制萬物，役使群眾，豈人力也哉。余至
　　大行禮官，觀三代損益，乃知緣人情而制禮，依人性而作儀，其所
　　由來，尚矣。人道經緯萬端，規矩無所不貫，誘進以仁義，束縛以
　　刑罰，故德厚者位尊，祿重者寵榮，所以總一海內，而整齊萬民
　　也。……是以君臣朝廷尊卑貴賤之序，下及黎庶車輿衣服宮室飲食
　　嫁娶喪祭之分，事有宜適，物有節文。〔註29〕

　　禮、勢之異同在於禮包舉一切，繽紛滿目，繁瑣詳細；而勢則是削枝砍葉，
僅及整治家國之大經大法，無所藻飾，不顧細節，範圍狹窄得多。班固云：

　　人情有男女之情，妒忌之別，爲制婚姻之禮；有交接長幼之序，爲
　　制鄉飲之禮；有哀死思遠之情，爲制喪祭之禮；有尊尊敬上之意，
　　爲制朝覲之禮。〔註30〕

其中朝覲之禮，全屬勢治範疇，婚姻之禮、鄉飲之禮僅部份涉及勢治範疇。
禮、勢之大目標相同，均求齊家、安邦定國，但繁簡有別。禮走的是一條迂
緩之路，勢是直抄捷徑。司馬談論及儒、法二家之異同，實即禮、勢之異同。
司馬談云：

　　儒者，博而寡要，勞而少功，是以其事難盡從，然其序君臣父子之
　　禮，列夫婦長幼之別，不可易也。……法家嚴而少恩，然其正君臣
　　上下之分，不可改矣。……夫儒者，以六藝爲法，六藝經傳以千萬
　　數，累世不能通其學，當年不能究其禮。故曰：「博而寡要，勞而少
　　功」。若夫列君臣父子之禮，序夫婦長幼之別，雖百家弗能易也。……
　　法家不別親疏，不疏貴賤，一斷於法，則親親尊尊之恩絕矣。可以
　　行一時之計，而不可長用也。故曰：「嚴而少恩」。若尊主卑臣，明
　　分職，不得相逾越，雖百家弗能改也。〔註31〕

卷八〈述而第七〉，其頁碼分別爲 137、145、141～142：「子曰：甚矣，吾衰
也，久矣，吾不復夢見周公。」、「葉公問孔子於子路，子路不對。子曰：女
奚不曰，其爲人也，發憤忘食，樂以忘憂，不知老之將至云爾。」、「子在齊
聞韶，三月不知肉味，曰：不圖爲樂之至於斯也。」
〔註28〕《論語》卷三〈八佾第三〉，頁 56。
〔註29〕司馬遷，《史記》卷二十三〈禮書第一〉，頁 354。
〔註30〕班固，《漢書》（點校本）（臺北：世界書局，民國 61 年 9 月初版影印），卷二
　　　　十二〈禮樂志第二〉，頁 1027～1058。
〔註31〕司馬談〈論六家要指〉，《史記》卷一三〇〈太史公自敘第七十〉，頁 1199～1200。

孔子之禮制思想實含有相當之勢治成份。禮儀顯得過於繁瑣，孔子時已是如此。吳九龍以爲將禮弄得如此繁瑣乃是孔子以後之儒者做的好事，〔註32〕此一論斷並非實情。因爲「累壽不能盡其學，當年不能行其禮」典出晏嬰對孔子之批評。〔註33〕儒家之過於文飾、過於苛細，以致不易施行，甚至不能實行，〔註34〕孔子之時已是如此。胡適在〈說儒〉一文中言及孔子亦深知此中弊害，常有補救措施。〔註35〕

二、春秋、禮與勢治之關係

孟子言及「王者之跡息而詩亡，詩亡然後春秋作。」〔註36〕莊子言及「春秋以道名分。」〔註37〕顧棟高云：「彝歎張氏謂春秋非是維王跡，乃著王跡之所以息，最得春秋之旨。細看全經，……聖人之意，明白具見。」〔註38〕均言及周人綱紀天下之治術猶保留在《春秋》之中。周人治術主要內容之一即是勢治思想。司馬遷云：

> 上大夫壺遂曰：「昔孔子何爲而作春秋哉？」太史公曰：「余聞董生曰：
> 『周道衰廢，孔子爲魯司寇。諸侯害之，大夫壅之。孔子知言之不用，

〔註32〕 吳九龍云：「司馬談屬於黃老學派的觀點是值得商榷的，前面已經談到，最先希望司馬遷紹述六藝、成爲中國歷史上第二個孔子的正是司馬談。這樣一個人會『先黃老而後六經』嗎？爲了說清這個問題，有必要對司馬談的〈論六家要旨〉進行一番認眞的審查。……這裡說得很清楚，司馬談所批評的只是儒者，而不是六藝，更不是修訂六藝的孔子。……把六藝搞得經傳以千萬數，以至人們『累世不能通其學，當年不能究其禮』的乃是孔子以後的儒者。而他對道家的稱贊，也主要是肯定他們無爲哲學的簡便易行。這可以看作對繁瑣儒家的間接批評。」見吳九龍，〈傑出的儒學傳人司馬遷〉，《原始儒家考述·附錄》（北京：中國社會科學出版社，1996 年 2 月 1 版），頁 220。

〔註33〕 見《墨子》（孫詒讓閒詁本）（臺北：世界書局，民國 63 年 7 月新 2 版），卷九〈非儒下〉，頁 185。

〔註34〕 顧頡剛即云：「荀子說的衣服有制，宮室有度，人徒有數，喪祭械用皆有等宜。（〈王制篇〉）可以說自從〈王度記〉以至漢代的禮家越討論而越細密的，甚至細密得到了不能實行的地步，例如〈宗法〉和〈喪服〉便是。」見顧頡剛，〈周公制禮傳說和周官一書的出現〉，《文史》第六輯（北京：中華書局，1979 年 6 月 1 版），頁 13。

〔註35〕 見胡適，〈說儒〉，《中央研究院歷史語言研究所集刊》第四本第三分，頁 252 ～253。

〔註36〕 《孟子》（焦循正義本）卷八〈離婁下〉，頁 337。

〔註37〕 《南華眞經》卷十〈天下第三十三〉，頁 15 下。

〔註38〕 顧棟高，〈續春秋偶筆〉，《春秋大事表》（尚志堂版）（臺北：廣學社，民國 64 年 9 月，初版），頁 117～118。

道之不行也，是非二百四十二年之中，以為天下儀表，貶天子、退諸侯、討大夫，以達王事而已矣。子曰：我欲載之空言，不如見之於行事之深切著明也。夫春秋，上明三王之道，下辨人事之紀，別嫌疑，明是非，定猶豫，善善惡惡，賢賢賤不肖，存亡國，繼絕世，補敝起廢，王道之大者也。……春秋，辨是非，故長於治人。……春秋以道義，撥亂世，反之正，莫近於春秋。……』」〔註39〕

周人之治道、治術表現在春秋之中。春秋中晚期之晉大夫韓起見易象與《魯春秋》，感嘆的說：「周禮盡在於魯矣，吾今乃知周公之德，與周人之所以王天下。」〔註40〕講求勢治之道之呂不韋、荀卿、孟子、韓非子其立論之依據往往徑求之於《春秋》。〔註41〕禮有關治術、治道部份，實以勢治思想為其核心。孔子在〈禮運〉篇論及之小康社會，根本是一篇勢治論文，如云：

> 禮義以為紀，以正君臣，以篤父子，以睦兄弟，以和夫婦，以設制度，以立田里，以賢勇智，以功為己，故謀用是作而兵由此起，禹、湯、文、武、成王、周公，由此其選也。此六君子者，未有不謹於禮者也。〔註42〕

換作法家之講法，即是此六君子「未有不謹於勢者也。」禮之效用使「天下國家可得而正也。」其中且云及：「故禮者，君之大柄也，所以別嫌明微，儐鬼神，考制度，別仁義，所以治政安君也。」「故禮達而分定。」「故聖人耐以天下為一家，以中國為一人，非意之也。」〔註43〕禮能袪除人間之最大禍

〔註39〕司馬遷，《史記》卷一三〇〈太史公自序第七十〉，頁1202。

〔註40〕《左傳》昭公七年。

〔註41〕太史公……曰：「……是以孔子明王道，干七十餘君，莫能用。故西觀周室，論史記舊聞，興於魯而次春秋，上記隱，下至哀之獲麟，約其辭文，去其煩重，以制義，法王道，備人事。……魯君子左丘明……故因孔子史記，具論其語，成左氏春秋。……呂不韋者，秦莊襄王相，亦上觀尚古，刪拾春秋，集六國時事，以為八覽、六論、十二紀，為呂氏春秋。及如荀卿、孟子、公孫固、韓非之徒，各往往捃摭春秋之文以著書，不可勝紀。」見《史記》卷十四〈十二諸侯年表第二〉，頁186。呂不韋、荀卿、韓非捃摭春秋之文以著書，所謂之《春秋》，實指《左傳》。劉師培即以為：「是則戰國儒生均以左傳即春秋。斯時公穀未興，春秋之名僅該左氏。漢臣不察，轉以左氏不傳春秋，不亦惑歟！」見劉師培，《左盦集·卷二·左氏不傳春秋辨》，《劉申叔遺書》（下）（上海：江蘇古籍出版社，1997年11月1版2刷），頁1215。

〔註42〕《禮記》（相台岳氏本）（臺北：新興書局，民國80年10月版），卷七〈禮運第九〉，頁1下～2上。

〔註43〕同註42，頁7上。

害——爭奪，與勢之定分止爭完全一致。

三、孔子究竟是安邦定國之聖人抑或僅是喪葬業者

孟子盛讚孔子：「得百里之地而君之，皆能以朝諸侯，有天下。……聖人之於民，亦類也。出於其類，拔乎其萃。自生民以來，未有盛於孔子也。」〔註44〕但胡適〈說儒〉卻歸納大量春秋戰國時代史實、評論，由此得出「儒（孔子）靠贊禮助葬為業」，不過是喪葬業者。〔註45〕這兩種大相逕庭之評論，究以何者為是？客觀來看，兩者皆是，其評論有天壤之別，實肇因於觀看角度之不同，孟子推崇孔子，能見其大，能見及孔子之「宗廟之美，百官之富。」而胡適刻意貶損孔子地位，故只能見其小，只見及孔子為人相禮助葬，完全無法想像孔子之能開萬世之太平。

孔子在可能範圍主張入世。希望得君行道，以其禮治安邦定國。孔子以知禮聞名當世，孔子在整個君君臣臣父父子子之禮制（勢制）機械之中，設法彰顯儒生之正面作用。儒家最高理想是如堯、舜、禹、湯、文、武一樣，內聖外王，但此種機遇千古難逢。退而求其次，希望得君行道，如周公、伊尹、傅說、管仲等賢臣，「致君堯舜上」，為求達到此一目標，故儒家重視才能、品德之修養，設法使自己具有「修己以安人」、「修己以安百姓」、「能託五尺之孤，能寄百里之命」、「使於四方，不辱君命」、果決、多才多藝、通達等才能。孔子整個禮治之道主張以才能、品德之高低，與位階高低密切配合。君王、君子為行政之縮合者，君子本身須對整個禮治機械通盤瞭解，能修補、修正禮治機械有所欠缺或運轉不靈之狀況，故主張「君子不器」。老子即云：「樸散則為器，聖人用之，以為官長。」〔註46〕而君王（或聖人、君子）站在禮治（勢治）機械之樞紐位置上，故須有「不器」之才能。在施政上，君執其要，臣行其詳；君王玄默，垂衣裳而天下治，而臣下須奔走效命。故孔子主張「為政以德，譬如北辰，居其所而眾星拱之。」〔註47〕仲弓對為政之看法是「居敬而行簡」，孔子即以為「雍也可使南面」。〔註48〕孔子以為堯舜禹有人君之德，在於「巍巍乎，舜禹之有天下也，而不與焉。」「大

〔註44〕《孟子》卷三〈公孫丑上〉，頁128～129。
〔註45〕胡適，〈說儒〉，《中央研究院歷史語言研究所集刊》第四本第三分，頁246～255。
〔註46〕《老子》（魏源本義本）（臺北：世界書局，民國63年7月新2版），上篇〈第二十四章〉，頁22。
〔註47〕《論語》卷七〈為政第二〉，頁20。
〔註48〕《論語》卷七〈雍也第六〉，頁111～112。

哉堯之爲君也，巍巍乎，唯天爲大，唯堯則之。蕩蕩乎，民無能名焉。巍巍乎，其有成功也。煥乎，其有文章。」〔註49〕「無爲而治者，其舜也與，夫何爲哉？恭己南面而已矣。」〔註50〕君王須選擇天下之人才，以成天下之治。歷史上記錄舜有臣五人而天下治，武王曰：「予有亂臣十人。」孔子評論道：「才難，不其然乎？唐虞之際，於斯爲盛，有婦人焉，九人而已。」〔註51〕臣子各有職司，不得逾越，故主張「不在其位，不謀其政。」〔註52〕孔子主張層層節制之禮治，反對發生侵官現象。孔子指責子路越權云：

> ……夫禮，天子愛天下，諸侯愛境內，大夫愛官職，士愛其家，過其所愛曰侵。今魯君有民而子擅愛之，是子侵也，不亦誣乎！……
> 〔註53〕

孔子注重君尊臣卑之禮制，君臣一切行爲依禮行事，注重等級、地位之維持。孔子對違禮亂紀之舉，深惡痛絕。齊桓公能尊王攘夷，晉文公攘夷而不尊王（如有請隧、實召周天子之舉），故孔子稱：「齊桓公正而不譎，晉文公譎而不正。」〔註54〕對季氏八佾舞於庭之舉，憤恨難平的說：「是可忍也，孰不可忍也。」〔註55〕陳恒弒君，孔子主張魯國應發兵討伐。〔註56〕孔子主張才德應與位階密切配合，才德俱優者，理應爲君子、爲國君之強力輔佐；其次能爲宰、爲士、爲贊禮的相。若時運不濟，或遇亂世，雖有才德，但不能得君行道，往往只能靠相禮助葬以糊口。《禮記》敘及孔子曾爲司徒敬子相禮，葬及墓，孔子指揮男女站在適當位置：「男子西鄉，婦人東鄉。」〔註57〕

儒者在整個禮治（包括勢治）機械中找到安身立命之所在，故儒家爲禮制（或勢制）之熱誠擁護者、解釋者、改造者。

在整飾一家方面，孔子以爲家國一體。齊景公問政於孔子，孔子答以「君君臣臣父父子子」。〔註58〕君君臣臣是整飾一國之道，父父子子是整飾一家之

〔註49〕 以上二段具見《論語》卷九〈泰伯第八〉，其頁碼分別爲 165；166。
〔註50〕 《論語》卷十八〈衛靈公第十五〉，頁 334。
〔註51〕 《論語》卷九〈泰伯第八〉，頁 167～168。
〔註52〕 同上註，頁 164。
〔註53〕 《韓非子》卷十三〈外儲說右上第三十四〉，頁 721。
〔註54〕 《論語》卷十七〈憲問第十四〉，頁 309～310。
〔註55〕 《論語》卷三〈八佾第三〉，頁 41。
〔註56〕 《論語》卷十七〈憲問第十四〉，頁 317。
〔註57〕 《禮記》卷三〈檀弓下〉，頁 7 上。
〔註58〕 《論語》卷十五〈顏淵第十二〉，頁 271。

道。孔子後學在《禮記‧卷十九‧大學第四十二》中敘及進德修業之先後秩序是正心、誠意、修身、齊家、治國、平天下。孔子以爲整飾一家，亦即爲政。〔註 59〕治國講求以尊使卑，以貴使賤，以眾使寡之一體之禮制，治家亦然。孔子作春秋，申明「三王之道，人事之紀。」好惡與聖人同之左丘明，其解經之左傳，敘及周人宗族一體之禮制是「立子以嫡以長」〔註 60〕以免王室家族內之紛爭，並以爲「並后、匹嫡、耦國，亂之本也。」〔註 61〕

在進退出處之道上，孔子主張天下有道則出仕，無道則隱，不須強求。孔子云：

> 篤信好學，守死善道，危邦不入，亂邦不居。天下有道則現，無道則隱。邦有道，貧且賤焉，恥也。邦無道，富且貴焉，恥也。〔註 62〕

孔子對顏淵說：「用之則行，舍之則藏，唯我與爾有是夫。」〔註 63〕

孔子本身對其禮制安邦定國之功效有充份信心。孔子云：「苟有用我者，朞月而已可也，三年有成。」〔註 64〕

禮治（勢治）之效用小足以整飾一家，大足以安邦定國。故有子曰：「禮之用，和爲貴，先王之道，斯爲美。小大由之。……」〔註 65〕孔子曰：「能以禮讓爲國乎，何有？」〔註 66〕

孟子稱孔子爲「聖之時者也」，在任何狀況，孔子處事無所不宜。夾谷之會，孔子攝行相事，齊人以萊人擾亂會場，孔子保護魯君撤退，指責齊侯所爲「於神爲不祥，於德爲愆義，於人爲失禮。」爭取魯國外交上的勝利。〔註 67〕孔子爲大司寇，三月，魯國「塗不拾遺」。〔註 68〕

但孔子在魯終究無法施展抱負。孔子去魯，週遊列國，依然無法得君行道。其見之設施行事者，多是爲人助葬，以致引起胡適之誤解，以爲儒家（尤

〔註 59〕如「或謂孔子曰：子奚不爲政？子曰：書云，孝乎惟孝，友于兄弟。施於有政，是亦爲政。奚其爲爲政？」語見《論語》卷二〈爲政第二〉，頁 36。
〔註 60〕《左傳》昭公二十六年：「王子朝使告於諸侯曰：『…昔先王之命曰：王后無適，則擇立長。年鈞以德，德鈞以卜。古之制也。……』」
〔註 61〕《左傳》桓公二年，辛伯之語。
〔註 62〕《論語》卷九〈泰伯第八〉，頁 163。
〔註 63〕《論語》卷八〈述而第七〉，頁 140。
〔註 64〕《論語》卷十六〈子路第十三〉，頁 287。
〔註 65〕《論語》卷一〈學而第一〉，頁 16。
〔註 66〕《論語》卷五〈里仁第四〉，頁 80。
〔註 67〕《左傳》定公十年。
〔註 68〕司馬遷，《史記》卷四十七〈孔子世家第十七〉，頁 635。

其是孔子）靠相禮助葬爲業。此事說明胡適對孔門之道只能見其小，只見及孔子相禮助葬，而不能見其大，瞭解其開萬世太平之宏規。此類誤解亦非近人才有之現象，即使在春秋之世，孔子即爲一毀譽交加之人物，叔孫武叔即語大夫於朝曰：「子貢賢於仲尼。」但子貢以爲叔孫武叔不得其門而入，無法見及孔子「宗廟之美，百官之富」之恢宏氣象。〔註69〕

貳、孟子之勢治思想

　　《孟子》一書幾乎涉及勢治之道之每一範疇，但對每一範疇均著墨不多。可以明瞭孟子勢治（禮治）之大概，而無法知悉其詳。

　　在論及先天之勢不可或缺方面，孟子言及伯夷、伊尹、孔子相同之處是「得百里之地而君之，皆能以朝諸侯，有天下。」〔註70〕但孔子再聖明，亦無法像伊尹一樣，「朝諸侯，有天下」，實因孔子無法得君行道。

　　孟子以爲周室確實以本大末小、以貴制賤、以強制弱、以大制小、層層節制之一體勢治之道爲原則，綱紀天下。北宮錡問孟子周室班爵祿之道，孟子以爲「其詳不可得而聞。」其大略是：

> 天子之制，地方千里，公侯皆方百里，伯七十里，子男五十里，凡四等。不能五十里，不達于天子，附于諸侯，曰附庸。天子之卿受地視侯，大夫受地視伯，元士受地視子、男。大國地方百里，君十卿祿；卿祿四大夫；大夫倍上士；上士倍中士；中士倍下士；下士與庶人在官者同祿；祿足以代其耕也。次國地方七十里，君十卿祿；卿祿三大夫；大夫倍上士；上士倍中士；中士倍下士；下士與庶人在官者同祿；祿足以代其耕也。小國方五十里，君十卿祿；祿二大夫；大夫倍上士；上士倍中士；中士倍下士；下士與庶人在官者同祿，祿足以代其耕也。〔註71〕

孟子明告愼子之周代禮制則是：

> 天子之地方千里，不千里不足以待諸侯；諸侯之地方百里，不百里不足以守宗廟之典籍；周公之封於魯，爲方百里也。地非不足而儉於百里。太公之封於齊也，亦爲方百里也。地非不足也，而儉於百

〔註69〕《論語》卷二十二〈子張第十九〉，頁408～409。
〔註70〕《孟子》卷三〈公孫丑上〉，頁128。
〔註71〕《孟子》卷十〈萬章下〉，頁402～406。

里。〔註72〕

在論及君王之勢重來自臣民之擁護上，孟子言及「天時不如地利，地利不如人和。」人和之重要性遠在地利、天時之上，並云：

> 得道者多助，失道者寡助。寡助之至，親戚畔之。多助之至，天下順之。以天下之所順，攻親戚之所畔。故君子有不戰，戰必勝矣。
>
> 〔註73〕

明言失民則失天下，得民則得天下：

> 桀紂之失天下也，失其民也。失其民者，失其心也。得天下有道，得其民，斯得天下矣。得其民有道，得其心，斯得民矣。〔註74〕

在家族之勢治上，孟子以爲天下、國、家、身一致。孟子曰：「人有恒言，天下國家。天下之本在國，國之本在家，家之本在身。」

在君佚臣勞、君略臣詳、君王之要在擇人方面，孟子云：

> 有大人之事，有小人之事。……故曰或勞心，或勞力。勞心者治人，勞力者治於人。…堯以不得舜爲己憂，舜以不得禹、皋陶爲己憂。……爲天下得人難。……孔子曰：大哉堯之爲君，惟天爲大，惟堯則之。蕩蕩乎，民無能名焉。君哉舜也。巍巍乎，有天下而不與焉。堯舜之治天下，豈無所用其心哉，亦不用於耕也。〔註75〕

在君合臣分，設官分職，分工合作方面，鼓吹神農之道之許行及其弟子陳相，主張恢復沒有私產之神農氏時代之生活。神農氏在夏代之前，照《禮記·禮運》之描繪，中國要到夏代才有制度、禮法，階級、私有財產直至此時才萌芽，因此神農之世，實爲一沒有私有財產、階級尚不明顯之大同社會。許行、陳相從根本上反對階級之分化，主張君民並耕，不恃人而食，有「倉廩府庫」，即是「厲民自養」。孟子反駁陳相之論點，以爲爲提高效率，分工爲必不可免之事。分工、交換不但說不上「厲民」，往往能使民眾得享最大福祉。政治上之分工是「勞心者治人，勞力者治於人。治於人者食人，治人者食於人，天下之通義也。」並言及堯之時天下未平，洪水爲患，禽獸逼人，堯舉舜敷治，舜以益掌火、禹疏九河、后稷稼穡、契整飭人倫，分工合作之

〔註72〕《孟子》卷十二〈告子下〉，頁502。
〔註73〕《孟子》卷四〈公孫丑下〉，頁150。
〔註74〕《孟子》卷八〈離婁下〉，頁295。
〔註75〕《孟子》卷六〈滕文公下〉，頁218～230。

下，成就堯舜名世之治。〔註76〕

　　孟子痛批違反禮制（勢制）之陳仲、楊朱、墨翟之行徑。匡章盛讚陳仲為廉士，但孟子以為陳仲不能算廉，只有像蚯蚓一樣生活始稱得上廉。〔註77〕孟子稱楊朱為我無君，墨子兼愛無父，行為等同禽獸。〔註78〕

參、荀子之勢治思想

一、荀子勢治思想之特色

　　荀子以知禮、重禮聞名古今。《漢書・禮樂志》、《史記・禮書》中論及禮儀，不少部份直接抄襲《荀子》。荀子論禮，特別看重制分、權衡，這與法家勢治思想重制分、權衡如出一轍，故呂思勉、梁啟超以為荀子之宗旨、內容實與法家符同。〔註79〕

　　不知儒家之禮實為勢之諸多變名之一。呂、梁所論實法、儒勢治思想之犖犖大者。其他枝節如主佚臣勞，荀子亦是與法家符同，而與孟子截然相反。

　　荀子於禮制（勢制）之作用、施政者不可一無憑藉、憑自然之勢以擴大人為之勢、如何建構一體之勢、在一體之勢中君臣相庶民之作用、取天下之人才以成天下之治、取天下之財以供天下之用、掃除禮治（勢治）之障礙等各方面，均有論列。其中荀子對於禮（勢）之制分凡四次致意，可見在荀子眼中分工實為禮制之核心部份。荀子特別提出為求致治，君王擇相之重要，為儒者在整個一體之治中，得君行道預留一理想位置。而在所有先秦諸子之中，荀子論及分工合作以成一體之經濟之勢，以擺脫貧窮，活脫是亞當斯密

〔註76〕同註75。
〔註77〕《孟子》卷六〈滕文公下〉，頁275～277。
〔註78〕《孟子》卷六〈滕文公下〉，頁269。
〔註79〕呂思勉云：「其論禮也，謂『人生不能無群，群而無分則爭，爭則亂，亂則離，離則弱，弱則不能勝物。』……要之，荀子書於諸家皆有詰難，語其宗旨，實與法家最近，而又蒙儒家之面目者也。」見呂思勉，《經子解題・荀子》，頁122～123；梁啟超云：「荀子曰：『禮豈不至矣哉，立隆以為極，而天下莫之能損益也。……故繩墨誠陳矣，則不可欺以曲直；衡誠縣矣，則不可欺以輕重；規矩誠設矣，則不可欺以方圓。諸子審於禮，則不可欺以詐偽。故繩者直之至，衡者平之至，規矩者方圓之至，禮者，人道之極也。』法家言：『有權衡者，不可欺以輕重；有尺寸者，不可差以長短；有法度者，不可誣以詐偽。』兩文語意若合符節，不過其功用，一歸諸禮，一歸諸法。」梁啟超，《先秦政治思想史》（香港：中華書局，1966年12月重印版），本論〈第七章荀子〉，頁96。

《原富》之摘要。〔註80〕荀子重一體之治，故主張天下一統。為求一統之治，故主張制分，主張以禮制規矩刻削人性，以便將全國之人安置在適當之禮制（勢制）位置之上。為使其刻削人性之舉顯得正當合理，故荀子力倡人性本惡，「其善者，偽也。」這些地方，荀子實與主張小國寡民、反樸歸真、順應自然之老子、莊子嚴重衝突。故荀子之性惡論實不僅針對孟子之性善說而發，其中有相當成份實與莊子自然之說針鋒相對。

二、荀子論自然之勢不可或缺

大儒（包括國君）即使有經天緯地之才，但若一無憑藉，亦將全無措手之地。故最基礎之自然之勢，實不可或可缺，商湯、文武再聖明，仍須百里之地為其王基，大儒（如周公）亦是如此。荀子云：

> 大儒之效：武王崩，成王幼，周公屏成王而及武王以屬天下。惡天
> 下之倍周也，屨天子之籍，聽天下之斷，偃然如固有之，而天下不
> 稱貪焉。殺管叔，虛殷國，而天下不稱戾焉。兼制天下，立七十一
> 國，姬姓獨居五十三人，而天下不稱偏焉。教誨開導成王，使諭於
> 道，而能揜迹於文武。周公歸周，反籍於成王，而天下不輟事周。
> 然而周公北面朝之。……非聖人莫之能為，夫是之謂大儒之效。……
> 大儒者，善調一天下者也，無百里之地，則無所見其功。……〔註81〕

三、荀子論一體禮治（勢治）之道

一般禮制（勢制）之道，首在聚勢，其次在建立一體之禮制（勢制）以成一行之有效之政治機械，荀子除了論及一體之政治機械外，另外尚論及一體之經濟機械，但荀子卻未有片語隻字論及家族一體之勢治。最後為防止政治機械之運轉不靈，尚須設法除去各種障礙。現將荀子一體禮制（勢制）之道之詳細內容，依次敘之於下：

（一）聚　眾

君王掌握基本自然之勢，欲求使力量充份發揮，須取得人為之勢，須得

〔註80〕因亞當斯密《原富》之要點如分工以提高工作效率，自利為人之本性，打破
關卡行自由貿易，流通財貨等要點，荀子均有論列，唯不及《原富》之細緻
而已。其詳可見亞當斯密原著，嚴復譯，《原富》（臺北：商務印書館，民國
66年8月台1版），頁5～10；470～488。

〔註81〕《荀子》（王先謙集解本）（臺北：世界書局，民國63年7月新2版），卷四
〈儒效第八〉，頁73、74、87。

到百姓之擁護。《荀子・卷五・王制第九》云：「王奪之人。」《荀子・卷七・王霸第十一》云：

> 用國者，得百姓之力者富，得百姓之死者強，得百姓之譽者榮。三
> 得者具，而天下歸之。

得眾之道在於順勢，與天下人同其利，能爲天下興利除害。荀子云：

> 能用天下之謂王。湯武非取天下也，修其道，行其義，興天下之同
> 利，除天下之同害，而天下歸之也。桀、紂非去天下也，反禹、湯
> 之德，亂禮義之分，禽獸之行，積其凶，全其惡，而天下去之也。
> 天下歸之之謂王，天下去之之謂亡。……〔註82〕

得眾與否爲君王得失成敗之關鍵，人民之得失與國家之興亡有密不可分之關係。《荀子・卷五・王制第九》以水爲喻，加以說明：「傳曰：君者，舟也；庶人者，水也。水則載舟，水則覆舟。」

在庶民之中，須選拔優秀人才，以成天下之治。不在禮制（勢制）機械範圍內者，則貶爲庶人。荀子云：

> 請問爲政？曰：「賢能不待次而舉，罷不能不待須而廢，元惡不待教
> 而誅，不庸民不待政而化，分未定也，則有昭繆。雖王公士大夫之
> 子孫，不能屬於禮義，則歸之庶人。雖庶人之子孫也，積文學，正
> 身行，能屬於禮義，則歸之卿相士大夫。〔註83〕

（二）一體禮治之道

1. 禮的作用

荀子爲求建立一體之禮制，首先闡明禮能制分，滿足人欲需求，將貴賤、長幼、貧富安置在適當之位置之上。故《荀子・卷七・王霸第十一》云：「國無禮則亂。」《荀子・卷十九・大略第二十七》云：「禮之於正國家也，如權衡之於輕重也，如繩墨之於曲直也。故人無禮不生，事無禮不成，國家無禮不寧。」荀子又云：

> 禮起於何也？曰：「人生而有欲，欲而不得，則不能無求；求而無度
> 量分界，則不能不爭。爭則亂，亂則窮。先王惡其亂也，故制禮以
> 分之，以養人之欲，給人之求，使欲必不窮乎物，物必不屈於欲。
> 兩者相持而長，是禮之所起也。故禮者，養也。……君子既得其養，

〔註82〕《荀子》卷十二〈正論第十八〉，頁216。
〔註83〕《荀子》卷五〈王制第九〉，頁94。

又好其別。」曷謂別？曰:「貴賤有等,長幼有差,貧富輕重皆有稱者也。……」〔註84〕

2. 制　分

荀子論及萬物之中人最爲貴(人爲萬物之靈)之原因,在於人類能群,而動物不能群,此爲人能役使牛馬之原因。群之先決條件在分,但須分之以禮義才能和,能和則多力,能完成一切奇蹟,即使是繁雜之宮室亦可因之而完成。荀子云:

> 水火有氣而無生,草木有生而無知,禽獸有知而無義。人有氣、有生、有知,亦且有義,故最爲天下貴也。力不若牛,走不若馬,而牛馬爲用,何也?曰:人能群,彼不能群也。人何以能群?曰:分。分何以能行,曰:義。故義以分則和,和則一,一則多力,多力則強,強則勝物。故宮室可得而居也。故序四時,裁萬物,兼利天下,無它故焉,得之分義也。故人生不能無群,群而無分則爭,爭則亂,亂則離,離則弱,弱則不能勝物,故宮室不可得而居也,不可少頃舍禮義之謂也。〔註85〕

成一體之治使力量充份發揮須要制分之原因,主要爲(1)分定爭止:《荀子‧卷六‧富國第十》云:「人之生,不能無群,群而無分則爭,爭則亂,亂則窮矣。故無分者,人之大害也。有分者,天下之本利也。」(2)專一則精:《荀子‧卷六‧富國第十》云:「故百技所成,所以養一人也,而能不兼技;人不能兼官。」《荀子‧卷十五‧解蔽第二十一》云:

> 故好書者眾矣,而倉頡獨傳者,壹也;好稼者眾矣,而后稷獨傳者,壹也;好樂者眾矣,而夔獨傳者,壹也;好義者眾矣,而舜獨傳者,壹也;倕作弓,浮游作矢,而羿精於射;奚仲作車,乘杜作乘馬,而造父精於御。自古及今,未嘗有兩而能精者也。

3. 一體之勢治建立在以貴使賤、以尊使卑、以強使弱等之基礎上

合理之分,在遵遁義禮,詳列等級,使貴賤、智愚、長幼、多寡、強弱……等均安置在正確時空位置之上,上使下、貴使賤、強使弱、眾使寡、長使幼、智使愚,達到有效指揮、有效運作之目的,在整個政治機械之內,全天下之人各安其位,一切之碰撞、磨擦、運轉不靈之狀況,因之而能消弭於無形,

---

〔註84〕　《荀子》卷十三〈禮論第十九〉,頁231。
〔註85〕　《荀子》卷五〈王制第九〉(王先謙集解本),頁104～105。

這就是荀子所謂之整齊人倫。荀子曰：

> 分均則不偏，勢齊則不壹，眾齊則不使。有天有地而上下有差，明王始立而處國有制。夫兩貴之不能相事，兩賤之不能相使，是天數也。埶位齊而欲惡同，物不能澹則必爭，爭則必亂，亂則窮矣。先王惡其亂也，故制禮義以分之，使有貧富貴賤之等，足以相兼臨者，是養天下之本也。書曰：「維齊非齊。」此之謂也。〔註86〕

> 衣服有制，宮室有度，人徒有數，喪祭械用皆有等宜，聲則凡非雅聲者皆舉廢，色則凡非舊文者舉息，械用則凡非舊器者舉毀，夫是之謂復古，是王者之制也。〔註87〕

> 無君以制臣，無上以制下，天下害生縱欲，欲惡同物，欲多而物寡，寡則必爭矣。……離居不相待則窮，群而無分則爭。窮者患也，爭者禍也，救患除禍，則莫若明分使群矣。……禮者，貴賤有等，長幼有差，貧富輕重皆有稱者也。……德必稱位，位必稱祿，祿必稱用。……朝無幸位，民無幸生。〔註88〕

> 夫貴爲天子，富有天下，是人情之所同欲也。然則從人之欲，則勢不能容，物不足瞻也。故先王案爲之制禮義以分之，使貴賤之等，長幼之差，知愚能不能之分，皆使人載其事而各得其宜，然後使愨祿多少厚薄之稱，是夫群居合一之道也。故仁人在上，則農以力盡田，賈以察盡財，百工以巧盡械器。士大夫以上至于公侯，莫不以仁厚知能盡官職，夫是之謂至平。故或祿以天下而不自以爲多，或監門御旅，抱關擊柝，而不自以爲寡。故曰：「斬而齊，枉而順，不同而一。」夫是之謂人倫。〔註89〕

4. 分而能合

禮治（勢治）機械不但要分，而且須合。在禮治（勢治）機械之設計上，眾官（如宰爵、司徒、司馬、大師、司空、治田、虞師、鄉師、工師、治市、司寇、辟公等）各有職司，不相侵越。分工之後，尚須合作，始能產生最大之力量。合之者在家宰，在天子，統率全天下之人，以成天下之治。荀子云：

〔註86〕《荀子》卷五〈王制第九〉，頁96。
〔註87〕《荀子》卷五〈王制第九〉，頁101。
〔註88〕《荀子》卷六〈富國第十〉，頁113〜115。
〔註89〕《荀子》卷二〈榮辱第四〉，頁44。

序官：宰爵知賓客、祭祀、饗食、犧牲之牢數。司徒知百宗、城郭、
立器之數。司馬知師旅、甲兵、乘白之數。修憲命，禁淫聲，以時
順修，使夷俗邪音不敢亂雅，大師之事。修隄梁，通溝澮，行水潦，
安水臧，以時決塞，歲雖凶敗水旱，使民有所耘艾，司空之事也。
相高下，視肥堯，序五種，省農功，謹蓄藏，以時順修，使農夫樸
力而寡能，治田之事也。……使天下莫不順比從服，天王之事也。
故政事亂則冢宰之罪也；國家失俗則辟公之過也；天下不一，諸侯
俗反，則天王非其人也。〔註90〕

在整個政治機械、經濟機械（下一段會論及經濟上之一體之勢）之中，分之
者在君，合之者亦在君（天子）。《荀子‧卷六‧富國第十》云：「而人君者，
所以管分之樞要也。」君（天子）之地位如此重要，故君王必須有聰明之勢、
聖人之才具始克勝任。荀子云：

人之百事如耳目鼻口之不可相借官也，故職分而民不探，次定而序
不亂，兼聽齊明而百事不留。如是，則臣下百吏至于庶人，莫不修
己而後敢安正，誠能而後敢受職，百姓易俗，小人變心，姦怪之屬
莫不反愨。夫是之謂政教之極。故天子不視而見，不聽而聰，不慮
而知，不動而功，塊然獨坐而天下從之如一體，如四肢之從心，夫
是之謂大形。〔註91〕

故天子唯其人。天下者，至重也，非至強莫之能任；至大也，非至
辨莫之能分；至眾也，非至明莫之能和。此三至者，非聖人莫之能
盡。故非聖人莫之能王。聖人備道全美者也，是縣天下之權稱也。
〔註92〕

君王（天子）能盡分、合之職責，謀天下之大利，故君王享盡人間榮華
富貴亦不為過。君王沒有威勢不足以治民，故須「美飾、富厚、威強」。荀子
云：

人之生，不能無群，群而無分則爭，爭則亂，亂則窮矣。故無分者，
人之大害也；有分者，天下之本利也。而人君者，所以管分之樞要也。
故美之者，是美天下之本也；安之者，是安天下之本也；貴之者，是

〔註90〕《荀子》卷五〈王制第九〉，頁106～109。
〔註91〕《荀子》卷八〈君道第十二〉，頁157～158。
〔註92〕《荀子》卷十二〈正論第十八〉，頁216～217。

貴天下之本也。古者先王分割而等異之也,故使或美或惡,或厚或薄,
或佚或樂,或劬或勞,非特以爲淫泰夸麗之聲,將以明仁之文,通仁
之順也。……若夫重色而衣之,重味而食之,重財物而制之,合天下
而君之,非特以爲淫泰也,固以爲王天下,治萬變,材萬物,養萬民,
兼制天下者,爲莫若仁人之善也夫!故其知慮足以治之,其仁厚足以
安之,其德音足以化之,得之則治,失之則亂。百姓誠賴其知也,故
相率而爲之勞苦以務佚之,以養其知也。誠美其厚也,故爲之出死斷
亡以覆救之,以養其厚也。誠美其德也,故爲之雕琢、刻鏤、黼黻、
文章以藩飾之,以養其德也。故仁人在上,百姓貴之如帝,親之如父
母,爲之出死斷亡而愉者,無它故焉,其所是焉誠美,其所得焉誠大,
其所利焉誠多。詩曰:「我任我輦,我車我牛,我行既集,蓋云歸哉!」
此之謂也。故曰:君子以德,小人以力。力者,德之役也。百姓之力,
待之而後功;百姓之群,待之而後和;百姓之財,待之而後聚;百姓
之勢,待之而後安;百姓之壽,待之而後長。父子不得不親,兄弟不
得不順,男女不得不歡,少者以長,老者以養。故曰:天地生之,聖
人成之。此之謂也。〔註93〕

在此,荀子亦如孟子,以爲人群有治人者(德)、有治於人者(力)之分。

5. 荀子論勢治機械中相之作用

君王生而有自然之勢,但無法代代皆賢,亦不可能兼具所有才德,而設
計、駕馭禮治(勢治)機械者非有聖明之才無法勝任,此一政治癥結如何才
能解開?荀子提出之補救方法是用「相」。三王中之商湯、文、武、成王因善
用相而王,五霸以善用相而霸。荀子以爲人主懂得任相之道,則可日享游玩
安燕之事,垂衣裳而天下治。荀子云:

若夫論一相以兼率之,使臣下百吏莫不宿道鄉方而務,是夫人主
之職也。若是,則一天下,名配堯、禹之主者,守至約而詳,事
至佚而功,垂衣裳,不下簞席之上而海內之人莫不願得以爲帝王。
夫是之謂至約,樂莫大焉。……故君人者,立隆政本朝而當,所
使要百事者,〔註94〕誠仁人也,則身佚而國治,功大而名美。上

〔註93〕《荀子》卷六〈富國第十〉,頁116～118。

〔註94〕王先謙註「要百事者」云:「主百事之要約綱紀者,謂相也。」見王先謙,《荀
子集解》卷七〈王霸第十一〉「所使要百事者,誠仁人也。」下之註解,頁145。

可以王，下可以霸。立隆正本朝而不當，所使要百事者，非仁人
也，則身勞而國亂，功廢而名辱，社稷必危。是人君者之樞機也。
故能當一人而天下取，失當一人而社稷危。不能當一人而能當千
人百人者，說無之有也。既能當一人，則身有何勞而爲，垂衣裳
而天下定。故湯用伊尹，文王用呂尚，武王用召公，成王用周公
旦。卑者五伯。齊桓公閨門之内，縣樂奢泰游玩之修，於天下不
見謂修。然九合諸侯，一匡天下，爲五伯長，是亦無它故焉，知
一政於管仲也，是君人者之要守也，知者易爲之興力，而功名綦
大，舍是而孰足爲也。故古之人有大功名者，必道是者也；喪其
國危其身者，必反是者也。〔註95〕

6. 荀子論勢治機械中之百官

在一體勢治機械之中，君相之下爲官吏。百官各有分職，各盡其職，只
須「忠順而不懈」。在上之君王因之而能「日有餘而治不足」。荀子云：

人主者，以官人爲能者也，匹夫者，以自能爲能者也。人主得使人
爲之，匹夫則無所移之。百畝一守，事業窮，無所移之也。今以一
人兼聽天下，日有餘而治不足者，使人爲之也。大有天下，小有一
國，必自爲之然後可，則勞苦耗顇莫甚焉。……以是縣天下，一四
海，何故必自爲之。爲之者，役夫之道也，墨子之說也。論德使能
而官施之者，聖王之道也，儒之所謹守也。〔註96〕

荀子之主佚臣勞之政治設計實與道家無殊。司馬談論〈六家要指〉，以爲：

（道家）指約而易操，事少而功多。儒者則不然。以爲人主，天下
之儀表也。主唱而臣和，主先而臣隨。如此，則主勞而臣逸。……
夫神大用則竭，形大勞則敝。形神騷動，欲與天地長久，非所聞也。
〔註97〕

司馬談所指之儒者，實爲孟子一派儒者，而非荀子。

荀子並以爲儒者在政治機械之中，不論爲官爲民，只見其利，未見其害，
儒者精研禮制（勢制），對政治機械深造有得。人主能用，則能使政治力量齊
集中央，萬事不失其宜；不能用，則爲朝廷之順民。此則同於孟子之「得志

〔註95〕《荀子》卷七〈王霸第十一〉，頁138，頁144，145。
〔註96〕《荀子》卷七〈王霸第十一〉，頁138～139。
〔註97〕司馬遷，《史記》卷一三〇〈太史公自序第七十〉，頁1199。

則與民由之，不得志則修身見於世。」荀子云：

> 秦昭王問孫卿子曰：「儒無益於人之國？」孫卿子曰：「儒者法先
> 王，隆禮義，謹乎臣子而致貴其上者也。人主用之，則勢在本朝
> 而宜。不用，則退編百姓而愨，必爲順下矣。雖窮困凍餒，必不
> 以邪道爲貪，無置錐之地而明於持社稷之大義，嗚呼而莫之能應，
> 然而通乎財萬物、養百姓之經紀。勢在人上則王公之材也，在人
> 下則社稷之臣，國君之寶也。雖隱於窮閻漏屋，人莫不貴之，道
> 誠存也。……儒者在本朝則美政，在下位則美俗，儒之爲人下如
> 是矣。」〔註98〕

7. 荀子論勢治機械中之庶民

荀子有〈性惡篇〉，過去一般人以爲孟子言性善，而荀子言性惡，故荀子之〈性惡篇〉完全針對孟子而發。殊不知莊子以爲仁義禮樂均爲刻削摧殘人性之工具，因之主張反樸歸眞、自然（天），反對人（人爲）。〔註99〕而荀子以爲致治之道，在於納民於禮義，人民須「師法之化，禮義之道。」之原因，在於人性本惡。荀子云：

> 人之性惡，其善者僞也。今人之性，生而有好利焉，順是，故爭
> 奪生而辭讓亡焉；生而有疾惡焉，順是，故殘賊生而忠信亡焉；
> 生而有耳目之欲，有好聲色焉，順是，故淫亂生而禮義文理亡焉。
> 然則從人之性，順人之情，必出於爭奪，合於犯分亂理而歸於暴，
> 故必有師法之化，禮義之道，然後出於辭讓，合於文理，而歸於
> 治。〔註100〕

故荀子之性惡論主要論點實與莊子針鋒相對。連雙方所舉之例證，如聖人之僞、埏埴以爲器、工人斲木而成器，均大體一致，只是一持肯定立場，一持否定立場。持肯定意見之荀子云：

> 故陶人埏埴而爲器，然則器生於工人之僞，非故生於人之性也。故
> 工人斲木而成器，然則器生於工人之僞，非故生於人之性也。聖人
> 積思慮，習僞故，以生禮義而起法度，然則禮義法度者，是生於聖

〔註98〕《荀子》卷四〈儒效第八〉，頁75～76。
〔註99〕莊子云：「道德不廢，安取仁義；性情不離，安用禮樂。……毀道德以爲仁義，
　　　　聖人之過也。」見《南華眞經》卷六〈秋水第十七〉，頁14下。
〔註100〕《荀子》卷十七〈性惡第二十三〉，頁289。

人之僞，非故生於人之性也。〔註101〕

莊子持否定立場，以爲：

> 陶者曰：「我善治埴，圓者中規，方者中矩。」匠人曰：「我善治木，曲者中鉤，直者應繩。」夫埴木之性，豈欲中規矩鉤繩哉？然且世稱之曰：「伯樂善治馬，而陶匠善治埴木，此亦治天下者之過也。」……夫至德之世，同與禽獸居，族與萬物並，惡乎知君子小人哉？〔註102〕

荀子以爲人之性惡，若一任百姓放任自由，天下頃刻間即至亂亡。欲求致治，根本離不開聖王之禮義。荀子云：

> 凡古今天下所謂善者，正理平治也；所謂惡者，偏險悖亂也。是善惡之分也已。今誠以人性固正理平治邪？則有惡用聖王，惡用禮義矣哉！雖有聖王禮義，將曷加於正理平治也哉！今不然，人之性惡。故古者聖人以人之性惡，以爲偏險而不正，悖亂而不治，故爲之立君上之勢以臨之，明禮義以化之，起法正以治之，重刑罰以禁之，使天下皆出於治，合於善也。是聖王之治，而禮義之化也。今當試去君上之勢，無禮義之化，去法正之治，無刑罰之禁，倚而觀天下民人之相與也。若是，則夫強者害弱而奪之，眾者暴寡而譁之，天下之悖亂而相亡，不待頃矣。〔註103〕

荀子主張取天下之人才，以臻致治。不在禮治（勢治）機樞範圍內者，則貶爲庶人，庶人中之特秀者依其才德安置在勢治機械之適當位置之上。荀子云：

> 雖王公士大夫之子孫，不能屬於禮義，則歸之於庶人。雖庶人之子孫也，積文學，正身行，能屬於禮義，則歸之卿相士大夫。〔註104〕

士、庶之待遇亦截然有別。荀子云：「由士以上則必以禮樂節之；眾庶百姓則必以法術制之。」〔註105〕

（三）經濟上之一體之勢

荀子在〈王霸〉篇敘及經濟、政治一體之治：

> 傳曰：「農分田而耕，賈分俱而販，百工分事而勸，士大夫分職而聽，

〔註101〕《荀子》卷十七〈性惡第二十三〉，頁291。
〔註102〕《莊子》卷四〈馬蹄第九〉，頁8上～9上。
〔註103〕《荀子》卷十七〈性惡第二十三〉，頁293。
〔註104〕《荀子》卷五〈王制第九〉，頁94。
〔註105〕《荀子》卷六〈富國第十〉，頁115。

建國諸侯之君分土而守，三人搃方而議，則天子共己而已。」〔註106〕

在經濟機械之設計上，荀子思想之前進，足令現代人瞠目結舌，荀子已慮及自由貿易、流通財貨去關市之征，去除山林澤梁之稅，主張四海為一家，故荀子反對小國寡民停滯不前之原始經濟狀態。並主張漁、樵、農、工、商、統治階層分工合作，各盡其能，各取所須，以天下之財貨養天下之人，而此種自由經濟、分工合作所製造之家給人足之奇蹟，荀子稱之為大神。荀子云：

王者之等賦政事，財萬物，所以養萬民也。田野什一，關市幾而不征，山林澤梁，以時禁發而不稅，相地而衰政，理道之遠近而致貢，通流財物粟米，無有滯留，使相歸移也。四海之內若一家，故近者不隱其能，遠者不疾其勞，無幽閒隱僻之國，莫不趨使而安樂之，夫是之謂人師，是王者之法也。北海則有走馬吠犬焉，然而中國得而畜使之；南海則有羽翮齒革曾青丹干焉，然而中國得而財之；東海則有紫紶魚鹽焉，然而中國得而衣食之；西海則有皮革文旄焉，然而中國得而用之。故澤人足乎木，山人足乎魚，農夫不斲削不陶冶而足械用，工賈不耕田而足菽粟。故虎豹為猛矣，然君子剝而用之；故天之所覆，地之所載，莫不盡其美，致其用。上以飾賢良，下以養百姓，而安樂之，夫是之謂大神。〔註107〕

荀子在〈富國〉篇抨擊墨子不懂分工合作之道，「上功勞苦，與百姓均事業，齊功勞」使己不威，賞罰不行，「使萬物失宜，事變失應，上失天時，下失地利，中失人和。」「既以伐其本，竭其原，而焦天下矣。」荀子以為「墨術誠行，則天下尚儉而彌貧，非鬥而日爭。」儒家則不然，荀子云：

先王聖人為之則不然。知夫為人主上者不美不飾之不足以一民也；不富不厚之不足以管下也；不威不強之不足以禁暴勝悍也。故必將撞大鐘、擊鳴鼓、吹笙竽、彈琴瑟以塞其耳；必將雕琢、刻鏤、黼黻、文章以塞其目；必將芻豢稻粱、五味芬芳以塞其口，然後眾人徒、備官職、漸慶賞、嚴刑罰以戒其心。使天下生民之屬皆知己之所願，欲舉之在是于也，故其賞行，皆知己之所畏恐之舉在是于也，故其罰威。賞行罰威，則賢者可得而進也，不肖者可得而退也，能不能可得而官也。若是，則萬物得宜，事變得應，上得天時，下得

〔註106〕《荀子》卷七〈王霸第十一〉，頁139。
〔註107〕《荀子》卷五〈王制第九〉，頁102～103。

地利，中得人和，則財貨渾渾如泉源，汸汸如河海，暴暴如丘山，
不時焚燒，無所臧之。夫天下何患乎不足也？故儒術誠行，則天下
大而富，使而功，撞鐘擊鼓而和。〔註108〕

（四）掃除勢治機械之障礙

在施政上，荀子主張掃除禮治（勢治）機械運作之障礙。有害於禮治（勢
治）之道者，在大臣方面，有態臣、篡臣，荀子以爲「用態臣者亡，用篡臣
者危。」〔註109〕在士方面，有邪說惑眾之亂政之士，荀子言及孔子爲魯攝相，
朝七日而誅少正卯之事，其理由是：

故居處足以聚徒成群，言談足以飾邪營眾，強足以反是獨立，此小
人之桀雄也，不可不誅也。是以湯誅尹諧，文王誅潘止，周公誅管
叔，太公誅華仕，管仲誅付里乙，子產誅鄧析、史付。此七子者，
皆異世同心，不可不誅也。詩曰：「憂心悄悄，慍于群小。」小人成
群，斯足憂矣。〔註110〕

在庶人方面，荀子有「馬駭輿，庶人駭政」之說。君勢分則危。

第四節　愼到勢、法合一之政治見解

法家三派爲法、術、勢，其代表人物分別爲商鞅、申不害、愼到。〔註111〕
《呂氏春秋》敘及愼子積免滿市行者不顧之分定爭止之說，〔註112〕是韓非、
呂不韋等均以愼到爲勢治理論之代表人物。但荀子卻兩次明言愼子「尚法」，
不能「經國定分」。〔註113〕愼子之思想究竟是重勢抑或是重法？或兩者兼及，

〔註108〕《荀子》卷六〈富國第十〉，頁 121。
〔註109〕《荀子》卷九〈臣道第十三〉，頁 165。
〔註110〕《荀子》卷二十〈宥坐第二十八〉，頁 341～342。
〔註111〕一般人承襲韓非之說法，以爲商鞅重法、申不害重術、愼到重勢。其根據分
　　　　別見《韓非子》卷十七〈定法第四十三〉，頁 907，其中言及「今申不害言術，
　　　　公孫鞅爲法。」；《韓非子》卷十四〈難勢第四十〉，頁 886～889，其內容反
　　　　覆辯證愼到借勢之說。
〔註112〕呂不韋，《呂氏春秋》（陳奇猷校釋本）（上海：學林出版社，1995 年 10 月 3
　　　　刷），卷十七〈審分覽・愼勢〉，頁 1109～1110。
〔註113〕荀子云：「尚法而無法，下修而好作，上則取聽於上，下則取從於俗，終日言
　　　　成文典，反紃察之，則偶然無所歸宿，不可以經國定分。然而其持之有故，
　　　　其言之成理，足以欺惑愚眾，是愼到田駢也。」，見《荀子》卷三〈非十二子
　　　　第六〉，頁 58～59；荀子云：「愼子蔽於法而不知賢。」見《荀子》卷十五〈解

即有進一步商榷之必要。有關《慎子》一書之評價，在宋代以前即有正反兩極之看法。黃震以爲其書卑之無甚高論，「說無背理，亦無過於人。」〔註114〕但劉勰、《周氏涉筆》卻有截然相反之看法。劉勰稱其敘理「析密理之巧。」〔註115〕《周氏涉筆》云：

> 稷下能言者如慎到，最爲屏去繆悠，剪削枝葉，本道而附於情，主法而責於上，非田駢、尹文之徒所能及。五篇雖簡約，而明白、純正，統本貫末。如云：「天下無一貴，則理無由通，故立天子以爲天下。」、「君不擇其下，爲下易，莫不容，故多下，多下之謂大上。」「人不得其以自爲也，則上不取用焉，化而使之爲我，則莫可得而用矣。」自古論王政者，能及此鮮矣。〔註116〕

慎到之勢治理論究竟是平淡無奇，亦或是條理分明、高明深邃，即有進一步探討之必要。就《慎子》及其《佚文》與後人之評論詳加分析，可得四方面之認識。現依序分述於下：

壹、近人敘及慎到之勢治思想多爲一偏之見

就《慎子》本文、《慎子佚文》以及先秦諸子引述之慎子勢治理論來看，慎子有關政治上之勢治理論幾已囊括無遺。但近代學者，敘及慎到之勢治思想均是一隅之見，不能見其全體。如楊寬云：

> 慎到在極力提倡法治的同時，還主張重勢。勢就是統治的權勢。他認爲憑賢和智都不足以制服臣民，只有權勢才能制服臣民。國君有了權勢的憑藉，就可以做到「令則行，禁則止」，好比飛龍有雲霧的憑藉在高空飛舞，一旦雲消霧散，龍就和地上的蚯蚓一樣。「堯爲匹夫，不能治三人，而桀爲天子，能亂天下。吾以此知勢位之足恃而

蔽第二十一〉，頁 262。

〔註114〕《黃氏日鈔・卷五十五》云：「慎到之書，說五篇，數百字，各自斷說。大約謂立天子以爲天下，非爲天子。民雜處而各有所能，因其長短而用之，臣有事而君無事。說無背理，亦無過於人。其書無敘，古稱田駢慎到殆此爾。」轉引自阮廷焯，《先秦諸子考佚・九慎子考佚》（臺北：鼎文書局，民國 69 年 3 月初版），頁 182。

〔註115〕劉勰，《文心雕龍》（王利器校證本）（臺北：明文書局，民國 74 年 10 月 2 版），卷四〈諸子第十七〉，頁 120。

〔註116〕馬端臨，《文獻通考・經籍考》（台北：新文豐出版公司，民國 75 年 9 月台 10 版），卷三十九，〈慎子一卷〉下引周氏《涉筆》，頁 916～917。

賢智之不足慕也。」(《韓非子・難勢》引愼子)愼到強調勢位的重
要，是要國君充份運用其權勢來推行法治，以加強專制主義的封建
統治。〔註117〕

王叔岷、吳康、陳啓天等人對愼到之勢治理論看法大體與楊寬一致。〔註118〕
楊寬等人對愼到勢治理論之理解主要來自《韓非子》之〈難勢〉篇。但韓非
子之〈難勢〉篇僅涉及愼到勢治理論中借勢這一部份，故楊寬等人對愼到勢
治理論之理解只限於部份枝節，以此爲依據意圖理解愼到勢治之道實有類以
管窺天，罕能得愼到勢治理論之大體。呂思勉對愼到勢治理論之理解，即別
有體會，比之楊寬等人，要深刻得多。呂思勉云：

> 愼到棄知去已，而緣不得已，已見第一章第六節。此爲道家言。《呂
> 覽・愼勢》、《韓非・難勢》皆引其言，則法家言也。《愼勢》篇：「愼
> 子曰：今一兔走，百人逐之，非一兔足爲百人分也，由未定。由未定，
> 堯且屈力，而況眾人乎？積兔滿市，行者不顧，非不欲兔也，分已定
> 矣，分已定，人雖鄙不爭。故治天下及國，在乎定分而已矣。」《呂
> 覽》引此，爲「立天子不使諸侯疑焉，立諸侯不使大夫疑焉，立適子
> 不使庶孽疑焉」之證。蓋位之所存，勢之所存，欲定于一，必先明分
> 也。然則愼子勢治之論，即是法家明分之義。《荀子》謂愼子「有見
> 于後，無見于先」，蓋指其道家言言之；又謂愼子「蔽于法而不知賢」，
> 則指其法家言言之也。此亦可見道、法家之相通也。〔註119〕

呂氏能看出「愼子勢治之論，即是法家明分之義」是其高明處。但呂氏所敘
亦僅及愼到勢治理論之其他部份，而未能見其大體。

貳、愼到敘述一體勢治之道簡明扼要

　　《愼子》一書，《漢書・藝文志》著錄四十二篇，《史記・孟子荀卿列傳

〔註117〕楊寬，《戰國史》(上海，上海人民出版社，1980 年 7 月 2 版 8 刷)，第十章，
　　　　〈五愼到的勢治理論〉，頁 417。

〔註118〕見王叔岷，〈論司馬遷述愼到、申不害及韓非之學〉，《中央研究院歷史語言研
　　　　究所集刊》第五十四本第一分，民國 72 年 3 月，頁 75〜99；吳康，〈戰國法
　　　　家思想概述〉，《大陸雜誌・史學叢書・第三輯・第一冊》，頁 291；陳啓天，
　　　　〈法家述要〉，《中央研究院歷史語言研究所集刊》第四十本下冊，民國 58
　　　　年 11 月，頁 852。

〔註119〕呂思勉，《先秦學術概論》(上海：東方出版中心，1985 年 6 月 1 版)，下編，
　　　　〈第三章法家〉，頁 99。

第七十四》稱愼到著十二論。流傳至明代，行於世者為五篇之本，《四庫全書總目提要》論及愼子，云：「愼子一卷，此本雖亦分五篇，而文多刪削，又非陳振孫之所見，蓋明人捃拾殘剩，重為編次。」〔註120〕錢熙祚以五篇本與《群書治要・愼子》相校，加以補正，補〈知忠〉、〈君臣〉兩篇。另外嚴可均、錢熙祚、陶憲曾均曾輯有愼子佚文，阮廷焯將錢、陶兩家佚文重加考訂，合為一帙，共四十九事，認為「此書佚文，略盡於是矣。」〔註121〕就《愼子》本文及佚文來看，愼到之思想十之八、九確屬勢治範疇。

愼到論及自然之勢不可或缺，云：

> 堯為匹夫，不能使其鄰家。至南面而王，則令行禁止。由此觀之，賢不足以服不肖，而勢位足以屈賢矣。〔註122〕

在合天下之人才，對人不求全責備，各取其長，以成其一體之勢，達致治之目的方面，愼子云：

> 治國之君，非一人之力也。將治亂，在乎賢使任職而不在於忠也。……故廊廟之材，非一木之枝也，粹白之裘，蓋非一狐之皮也，治亂安危，存亡榮辱之施，非一人之力也。〔註123〕

> 公輸子，巧用材也。不能以檀為瑟也。〔註124〕

> 民雜處而各有所能。所能者不同，此民之情也。大君者，太上也，兼畜下者也。下之所能不同，而皆上之用也。是以大君因民之能為資，盡包而畜之，無能去取焉。是故不設一方以求於人，故所求者無不足也。大君不擇其下，故足。不擇其下，則易為下矣。易為下則莫不容，莫不容故多下，多下之謂太上。〔註125〕

> 齊萬物以為首。天能覆之而不能載之；地能載之，而不能覆之；道能包之，而不能辯之。知萬物皆有所可，有所不可。故曰選則不徧，教則不至，道則無遺者矣。〔註126〕

〔註120〕永瑢、紀昀等編撰，《四庫全書總目提要》（台北：商務印書館，民國74年5月增訂3版），卷一一七，〈雜家類一〉愼子一卷條，頁2455。
〔註121〕阮廷焯，《先秦諸子考佚》九〈愼子考佚〉，頁183～184。
〔註122〕《愼子・威德》（錢熙祚校本）（臺北：世界書局，民國64年7月再版），頁1。
〔註123〕《愼子・知忠》，頁5。
〔註124〕見阮廷焯，《先秦諸子考佚》九〈愼子考佚〉引《太平御覽》五七六，頁190。
〔註125〕《愼子・民雜》，頁3。
〔註126〕《南華真經》卷十〈天下第三十三〉，頁19下。

在積聚力量方面，慎到對於借勢，再三致意。如：

故騰蛇遊霧，飛龍乘雲，雲罷霧霽，與蚯蚓同，則失其所乘也。⋯⋯。
弩弱而矰高者，乘於風也，身不肖而令行者，得助於眾也。〔註127〕

行海者，坐而至越，有舟也。行陸者，立而至秦，有車也。秦越遠
途也，安坐而至者，械也。〔註128〕

河之下龍門，其流，駛如竹箭，駟馬追，弗能及。〔註129〕

燕鼎重乎千鈞，乘於吳舟，則可以濟。所託者，浮道也。〔註130〕

在一體之勢治中，慎子設去將力量安排在最適當之時空位置之上，以眾
使寡，以重使輕，以貴使賤，設官分職，分定爭止，君要臣詳，君逸臣勞，
形成如臂使指、指揮如意之政治機械、宗族機械。慎子云：

古者工不兼事，士不兼官。工不兼事則事省，事省則易勝。士不兼
官則職寡，職寡則易守。故士位可世，工事可常。百工之子，不學
而能者，非生巧也，言有常事也。〔註131〕

兩貴不相事，兩賤不相使。〔註132〕

眾之勝寡，必也。〔註133〕

君臣之間，猶權衡也。權左輕則右重，右重則左輕。輕重迭相橛，
天地之理也。〔註134〕

⋯⋯君之功，莫大使民不爭。⋯⋯〔註135〕

立天子者，不使諸侯疑焉；立諸侯者，不使大夫疑焉；立正妻者，
不使嬖妾疑焉；立嫡子者，不使庶孽疑焉。疑則動，兩則爭，雜則
相傷，害在有與不在獨也。故臣有兩位者國必亂，臣有兩位而國不
亂者，君在也。恃君而不亂矣，失君必亂。子有兩位者家必亂，子

〔註127〕《慎子・威德》，頁1～2。
〔註128〕見阮廷焯，《先秦諸子考佚》九〈慎子考佚〉引《太平御覽》七六八，頁185。
〔註129〕見阮廷焯，《先秦諸子考佚》九〈慎子考佚〉引《太平御覽》四十，頁187。
〔註130〕見阮廷焯，《先秦諸子考佚》九〈慎子考佚〉引《太平御覽》七六八，頁191。
〔註131〕《慎子・威德》，頁1。
〔註132〕見阮廷焯，《先秦諸子考佚》九〈慎子考佚〉引自《意林》二，頁195。
〔註133〕見阮廷焯，《先秦諸子考佚》九〈慎子考佚〉引《文選》潘安仁夏侯常侍誄註，
　　　　頁195。
〔註134〕見阮廷焯，《先秦諸子考佚》九〈慎子考佚〉引《太平御覽》八三〇，頁191。
〔註135〕見阮廷焯，《先秦諸子考佚》九〈慎子考佚〉引《藝文類聚》五十四，頁186。

兩位而家不亂者，父在也。恃父而不亂矣，失父必亂。臣疑其君，無不危之國，孽疑其宗，無不危之家。〔註136〕

君臣之道，臣事事，而君無事，君逸樂而臣任勞，臣盡智力以善其事，而君無與焉，仰成而已，故事無不治。治之正道然也。人君自任，而務為善以先下，則是代下負任蒙勞也，臣反逸矣。故曰：君人者，好為善以先下，則下不敢與君爭為善以先君也，皆私其所知以自覆掩。有過，則臣反責君，逆亂之道也。君之智，未必最賢於眾也。以未最賢而欲以善盡被下，則不瞻矣。若使君之智最賢，以一君而盡瞻下則勞，勞則有倦，倦則衰，衰則復反於不瞻之道也。是以人君自任而躬事，則臣不事事，是君臣易位也，謂之倒逆。倒逆則亂矣。人君苟任臣而勿自躬，則臣皆事事矣。是君臣之順，治亂之分，不可不察也。〔註137〕

《呂氏春秋》曾引慎子百人逐兔故事說明分定爭止之理。〔註138〕

在一般狀況下，慎到是主張用賢。如《慎子·知忠》即云：「將治亂，在乎賢使任職而不在於忠也。」《慎子》佚文亦有「小人食於力，君子食於道。」之說。〔註139〕但遇到賢、尊衝突之際，慎子則是重尊（勢）不重賢。如慎子云：

多賢不可以多君，無賢不可以無君。〔註140〕

君之智未必最賢於眾也。以未最賢而欲以善盡被下，則不瞻矣。……是君臣之順，治亂之分，不可不察也。〔註141〕

立君而尊賢，是賢與君爭，其亂甚於無君。故有道之國，法立則私義不行，君立則賢者不尊，民一於君，事斷於法，是國之大道也。〔註142〕

莊子在〈天下篇〉稱慎到「笑天下之尚賢。」

慎到提及勢治之道亦離不開度量、法度。如云：

〔註136〕《慎子·德立》，頁5〜6。
〔註137〕《慎子·民雜》，頁3〜4。
〔註138〕呂不韋，《呂氏春秋》卷十七〈審分覽·慎勢〉，頁1109〜1110。
〔註139〕見阮廷焯，《先秦諸子考佚》九〈慎子考佚〉引《意林》二，頁197。
〔註140〕見阮廷焯，《先秦諸子考佚》九〈慎子考佚〉引《荀子·解蔽》註，頁193。
〔註141〕《慎子·民雜》，頁4。
〔註142〕見阮廷焯，《先秦諸子考佚》九〈慎子考佚〉引自《北堂書鈔》四十三，頁186。

> 君臣之間，猶權衡也。權左橛則右重，右重則左橛，輕重迭相橛，
> 天地之理也。〔註143〕

慎到主要以度量、法度爲分配、賞罰之客觀標準，其中不雜一絲一毫個人主觀之智慮、感情，可免希冀、怨恨，由此達到「公而不黨，易而無私，決然無主，趣物而不兩，不顧於慮，不謀於智，於物無擇，與之俱往。」〔註144〕之古之道術之標準。莊子稱慎子：

> 棄知去己，而緣不得已，泠汰（郭象注泠汰猶聽放）萬物，以爲道
> 理。……夫無知之物，無建己之患，無用知之累。動靜不離於理。
> 是以終身無譽，無用聖賢，夫塊不失道。豪傑相與笑之曰：「慎到之
> 道，非生人之行，而至死人之理，適得怪焉。」〔註145〕

慎子有關這方面之言論，有

> 夫投鈎以分財，投策以分馬，非鈎策爲均也。使得美者，不知所以德，
> 使得惡者，不知所以怨，此所以塞願望也。故蓍龜，所以立公識也；
> 權衡，所以立公正也；書契，所以立公信也；度量，所以立公審也；
> 法制禮籍，所以立公義也。凡立公，所以棄私也。〔註146〕

> 君人者，舍法而以身治，則誅賞予奪，從君心出矣。然則受賞者雖當，
> 望多無窮。受罰者雖當，望輕無已。君舍法，而以心裁輕重，則同功
> 殊賞，同罪殊罰矣。怨之所由生也。是以分馬者之用策，分田者之用
> 鈎。非以鈎策爲過於人智也，所以去私塞怨也。故曰：大君任法而弗
> 躬，則事斷於法矣。法之所加，各以其分。蒙其賞罰而無望於君也。
> 是以怨不生而上下和矣。〔註147〕

> 厝鈎石，使禹察錙銖之重，則不識也。懸於權衡，則氂髮之微識矣。
> 及其其識之於權衡，則不待禹之智，中人之智，而莫不足以識之矣。
>
> 〔註148〕

> 有權衡者，不可欺以輕重；有尺寸者，不可差以長短，有法度者，不

〔註143〕見阮廷焯，《先秦諸子考佚》九〈慎子考佚〉引自《太平御覽》八三〇，頁191。
〔註144〕《南華眞經》卷十〈天下第三十三〉，頁19上。
〔註145〕《南華眞經》卷十〈天下第三十三〉，頁19下～20下。
〔註146〕《慎子・威德》，頁2～3。
〔註147〕《慎子・君人》，頁6。
〔註148〕見阮廷焯，《先秦諸子考佚》九〈慎子考佚〉引《太平御覽》四九六，頁185。

> 可巧以詐僞。〔註149〕

> 棄道術，舍度量，以求一人之識識天下，誰子之識能足焉。〔註150〕

參、愼到之政治思想並非純屬重勢，其中亦兼及重法之部份內容

司馬談論〈六家要指〉，敘及法家「嚴而少恩，然其正君臣上下之分不可改矣。」《漢書・藝文志》敘及法家「信賞必罰，以輔禮制。」嚴而少恩、信賞必罰屬重法範疇，君臣上下之分則屬勢治之範疇。司馬談、班固均扼要敘述法、勢內容以說明法家之特色，具體顯示兩者之息息相關。愼到論勢，往往亦是法、勢兼及。如：

> 大君任法而弗躬，則事斷於法矣。法之之所加，各以其分，蒙其賞罰而無望於君也。是以怨不生而上下和矣。〔註151〕

> 法之功，莫大使私不行。君之功，莫大使民不爭。今立法而行私，是私與法爭，其亂甚於無法。立君而尊賢，是賢與君爭，其亂甚於無君。故有道之國，法立則私議不行，君立則賢者不尊。民一於君，事斷於法，是國之大道也。〔註152〕

此二段議論均主以重法手段達到分定爭止之勢治目的。因愼到思想中包含有重法之思想因子，故荀子在〈非十二子〉中稱愼子「尚法而無法」，在〈解蔽〉稱愼子「蔽於法而不知賢」。愼到思想中雖含重法思想，但其思想實以重勢爲核心，只是兼及重法而已。

肆、愼到論順勢而發在諸子之中允推獨步

在勢的運用上，愼到主張順勢而發，因勢利導（因循、善因），設法使臣下、民眾的利益與國君的利益一致。最理想的態勢是臣下、人民爲國君辦事，就是爲自己辦事，兩者利害密合無間，以發揮最高效率，攫取最大成果。愼子反對逆勢操作。逆勢操作根本達不到目標。愼子曰：

〔註149〕見阮廷焯，《先秦諸子考佚》九〈愼子考佚〉引自《太平御覽》四二九，頁187。

〔註150〕見阮廷焯，《先秦諸子考佚》九〈愼子考佚〉引自《荀子・王霸》注，頁193。

〔註151〕《愼子・君人》，頁6。

〔註152〕見阮廷焯，《先秦諸子考佚》九〈愼子考佚〉引自《北堂書鈔》四十三，頁186。

天道因則大，化則細。因也者，因人之情也。人莫不自為也，化而
使之為我，則莫可得而用矣。故先王見不受祿者不臣。祿不厚者，
不與入難。人不得其所以自為也，則上不取用焉。故用人之自為，
不用人之為我。則莫不可得而用矣。此之謂因。〔註153〕

河之下龍門，其流，駛如竹箭。〔註154〕

海與山爭水，海必得之。〔註155〕

古籍中對慎子順勢而發理論有深刻體認者為《周氏涉筆》。《周氏涉筆》
以為《慎子》論及王政有三點為諸子鮮及，其第三點即是「人不得其以自為
也，則上不取用焉。化而使之為我，則莫可得而用矣。」〔註156〕胡適在論及
慎到的自為思想時，亦云：

凡根據於天道自然的哲學，多趨於這個觀念。歐洲十八世紀的經濟
學者所說的「自為」觀念（參看亞當斯密《原富部》甲第三篇），便
是這個道理。〔註157〕

近代學者對亞當斯密《原富》一書中主張國君最有效推動經濟發展之方法發揮
人本性之自私自利心理，「國君只要能允許每一個人改善他自己的生活，就足以
富國。」稱此種自私自利之心為一隻看不見的手，能有效推動國家經濟之發展，
對之讚譽有加。〔註158〕高希均言及聯副策劃「經典書窗」邀稿，他立時想到的
經典就是《國富論》（《原富》），並以為經典必須符合兩個條件，一是有原創性
的貢獻，二是有持久深遠的影響。並引述《國富論》一段有名的話：

……基於利己之心，個人被一隻看不見的手所引導，最後增進了全

〔註153〕《慎子・因循》，頁3。
〔註154〕見阮廷焯，《先秦諸子考佚》九〈慎子考佚〉引自《文選》張平子南都賦註，
頁187。
〔註155〕見阮廷焯，《先秦諸子考佚》九〈慎子考佚〉引自《意林》二，頁185～186。
〔註156〕馬端臨，《文獻通考・經籍考》卷三十九〈慎子一卷〉，頁916～917。
〔註157〕胡適，《中國古代哲學史》（臺北：遠流出版社，1994年初版7刷），第十二
篇〈古代哲學的終局〉，頁304。
〔註158〕如高希均即云：「1986年12月我赴舊金山傅利曼教授的寓所向他請益。談話
中有一個問題：『對你一生學術思想影響最大的是那一位作者？或者那一本
書？』這位諾貝爾經濟獎得主的答覆：『毫無疑問，是亞當史密斯的《國富論》。』
稍後在台北的一次聚會中，問另一位諾爾獎得主克萊恩教授：『那一個經濟理
念，對人類的福祉的增進最有貢獻？』他未加思索地說：『一隻看不見的手。』
『一隻看不見的手』正是《國富論》的精髓之一。」見高希均，〈減少人類痛
苦的《國富論》〉，民國89年8月21日聯合副刊。

社會的福利……即使這非個人當初所希望，但結果往往並不使社會
變得更糟。在個人只顧自己追求利益下，最後所增進的社會利益往
往比個人有心去增進社會福利的結果還來得大。我不明白政府干預
貿易到底有什麼好處……。〔註159〕

但此種充份利用「自爲」（自私自利）之心以強國富國之理論在《愼子》一書
中講的同樣深切著明，但在時間上，愼子卻足足領先亞當・斯密兩千年。

第五節　申不害之思想究竟是重術、重法抑或是重勢？

申不害之思想究竟是以重術爲主抑或是以重勢之主，遠在戰國秦漢之世
即有截然相反之兩種說法。荀子以爲「申子蔽於勢而不知知。」〔註160〕是荀
子以爲申子思想以重勢爲主。但韓非子則云：

> 申不害言術，而公孫鞅爲法。……則申不害雖十使昭侯用術，而姦
> 臣猶有所諛其辭矣，故托萬乘之勁韓，七十年而不至於霸王者，雖
> 用術於上，法不勤飾於官之患也。〔註161〕

韓非則明言申不害用術。司馬遷亦云：「申不害故韓之賤臣，學術以于韓昭侯。」
〔註162〕

近人如錢穆、郭沫若、楊寬、王曉波、孫開泰等多主申不害重術。錢穆
先生云：

> 申子以賤臣進，其術在於微視上之所悅以爲言，而所以教其上者，
> 則在使其下無以窺我之喜悅，以爲深而不可測，夫而後使群下得以
> 各竭其誠而在上者乃因材而器使，見功而定賞焉。……韓非書言昭
> 侯申子遺事尚多，要其歸在用術以取下。〔註163〕

郭沫若云：

> 申子雖被漢以後人稱爲法家，其實他和李悝、吳起、商鞅的傾向完

〔註159〕見高希均，〈減少人類痛苦的《國富論》〉。
〔註160〕《荀子》卷十五〈解蔽第二十一〉，頁262。
〔註161〕《韓非子》卷十七〈定法第四十三〉，頁906～907。
〔註162〕司馬遷，《史記》（百衲本），卷六十三〈申不害韓非列傳第三〉，頁729。
〔註163〕見錢穆，《先秦諸子繫年》（臺北：東大圖書有限公司，民國79年9月東大再版），〈七七申不害考〉，頁239。

全不同，嚴密地説是應該稱爲「術家」的。……術是帝王南面之
術，……〔註164〕

楊寬云：

> 申不害講究統治之術，從申子大體篇來看，他主張中央集權的君主
> 專制體制，主張「明君使其臣并進輻湊」，就是要使群臣跟著國君
> 轉，好比車輻湊于轂上一起運轉；不容許「一臣專君，群臣皆蔽」；
> 要防止大臣「蔽君之明，塞君之聽，奪之政而守其令」，以至「弒
> 君而取國」。因此他強調國君必須「設其本」、「治其要」、「操其本」，
> 做到「君設其本，臣操其末；君治其要，臣行其詳；君操其本，臣
> 事其事」。那麼，國君怎樣才能掌握「本」、「要」、「柄」呢？他認
> 爲就是要講究統治之「術」。……申不害所講的術，主要是指任用、
> 監督、考核臣下的方法，就是韓非所説「術者，因任而授官，循名
> 而責實，操殺生之柄，課群臣之能者也。」（《韓非子‧定法篇》）……
> 韓非子主張君主要「藏于無事」、「示天下無爲」（《申子‧大體篇》），
> 要去聽、去視、去智……這樣就可以做到獨視、獨聽和獨斷。……
> 申不害不但主張國君要用術，而且要求各級官吏只能做職權範圍內
> 的事，不能越職辦事；凡不屬於職權範圍內的事，即使知情也不能
> 講。……〔註165〕

王曉波云：

> 申不害是學術以干韓昭侯的，所以申不害見重於韓昭侯，主要的還
> 是他有術的本事。……而「術」主要對象還是臣下，……爲什麼要
> 用術來馭群臣？這實在因爲當時政治被大臣把持之故，嚴重的已進
> 而奪取政權，其次者搜取私利終而使國家地削國亡，若國君無術以
> 對付這些臣下，那麼不是被臣下所篡奪，就是被外國所消滅。〔註166〕

孫開泰云：

> 申不害在術的方面，對法家的理論有所貢獻。術是什麼呢？……也

〔註164〕郭沫若，《十批判書》（北京：東方出版社，1996 年 3 月 1 版），〈前期法家的
　　　　批判〉，頁 345～346。

〔註165〕楊寬，《戰國史》（上海：上海人民出版社，1991 年 11 月 8 刷），第五章〈四
　　　　韓國申不害的改革〉，頁 181～182。

〔註166〕王曉波，〈申不害的重術思想研究〉，《史學‧先秦史研究論集》（臺北：大陸
　　　　雜誌社‧史學叢書‧第五輯，第一冊），頁 425。

就是國君駕馭臣下的統治權術。它是用來加強國君的權力，鞏固國
君的地位和防止臣下篡奪犯上的。〔註167〕

梁啓超之看法卻與荀卿一致，以爲申子重勢。梁啓超云：

> 《韓非子‧定法篇》云：「申不害用術而公孫鞅爲法。」用術者，即
> 憑勢力以爲治也。《韓非子》又有〈難勢篇〉，蓋勢治主義與法治主
> 義不同道。申子蓋主張勢治者，韓非所難，疑即申派也。〔註168〕

但王蘧常、阮廷焯對《荀子‧解蔽篇》之「申子蔽于勢而不知知」別有解釋，
以爲申不害之思想主旨爲重法。王蘧常云：

> 梁任公年丈曰：勢猶言權力實力。案疑與上愼子蔽於法誤易。申子
> 任法，而言勢不可考。《藝文類聚》、《太平御覽》引申子曰：「堯之
> 治也，善明法察令而已。聖君任法而不任智。」又曰：「至智棄智。」
> 此蔽於法而不知知之證也。〔註169〕

阮廷焯云：

> 荀子解蔽云：「申子蔽於法而不知知」舊作蔽於勢，王蘧常諸子學
> 派要詮云：「疑與上愼子蔽於法誤易，申子任法，而言勢不可考。」
> 其說是也。荀子之文，殆斥此而言。自韓非子定法云：「申不害言
> 術，而公孫鞅爲法。」後世遂誤以申子顓言術矣。史記韓非傳集
> 解引新序云：「申子之書號曰術，商鞅之書號曰法，皆曰刑名。」
> 乃以法術別商申之書，不免沿訛襲謬，其實申子未嘗舍法而言術
> 者也。〔註170〕

就《群書治要》所引申子〈大體篇〉、《荀子》、《韓非子》、《呂氏春秋》、
《戰國策》、《別錄》、《七略》、《太平御覽》、《北堂書抄》、《藝文類聚》等著
作所引述之申子言論或綜括申不害之思想評論細加分析，申不害有關重法思
想最爲淡薄，其言論確屬重法範疇者僅只「堯之治也，善明法察令而已。聖
君任法而不任智，任數而不任說。黃帝之治天下，置法而不變，使民安樂其

〔註167〕孫開泰，《中國春秋戰國思想史》（北京：人民出版社，1994年4月1版），
　　　　九〈（五）三晉法家的發展：申不害和愼到〉，頁144～145。
〔註168〕梁啓超，《中國古代學術流變研究，荀子評諸子語彙釋》，附在《清代學術概
　　　　論》一書中爲附錄。梁啓超，《清代學術概論》（北京：東方出版社，1996年
　　　　3月1版），頁145。
〔註169〕王蘧常，《諸子學派要詮》（香港：中華書局香港分局，1987年12月重印版），
　　　　卷上〈五荀子解蔽篇〉「申子蔽於勢而不知知」注7，頁118。
〔註170〕阮廷焯，《先秦諸子考佚》八〈申子考佚〉，頁162。

法者也。」〔註171〕一條而已，即使此一條目，尚非純屬重法，其中「任數而不任說」即屬重術之範疇。楊寬亦以為申不害之學說僅是間一涉及重法。申不害並未將重法放在其思想之主要地位。楊寬云：

申不害固然也講法，曾經說：「法者，見功而與賞，因能而授官。」

（《韓非子‧外儲說左上篇》），主張「明法正義」、「任法而不任智」。

但是他沒有把法放到主要地位，而主要講究的是術。所以韓非批評

說：「申不害不擅其法，不一其憲令，則奸多。」〔註172〕

申不害有不少篇幅涉及重術，如「三符」（單就篇名即知其意實指符驗，三符屬於循名責實之術治範疇之可能性為最高。）、韓非所敘之申子「循名責實術」、〔註173〕《別錄》之「申子之學號曰刑名，循名而責實」、「款言無成」、〔註174〕韓昭侯所謂之「非所學於子」、〔註175〕〈大體篇〉之「為人臣者，操契以責其名。」至「衡設平無為，而輕重自得。」〔註176〕等，均明屬循名而責實之術治範疇。

但申不害有更多之思想與重勢有關。如「治不逾官，雖知弗言。」〔註177〕屬重勢之「設官分職。」《戰國策》曾敘及申不害涉及二件窺伺人主之故事，〔註178〕說明申不害設法使自己形成門戶以權傾人主，此亦屬於重勢之範疇。

〔註171〕阮廷焯，《先秦諸子考佚》八〈申子考佚〉引自《藝文類聚》五十四，頁171。

〔註172〕楊寬，《戰國史》第五章〈四韓國申不害的改革〉，頁180～181。

〔註173〕《韓非子》卷十七〈定法第四十三〉，頁906。

〔註174〕分見阮廷焯，《先秦諸子考佚》八〈申子考佚〉轉引漢書張歐傳注引劉向《別錄》，引自《史記‧太史公自序索隱》，其頁碼分別為161、173。

〔註175〕韓非言明主之道，特引昭侯奚聽故事加以說明：「韓昭侯謂申子曰：『法度甚不易行也。』申子曰：『法者見功而與賞，因能而受官。今君設法度而聽左右之請，此所以難行也。』昭侯曰：『吾自今以來知行法矣，寡人奚聽矣。』一日，申子請仕其從兄官，昭侯曰：『非所學於子也。聽子之謁敗子之道乎？亡其用子之謁。』申子辟舍請罪。」見《韓非子》卷十一〈外儲說左上第三十二〉，頁662。

〔註176〕見《群書治要》（宛委別藏本）（臺北：商務印書館，民國17年10月初版），卷三十六（申子‧大體），1889～1891。

〔註177〕《韓非子》卷三十六〈難三第三十八〉，頁865。

〔註178〕《戰國策》（點校本）（臺北：河洛圖書出版社，民國69年8月影印初版），卷二十六〈韓一‧大成午從趙來〉，頁928：「大成午從趙來，謂申不害於趙曰：『子以韓重我於趙，請以趙重子於韓，是子有兩韓，而我有兩趙也。』」；《戰國策》卷二十六〈韓一‧魏之圍邯鄲〉，頁929：「魏之圍邯鄲也，申不害始合於韓王，然未知王之所欲也，恐言而未必中於王也。王問申子曰：『吾誰與而可？』對曰：『此安危之要，國家之大事也。臣請深惟而苦思之。』乃

《別錄》敘及申子之學中之「尊君卑臣，崇上抑下，合於六經也。」〔註179〕
屬於一體勢治之道。「君必有明法正義，若縣權衡以稱輕重，所以一群臣也。」
〔註180〕屬於勢治之「上操度量以割其下。」而〈大體篇〉之

> 夫一妻擅夫，眾婦皆亂；一臣專君，群臣皆蔽。故妒妻不難破家也，
> 亂臣不難破國也。以是明君使其臣並進輻湊，莫得專君焉。

屬於勢治之「君一臣百」「君合臣分」，防止一人形成門戶。

〈大體篇〉之

> 人君之所以高爲城郭，用謹門閭之閉者，爲寇戎盜賊之至也。今弒
> 君而取國者，非必踰城郭之險而犯門閭之閉也。蔽君之明，塞君之
> 聽，奪之政而專其令，有其民而取其國矣。

屬於勢治之門戶之敝害，門戶可以架空君權，不著痕跡之移國竊柄。

〈大體篇〉之

> 明君如身，臣如手；君若號，臣如響；君設其本，臣操其末；君治
> 其要，臣行其詳；君操其本，臣行其常。

屬於勢治之一體之治。

〈大體篇〉之

> 故善爲主者，倚於愚，立於不盈，設於不敢，藏於無事，竄端匿跡，
> 示天下無爲。……鼓不與於五音，而爲五音主；有道者不爲五官之
> 事，而爲治事之主。君守其道也，官守其道也。〔註181〕

屬於勢治之深藏不露、設官分職、君行其要、臣行其詳。

　　勢、術範疇之所以從先秦以迄今日不易釐清，實肇因於其間有大片之灰
色地帶，如獨視、獨斷、獨聽既可歸類爲勢治之君臣各有職司、不相逾越之
一體之治，又可歸類爲國君避免權力下移之重術範疇。韓昭侯之佯亡一爪、
黃犢食苗以察左右誠實與否，〔註182〕韓非子以此歸入馭下之重術範疇，但此
等行徑實與聰明之勢無殊。近人錢穆先生、郭沫若、楊寬對於勢、術之正確

　　微謂趙卓、韓畼曰：『子皆國之辯士也，夫爲人臣者，言可必用，盡忠而已矣。』
　　二人各進議於王以事。申子微視王之所說以言於王，王大說之。」

〔註179〕見阮廷焯，《先秦諸子考佚》八〈申子考佚〉引自《漢書・張歐傳》注引，頁
　　　　161。
〔註180〕見阮廷焯，《先秦諸子考佚》八〈申子考佚〉引自《北堂書鈔》四十三，頁171。
〔註181〕以上四段均引自《群書治要》卷三十六〈申子・大體〉，頁1888～1890。
〔註182〕《韓非子》卷九〈內儲說上第三十〉，頁564、565。

範疇亦是無法細分。如錢穆先生以「深不可測，使群下竭誠盡忠」爲申不害之「用術馭下」；郭沫若所謂「術是帝王南面之術」；楊寬解釋「申不害講究統治之術」，特舉「明君使臣并進輻湊」、「防止大臣蔽君之明」爲例說明。但錢、郭、楊所標舉的內容實際上亦可歸入重勢之範疇。

　　申不害留下唯一較完整之篇章爲〈大體篇〉，重勢、重術思想在此天衣無縫的融合爲一。〈大體篇〉可看作是一篇勢、術兼包之政治論文。綜觀申不害之言論，其思想兼及重勢及重術，但其思想實以重勢爲主，重術爲輔。荀子、韓非取材有異，因之而對申不害有不同之評斷。申不害之思想間一涉及重法，但重法思想所佔比例太輕，完全不足與其重勢、重術思想相提並論。

第六節　先秦兵家之勢治思想

壹、兵形與兵勢之分合

　　勢治之道兵家籠統稱之爲兵形勢。漢武帝、漢成帝曾兩次大規模整理先秦以迄漢初之兵法，漢成帝時之任宏將兵書歸類爲四派 —— 兵權謀、兵形勢、兵陰陽、兵技巧。〔註183〕其中兵形勢家之思想固以形勢爲主，但兵權謀家爲兵家之雜家，雜取各家之長，亦是兼及形勢。〔註184〕

　　一體整軍經武、克敵制勝之道，兵家統言形勢。《漢書・藝文志・兵書略》對兵形勢所下之定義是：

> 形勢者，雷動風舉，後發而先至。離合背鄉，變化無常，以輕疾制
> 敵者也。

《漢書・藝文志・兵書略》兵形勢所列十一家，今存者僅《尉繚》一家。而《尉繚》之內容卻與《漢書・藝文志・兵書略》對兵形勢之形容大相逕庭。此實肇因於《漢書・藝文志・兵書略》對兵形勢所下之定義多就兵勢立說，而不太言及兵形。《呂氏春秋・卷十七・不二》稱「孫臏貴勢」，名列兵權謀家之《孫臏兵法》，其思想確實以兵勢爲主。〔註185〕

〔註183〕班固，《漢書》（點校本），卷三十〈藝文志〉，頁 1762，云：「武帝時，軍政楊僕捃摭遺逸，紀奏兵錄，猶未能備。至于孝成，命任宏論次兵書爲四種。」
〔註184〕班固，《漢書》卷三十〈藝文志〉，頁 1758，云：「權謀者，以正守國，以奇用兵，先計而後戰，兼形勢，包陰陽，用技巧者也。」
〔註185〕《孫臏兵法》上編之〈勢備〉、〈兵情〉、〈行篡〉；下編之〈十問〉、〈客主人分〉、

整軍經武、克敵制勝，兵家統言形勢。但兵形與兵勢依然有別。兵形主形名合一，部伍嚴整，嚴不可犯，立於不敗之地。《孫子‧卷上‧軍形第四》云：

> 昔之善戰者，先爲不可勝，以待敵之可勝。不可勝在己，可勝在敵。
>
> 故善戰者，能爲不可勝，不能使敵之必可勝。
>
> 故善戰者，立於不敗之地，而不失敵之敗。
>
> 勝者之戰，若決積水於千仞之谿者，形也。

兵勢則主分合爲變，奇正迭相爲用，以奇兵抓住戰機，出敵不意，變陣取勝。《孫子‧卷上‧兵勢第五》云：

> 三軍之眾，可使必受敵而無敗者，奇正是也。兵之所加，如以碬投卵者，虛實是也。
>
> 激水之疾，至於漂石者，勢也。鷙鳥之擊，至於毀折者，節也。故善戰者，其勢險，其節短，勢如彉弩，節如發機。
>
> 故善戰人之勢，如轉圓石於千仞之山者，勢也。
>
> 戰勢不過奇正。

孫臏對勢所下之定義是：

> 何以知弓弩之爲勢也？發于肩膺之間，殺人百步之外，不識其所道至。故曰：弓弩，勢也。〔註186〕

兵形、兵勢有時混淆不清。如孫子在〈虛實第六〉篇中同一兵形，時而稱之爲兵形，時而稱之爲兵勢。〔註187〕

兵形、兵勢兩者實有相互依存之關係，兩者密切配合，才能做到屢戰不敗，而又能捕捉到稍縱即逝之戰機。

貳、兵家一體之勢

兵家即以形勢建構其本大末小、層層節制、組織嚴整、有條不紊、戰則

〈善戰〉、〈五度九奪〉、〈積疏〉、〈奇正〉等篇，均以兵勢爲主要內容。其詳細內容分見銀雀山漢墓整理小組編撰，《孫臏兵法》（北京：文物出版社，1975年2月1版），頁64～65、67～68、69、89～92、96～98、100～101、117、119、120、121～123。

〔註186〕見銀雀山漢墓整理小組，《孫臏兵法》上編〈勢備〉，頁64。

〔註187〕孫武云：「夫兵形象水。水之形，避高而趨下，兵之形，避實而擊虛。水因地而制流，兵因敵而制勝，故兵無常勢，水無常形，能因敵變化而取勝者，謂之神。」見孫武，《孫子》卷中〈虛實第六〉，頁2上～2下。

必克、攻則必取之戰鬥機械。

在合天下之人以成軍方面，尉繚子云：

> 吾用天下之用爲用，吾制天下之制爲制。修吾號令，明吾刑賞，使
> 天下非農無所得食，非戰無所得爵，使民揚臂爭出農戰而天下無敵
> 矣。〔註188〕

吳起云：

> 古之明王，必謹君臣之禮，飾上下之儀，安集吏民，順俗而教，簡
> 募良材，以備不虞。……故強國之君，必料其民。民有膽勇氣力者，
> 聚爲一卒；樂以進戰，效力以顯其忠者聚爲一卒；能踰高超遠，輕
> 足善走者，聚爲一卒；王臣失位而欲見功於上者，聚爲一卒；棄城
> 去守，欲除其醜者，聚爲一卒。此五者，軍之練銳也。……〔註189〕

合軍聚眾，爲使部伍嚴整，三軍用命，兵形勢家以重將、重令、殺之貴
大、殺卒等方式治軍，整陣而戰，做到三軍用命。重將是賦予將領「上不制
天、下不制地、中不制人」、「將在外君命有所不受」之絕對權威，使之有整
治部伍之能力。在重將手續上，中國自古有登壇拜將、賜鉞、專殺立威之禮
儀。〔註190〕專殺之人地位越高，收效越宏，越能做到三軍用命、形名合一之
目標。吳王闔閭以宮女試驗孫武治軍之能，原本只是一場玩笑，吳王闔閭絕
不相信孫武有化女爲兵之能耐。但孫武以重將、殺之貴大方式整軍經武之結
果，不終朝就將美女練成「赴火蹈刃、死不旋踵」之勁旅。〔註191〕司馬穰苴
斬莊賈，造成晉燕之師聞風而逃。〔註192〕勾踐伐吳，四殺之後，越卒銳不可
當。〔註193〕尉繚子以爲兵未接而所以奪敵者有五事，其二即是受命之論、舉
陣加刑之論。〔註194〕經由重將、殺之貴大等手續，造成士卒畏將之效果。士

〔註188〕《尉繚子》（靜嘉堂藏本）（臺北：商務印書館仿宋影印本，民國60年出版），
　　　　卷一〈制談第三〉，頁4上～4下。

〔註189〕《吳子》（靜嘉堂藏本）（臺北：商務印書館仿宋影印本，民國60年出版），
　　　　卷上〈圖國第一〉，頁3上。

〔註190〕其詳可參考羅獨修，《先秦兵家思想探源》第四章〈尉繚思想淵源之探討・第
　　　　四節參・一重將〉（文化大學88年史學博士論文），頁216～229。

〔註191〕司馬遷，《史記》卷六十五〈孫子吳起列傳第五〉，頁735。

〔註192〕司馬遷，《史記》卷六十四〈司馬穰苴列傳第四〉，頁733。

〔註193〕《國語》（點校本）（臺北：里仁書局影印，民國69年9月影印），卷十九〈吳
　　　　語〉，頁624。

〔註194〕《尉繚子》卷一〈戰威第四〉，頁5上。

卒畏將，軍將才能將部伍安置在最適當的位置之上，號令三軍，依令進止，使戰力充份發揮。

在兵將一體方面，孫武云：

> 故善用兵者，譬如率然。率然者，常山之蛇也。擊其首，則尾至；擊其尾，則首至；擊其中，則首尾俱至。敢問兵可使如率然乎？曰，可。……犯三軍之眾，若使一人……〔註195〕

尉繚子云：

> 將師者心也，群下者，支節也。〔註196〕

> 故戰者必本乎率身以勵眾士，如心之使四支也。〔註197〕

孫臏則云：「立官則以身宜。」〔註198〕將軍力安置在適當位置上，使戰力充份發揮，兵形勢家主張整陣而戰，尉繚子云：

> 凡兵，制必先定，制先定則士不亂，士不亂則刑乃明，金鼓所指，則百人盡鬥，蹈行亂陣，則千人盡鬥。覆軍殺將，則萬人齊刃，天下莫能當其戰矣。〔註199〕

孫臏有「八陣」、「十陣」。〔註200〕整陣作戰，為使戰陣嚴不可犯，三軍用命而又免除部隊之僥倖心理，兵形勢家以色彩、徽幟（章）整軍，並行連保法。《禮記·卷一·曲禮上》云：「行，前朱鳥而後玄武，左青龍而右白虎，招搖在上。」孫臏云：「賤令以采章。」〔註201〕文種提出「審物以戰」。〔註202〕《尉繚子》全書最見彩之部份為〈經卒令〉所敘之以徽章、顏色治軍達到部伍嚴整之效。尉繚云：

> 經卒者，以經令分之為三分焉。左軍蒼旗，卒戴蒼羽；右軍白旗，卒戴白羽；中軍黃旗，卒戴黃羽。卒有五章，前一行蒼章，次二行赤章，次三行黃章，次四行白章，次五行黑章。次以經卒。亡章者有誅。前一五行置章於首，次二五行置章於項，次三五行置章於胸，

〔註195〕孫武，《孫子》卷下〈九地第十〉，頁3下～4下。
〔註196〕《尉繚子》卷二〈攻權第五〉，頁1上。
〔註197〕《尉繚子》卷一〈戰威第四〉，頁5下。
〔註198〕銀雀山漢墓整理小組，《孫臏兵法》上編〈官一〉，頁74。
〔註199〕《尉繚子》卷一〈制談第二〉，頁2下。
〔註200〕銀雀山漢墓整理小組編撰，《孫臏兵法》上編〈八陣〉，頁 59～60；《孫臏兵法》下編〈十陣〉，頁83～86。
〔註201〕銀雀山漢墓整理小組編撰，《孫臏兵法》下編〈官一〉，頁74。
〔註202〕《國語》卷十九〈吳語〉，頁622。

次四五行置章於腹，次五五行置章於腰。如此卒無非其吏，吏無非
其卒。見非而不詰，見亂而不禁，其罪如之。鼓行交鬥，則前行進
爲犯難，後行進爲辱眾。踰五行而前者有賞，踰五行而後者有誅。
所以知進退先後吏卒之功也。故曰：鼓之前如雷霆，動如風雨，莫
敢當其前，莫敢躡其後，言有經也。〔註203〕

《尉繚子》有〈束伍令〉、〈兵教上〉，申明連保之紀律，以收「什伍相聯，及
戰鬥則吏卒相繼。」之整體效果。列陣之際，部隊依旗鼓之號令坐作進退疾
徐疏數及方位變換。〔註204〕

在指揮、調動、約束部隊上，兵形勢家設計了戰表。戰表表現在警告、
傳遞上是爲戰表、烽燧。《尉繚子・卷四・踵軍令》云：「爲戰合之表，合表
乃起。」立戰合之表之目的在防止大軍、興軍、踵軍在合戰位置上之紛亂，
以求達到合軍聚眾、部伍嚴整之要求。部隊在演習、作戰之際，依戰表作戰，
依戰表行、趨、進、退，發則中節。〔註205〕名列兵形勢家之景陽其兵書已失
傳，但戰國策記錄其「植表舍營」之軍事措施。〔註206〕

在以分合爲變，分工合作，使戰力能在最適當時機、地點發揮最大效率
方面，中國一般將軍隊分之爲五、四、三。〔註207〕但兵形勢家在分軍而戰、
提升效率上最具匠心之設計是奇、正。這是中國軍事上應變、提高戰力最大
發明。瞭解奇、正之變，可以利用有利時機、掌控有利地勢，在己方陷入危
難、出現間隙之際，得以迅速救援。而敵方顯露敗徵、發生意外之際，得以
掌握間不容髮的時間，尋機抵隙，一舉克敵制勝，做到「不失敵之敗」。西方
天才將領亞歷山大、凱撒、拿破崙之天才表現在活用預備隊上，中國兵家之

〔註203〕《尉繚子》卷四〈經卒令第十七〉，頁1下～2上。
〔註204〕《尉繚子》卷四〈勒卒令第十八〉，頁2上～2下。
〔註205〕《尉繚子》：「陣於中野，置大表三，百步而一。既陣，去表百步而決，百步
　　　　而趨，百步而騖，習戰，以成其節，乃爲之賞。」見《尉繚子》卷五〈兵教
　　　　上〉，頁1下。
〔註206〕《戰國策》卷三十一〈燕三・齊韓魏共攻燕〉，頁1119。
〔註207〕尉繚子云：「中軍左右前後軍，皆有地分。」是分軍爲五，見《尉繚子》卷
　　　　三〈分塞令第十五〉，頁4下；晉楚鄢陵之戰，「欒書將中軍，士爕佐之；
　　　　郤錡將上軍，荀偃佐之；韓厥將下軍；郤至佐新軍。」見《左傳》成公十
　　　　六年，晉軍分別爲中、上、下、新，是分軍爲四；尉繚子又云：「經卒者，
　　　　以經令分之爲三分焉。左軍蒼旗，卒戴蒼羽；右軍白旗，卒戴白羽；中軍
　　　　黃旗，卒戴黃羽。」是分軍爲三，見《尉繚子》卷四〈經卒令第十七〉，頁
　　　　1下。

奇兵有預備隊之效用，但其效用卻比預備隊要廣闊得多。〔註208〕軍隊在戰場上縱橫穿梭，變換隊形，變陣取勝，千變萬化的分分合合，但紛紛紜紜鬥亂而不可亂，實仰賴徽幟與戰表，所產生整飾部伍之作用。〔註209〕孫武對奇兵所產生之效用有如下之描述：

> 三軍之眾，可使必受敵而無敗者，奇正是也。兵之所加，如以碬投
> 卵者，虛實是也。凡戰者，以正合，以奇勝。〔註210〕

出奇制勝為兵形勢家主要探討之內容之一。孫武於其兵書中對出奇不意以克敵制勝，再三致意。如：

> 行千里而不勞者，行於無人之地。攻而必取者，攻其所不守也。守
> 而必固者，守其所不攻也。故善攻者，敵不知其所守，善守者，敵
> 不知其所攻。〔註211〕

> 故形兵之極，至於無形。無形則生間不能窺，知者不能謀。因形而
> 措勝於眾，眾不能知。人皆知我所以勝之形，而莫知吾所以制勝之
> 形。〔註212〕

> 兵之情主速，乘人之不及，由不虞之道，攻其所不戒也。〔註213〕

> 是故始如處女，敵人開戶，後如脫兔，敵不及拒。〔註214〕

《孫臏兵法》下編最後一篇即奇正。孫臏屢以出奇不意釋「勢」，如：

> 何以知弓弩之為勢也？發于肩膺之間，殺人百步之外，不識其所道
> 至。故曰：弓弩，勢也。

〔註208〕郭化若總結奇兵之效用是：「奇正，古代軍事術語，指奇兵、正兵的戰術應用。奇正一般包括以下意思：（一）在軍隊部署上擔任警戒、守備的部隊為正，集中機動的主力為奇；擔任箝制的為正，擔任突擊的為奇。（二）在作戰方式上，正面攻擊為正，迂迴側擊為奇；明攻為正，暗襲為奇。（三）按一般原則作戰為正，根據具體情況採取特殊作戰為奇。軍隊無論駐軍、行軍，都派出警戒部隊（奇），以保衛主力（正），這樣即使遭到敵軍突然進攻，也一定不會被打敗。」見郭化若，《孫子譯註·勢篇第五》（上海：上海古籍出版社，1995年7刷。），頁121。

〔註209〕孫機云：「在分兵布陣時，徽幟便于將領之指揮調遣。」見孫機，〈漢代軍服上的徽幟〉，《文物》，1988年第8期，頁89。

〔註210〕孫武，《孫子》卷上〈兵勢第五〉，頁4下～5上。

〔註211〕孫武，《孫子》卷中〈虛實第六〉，頁1上。

〔註212〕孫武，《孫子》卷中〈虛實第六〉，頁2上。

〔註213〕孫武，《孫子》卷下〈九地第十一〉，頁3上。

〔註214〕孫武，《孫子》卷下〈九地第十一〉，頁5上。

勢者，攻無備，出不意。〔註215〕

孫臏敍及奇兵克敵制勝之效用是：

> 形以應形，正也；無形而制形，奇也。奇正無窮，分也。〔註216〕

孫臏敍及分合爲變，以克敵制勝是：

> 用陣參分，每陣有鋒，每鋒有後，皆待令而動，鬥一守二，以一侵敵，以二收。敵弱以亂，先其選卒以乘之，敵強以治，先其下卒以誘之。……〔註217〕

孫臏論及疏陣取銳是：

> 凡疏陣之法，在爲數丑，或進或退，或擊或頜，或與之征，或要其衰。然後疏可以取銳矣。〔註218〕

孫臏敍及擊圓之法是：

> 三軍之眾分而四五，或傅而詳北，而示之懼。彼見我懼，則遂分而不顧。因以亂毀其固。肆鼓同舉，五遂俱傅。五遂俱至，三軍同利。此擊圓之道也。〔註219〕

政治上分工之勢治之道是君合臣分，君臣各有分職，士不兼官，一人一職。軍事上之勢治之道亦是將合臣分，將、吏、兵各有分職，各層級有各層級之職司，不得踰分上請。各軍以至每一士卒皆有分地，以明責任歸屬。

在將、吏、兵各有職司上，將略兵詳，軍將負調合、指揮之責，而不實際下場戰鬥。荀卿即曰：

> 將死鼓，御死轡，百吏死職，士大夫死行列。聞鼓聲而進，聞金聲而退。〔註220〕

吳起亦云：

> 將專主旗鼓爾。臨難決疑，揮兵指刃，此將事也。一劍之任，非將事也。〔註221〕

吏、兵在戰鬥之際各就行列而戰，《尉繚子·卷五·經卒令》敍之極詳，前面

〔註215〕銀雀山漢墓竹簡整理小組編，《銀雀山漢墓竹簡》（壹）（北京：文物出版社，1985年9月1版），頁63。
〔註216〕銀雀山漢墓整理小組編撰，《孫臏兵法》下編〈奇正〉，頁122。
〔註217〕銀雀山漢墓整理小組編撰，《孫臏兵法》上編〈八陣〉，頁59。
〔註218〕銀雀山漢墓整理小組編撰，《孫臏兵法》下編〈十陣〉，頁84。
〔註219〕銀雀山漢墓整理小組編撰，《孫臏兵法》下編〈十問〉，頁89。
〔註220〕《荀子》卷十〈議兵第十五〉，頁184。
〔註221〕《尉繚子》卷二〈武議第八〉，頁6下。

已引，可參看。

在各層級各有職司，不得踰分上請、踰令指揮上，尉繚云：

> 君身以斧鉞受將曰：左右中軍皆有分職。若踰分而上請者死。軍無二令，二令者誅，留令者誅，失令者誅。〔註222〕

在各軍皆有分地上，孫武有「畫地而守」之辦法。〔註223〕尉繚以畫地而守之分塞為十二種威加天下之戰法之一，〔註224〕其詳細內容是：

> 中軍左右前後軍，皆有地分，方之以行垣，而無通其交往。將有分地，帥有分地，伯有分地，皆營其溝域而明其塞令，使非百人無得通。非其百人而入者，伯誅之。伯不誅，與之同罪。軍中縱橫之道，百有二十步而立一府柱。量人與地，柱道相望，禁行清道，非將吏之符節不得通行。采薪之牧者，皆成行伍，不成行伍者，不得通行。吏屬無節，士無伍者，橫門誅之。踰分干地者，誅之。故內無干令犯禁，則外無不獲之奸。〔註225〕

在以貴制賤、以大制小上，尉繚云：

> 什長得誅十人；伯長得誅什長；千人之將得誅百人之長；萬人之將得誅千人之將；左右將軍得誅萬人之將；大將無不得誅。〔註226〕

在以眾制寡、以強制弱、以合制分方面，孫武云：

> 用兵之法，十則圍之，五則攻之，敵則能戰之，少則能逃之，不若則能避之。故小敵之堅，則大敵之擒也。〔註227〕

> 識眾寡之用者勝。〔註228〕

孫臏則云：

> （積）勝疏，盈勝虛，疾勝徐，眾勝寡，佚勝勞。〔註229〕

孫武論及形、勢，特別提及度量，孫武云：

〔註222〕《尉繚子》卷四〈將令第十九〉，頁3上。
〔註223〕孫武，《孫子》卷中〈虛實第六〉，頁1下。
〔註224〕尉繚云：「臣聞人君有必勝之道，故能并兼廣大，以一其制度，則威加天下有十二焉。……四曰開塞，謂分地以限，各死其職而堅守也。……」見《尉繚子》卷五〈兵教下第二十二〉，頁2上～2下。
〔註225〕《尉繚子》卷三〈分塞令第十五〉，頁4下～5上。
〔註226〕《尉繚子》卷四〈束伍令第十六〉，頁1上。
〔註227〕孫武，《孫子》卷上〈謀攻第三〉，頁3上。
〔註228〕孫武，《孫子》卷上〈謀攻第三〉，頁3上。
〔註229〕銀雀山漢墓整理小組編撰，《孫臏兵法》下編〈積疏〉，頁119。

> 兵法，一曰度，二曰量，三曰數，四曰稱，五曰勝。地生度，度生
> 量，量生數，數生稱，稱生勝。故勝兵若以鎰稱銖，敗兵若以銖稱
> 鎰。〔註230〕

孫武論及克敵制勝之道，在於設法使敵備多力分，形成我眾敵寡之有利之局。
孫武云：

> 故形人而我無形，則我專而敵分。我專爲一，敵分爲十，是以十攻
> 其一也，則我眾敵寡。能以眾擊寡者，則吾之所戰者約矣。吾所與
> 戰之地，不可知。不可知則敵所備者多。敵所備者多，則吾所與戰
> 者寡矣。故備前則後寡，備後則前寡，備左則右寡，備右則左寡。
> 無所不備，則無所不寡，寡者，備人者也。眾者，使人備己者也。……
> 以吾度之，越人之兵雖多亦奚益於勝哉。故曰：勝可爲也。敵雖眾，
> 可使無鬥。〔註231〕

> 古之善用兵者，能使敵人前後不相及，眾寡不相恃，貴賤不相救，
> 上下不相收，卒離而不集，兵合而不齊。〔註232〕

孫臏則云：

> 善者，敵人軍口人眾，能使分離不相救也，受敵而不相知也。〔註233〕

孫武並言及利用距離分割敵軍，造成我眾敵寡之局。孫武云：

> 軍爭爲利，軍爭爲危。舉軍而爭利則不及，委軍而爭利，則輜重捐。
> 是故卷甲而趨，日夜不處，倍道兼行，百里而爭利，則擒三將軍。
> 勁者先，疲者後，其法十一而至。五十里而爭利，則蹶上將軍，其
> 法半至，三十里而爭利，則三分之二至。〔註234〕

孫臏亦以爲「故兵之大數，五十里不相救也。」〔註235〕

　　除距離外，地形亦能造成力量之分割。孫武云：

> 客絕水而來，勿迎之於水內，令半濟而擊之，利。〔註236〕

吳起則云：「涉水半渡可擊。」〔註237〕

〔註230〕孫武，《孫子》卷上〈軍形第四〉，頁4下。
〔註231〕孫武，《孫子》卷中〈虛實第六〉，頁1下～2上。
〔註232〕孫武，《孫子》卷下〈九地第十一〉，頁3上。
〔註233〕銀雀山漢墓整理小組編撰，《孫臏兵法》下編〈善者〉，頁100。
〔註234〕孫武，《孫子》卷中〈軍爭第七〉，頁2下～3上。
〔註235〕銀雀山漢墓整理小組編撰，《孫臏兵法》下編〈五度九奪〉，頁117。
〔註236〕孫武，《孫子》卷中〈行軍第九〉，頁4下。

參、明察之勢

　　以暗制明之明察之勢，兵家稱之爲耳目、用間。《管子》云：「故善用兵者，無溝壘而有耳目。」〔註238〕此種明察之勢，在地理上，爲對地勢之瞭解。孫武云：

　　　　夫地形者，兵之助也。料敵制勝，計險阨遠近，上將之道也。知此而用戰者，必勝。不知此而用戰者，必敗。〔註239〕

　　　　不知山林險阻沮澤之形者，不能行軍。不用鄉導者，不能得地利。
　　〔註240〕

　　戰爭勝敗取決於己暗敵明。消極的作法是隱匿己形，使敵無機可乘；積極的作法是設法瞭解敵情，做到先知。在隱匿己形，使敵無機可乘方面，孫武云：

　　　　故形兵之極，至於無形。無形則深間不能窺，智者不能謀。因形而措勝於眾，眾不能知。人皆知我所以勝之形，而莫知吾所以制勝之形。故其戰勝不復而應形於無窮。〔註241〕

在先知方面，孫武云：

　　　　故明君賢將所以動而勝人，成功出於眾者，先知也。先知者，不可取於鬼神，不可象於事，不可驗於度，必取於人。知敵之情者也。
　　〔註242〕

取於人之道，在於用間。孫武分析用間有五，委曲詳盡至盡矣、至矣、觀止矣之地步，孫武自言「五間俱起，莫知其道，是謂神紀。」〔註243〕後繼之兵家對此一範疇已是不能贊一辭。如孫臏提及用間之道，只是：「不用間，不勝。」
〔註244〕

〔註237〕《吳子》卷上〈料敵第二〉，頁6上。
〔註238〕《管子》（顏昌嶢校釋本）（長沙：嶽麓書社，1996年2月1版），卷十〈制分〉，頁246。
〔註239〕孫武，《孫子》卷下〈地形第十〉，頁1下。
〔註240〕孫武，《孫子》卷下〈九地第十一〉，頁4下。
〔註241〕孫武，《孫子》卷中〈虛實第六〉，頁2上。
〔註242〕孫武，《孫子》卷下〈用間第十三〉，頁6上。
〔註243〕同上註。
〔註244〕銀雀山漢墓整理小組編撰，《孫臏兵法》上編〈篡卒〉，頁54。

肆、借勢與順勢而發

在借勢上，孫武云：「地形者，兵之助也。」〔註245〕孫武以爲「兵形象水」，在五行思想中能克水者爲土，故兵陰陽家主張水土合德以克敵制勝。《孫子》之中有三分之一之篇幅屬於以地利克敵制勝。〔註246〕以地利克敵制勝固屬兵陰陽家之範疇，但亦與勢治之借勢思想相關。吳起亦主作戰須借助地利，如云：「（三軍進止）無當天竈，無當龍頭。」〔註247〕吳子敘及兵之四機之一即是地機。〔註248〕只有《尉繚子》對借助地利等閒視之，以爲只要掌握形勢，不須借助地利，如云：

> 案天官曰背水陣爲絕紀，向阪陣爲廢軍。武王伐紂，背濟水向山阪而陣，以二萬五千人擊紂之億萬而滅商。豈紂不得天官之陣哉。〔註249〕

> 兵之所及，羊腸亦勝，鋸齒亦勝，緣山亦勝，入谷亦勝，方亦勝，圓亦勝。〔註250〕

在順勢而發、因勢利導方面，孫武克敵制勝之方是「求之於勢，不責乎人。」孫武云：

> 故善戰者，求之於勢，不責乎人。故能擇人而任勢。任勢者，其戰人也，如轉木石。木石之性，安則靜，危則動，方則止，圓則行。〔註251〕

> 夫兵形象水，水之形，避高而趨下，兵之形，避實而擊虛。水因地而制流，兵因敵而制勝。故兵無常勢，水無常形。能因敵變化而取勝者，謂之神。〔註252〕

孫武在〈九地〉篇大半內容論及迫於人人自救之形勢，上下同利，將軍善於因勢利導，能將士卒之一切力量完全激發，以克敵制勝。如：

> 故善用兵者，譬如率然，率然者，常山之蛇也。擊其首則尾至，擊

〔註245〕同註239。
〔註246〕如孫武，《孫子》中〈九變〉、〈行軍〉、〈地形〉、〈九地〉等篇全以地利爲主，而〈始計〉等其他各篇間或涉及地利。
〔註247〕《吳子》卷上〈治兵第三〉，頁8上。
〔註248〕《吳子》卷下〈論將第四〉，頁1上～1下。
〔註249〕《尉繚子》卷一〈天官第一〉，頁1上～1下。
〔註250〕《尉繚子》卷一〈兵談第二〉，頁2上。
〔註251〕孫武，《孫子》卷上〈兵勢第五〉，頁5下。
〔註252〕孫武，《孫子》卷中〈虛實第六〉，頁2上~2下。

其尾則首至。擊其中，則首尾俱至。敢問兵可使如率然乎？曰可。
夫吳人與越人相惡也。當其同舟濟而遇風，其相救也，如左右手。……
故善用兵者，攜手若使一人，不得已也。將軍之事，靜以幽，正以
治，能愚士卒之耳目，使之無知。易其事，革其謀，使人無識。易
其居，迂其途，使人不得慮。帥與之期，如登高而去其梯。帥與之
深入諸侯之地，而發其機，若驅群羊，驅而往，驅而來，莫知所之。
聚三軍之眾，投之於險，此將軍之事也。九地之變，屈伸之利，人
情之理，不可不察也。〔註253〕

孫武論及軍隊迫於各種地勢之心理狀態，其分析之細密，即或是近代學
理精深之心理學者恐亦相形見拙。如：

凡為客之道，深入則專，主人不克。……是故散地吾將一其志；輕
地吾將使之屬；爭地吾將繼其後；交地吾將謹其守；衢地吾將固其
結；重地吾將繼其食；圮地吾將進其途；圍地吾將塞其闕；死地吾
將示之以不活。故兵之情，圍則禦，不得已則鬥，過則從。……犯
三軍之眾，若使一人。犯之以事，勿告以言。犯之以利，勿告以害。
投之亡地然後存，陷之死地然後生。夫眾陷於害，然後能為勝敗。
故為兵之事，在順詳敵之意，并敵一向，千里殺將，是謂巧能成
事。……〔註254〕

歸師勿遏，圍師必闕，窮寇勿迫。〔註255〕

兵士甚陷則不懼，無所往則固，入深則拘，不得已則鬥。是故其兵
不修而戒，不求而得，不約而親，不令而信，禁祥去疑，至死無所
之。〔註256〕

孫臏亦有「兵恐不投之死地」之說，曹操注《孫子・九地第十一》之「投
之亡地然後存，陷之死地然後生。」云：「必殊死戰，在亡地無敗者。孫臏曰：
『兵恐不投之死地也。』」〔註257〕孫臏論及培養士氣之方在於斷氣，戰勝則生，

〔註253〕孫武，《孫子》卷下〈九地第十一〉，頁3下～4上。
〔註254〕孫武，《孫子》卷下〈九地第十一〉，頁4上～5上。
〔註255〕孫武，《孫子》卷中〈軍爭第七〉，頁3下。
〔註256〕孫武，《孫子》卷下〈九地第十一〉，頁3上～5上。
〔註257〕見《孫子》（宋本十一家注孫子）（臺北：世界書局，民國76年3月影印），
下卷〈九地〉，頁30。亦見《魏武帝註孫子》，《孫子集成・冊一》（山東：齊
魯書社，1993年4月初版），頁182。

不克則亡。孫臏云：

> 戰日有期，務在斷氣。……將軍令，令軍人人爲三日糧。〔註258〕

孫臏反對逆勢而戰，如：

> 賞高罰下，而民不聽其令者，其令民之所不能行也。使民雖不利，
> 進死而不旋踵，孟賁之所難也，而責之民，是使水逆流也。〔註259〕

第七節　蘇秦、張儀對立國形勢之探討

　　先秦諸子中對立國形勢、地理形勢有深刻體認，反覆申說，以爲關乎戰爭勝負、國家興亡，以轉移人主視聽者，主要爲縱橫之士蘇秦（或蘇代）、張儀，間一涉及此一範疇者，有段規、范雎、荀子等人。蘇秦、張儀等人理想之立國形勢是四塞以爲固，攻守無不如意，在內部連繫上，最好能有長河大川將分散各地之力量連綴爲一，成一整體。國內物產豐饒，不假外求，地廣兵強，如能兼具軍需武器之供應（如戰馬、戈戟、強弓勁弩），就更見理想。

　　在立國形勢上，蘇秦、張儀認爲秦國是諸美皆備。(《戰國策》上游說之士往往無法指實，常有張冠李戴之情況，此姑以《戰國策》所載爲據。）蘇秦云：

> （秦）西有巴、蜀、漢中之利，北有胡貉代馬之用，南有巫山、黔
> 中之限，東有崤函之固。田肥美，民殷富，戰車萬乘，奮擊百萬，
> 沃野千里，蓄積饒多，地勢形便，此所謂天府，天下之雄國也。……
> 可以并諸侯，吞天下，稱帝而治。〔註260〕

張儀云：

> 秦之號令賞罰，地形利害，天下莫如也。以此與天下，天下不難兼
> 有也。〔註261〕

> 秦地半天下，兵敵四國，被山帶河，四塞以爲固。虎賁之士百餘萬，
> 車千乘，騎萬匹，粟如丘山。……西有巴蜀，方船積粟，起於汶山，
> 循江而下，至郢三千餘里。舫船載卒，一舫載五十卒，與三月之糧，
> 下水而浮，一日行三百餘里，里數雖多，不費馬汗之勞，不至十日

〔註258〕銀崔山漢墓整理小組編撰，《孫臏兵法》上編〈延氣〉，頁72。
〔註259〕銀崔山漢墓整理小組編撰，《孫臏兵法》下編〈奇正〉，頁122。
〔註260〕《戰國策》卷三〈秦一・蘇秦始將連橫〉，頁78。
〔註261〕《戰國策》卷三〈秦一・張儀說秦王〉，頁98。

而距扞關，扞關驚，則從竟陵以東，盡城守矣。黔中、巫郡非王（此指楚頃襄王）之有已。秦舉甲出之武關，南面而攻，則北地絕。秦兵之攻楚也，危難在三月之內，而楚恃諸侯之救，在半歲之外，此其勢不相及。〔註262〕

蘇代云：

秦正告韓曰：「我起乎少曲，一日而斷太行；我起乎宜陽而觸平陽，二日莫不盡繇，我離兩周而觸鄭，五日而國舉。……」秦正告魏曰：「……乘夏水，浮輕舟，強弩在前，銳戈在後，決滎口，魏無大梁，決白馬之口，魏無外黃、濟陽，決宿胥之口，魏無虛、頓丘。陸地則擊河內，水攻則滅大梁。」〔註263〕

荀子云：

其固塞險，形勢便，山林川谷美，天材之利多，是形勝也。〔註264〕

趙之形勢利東南，不利西北。蘇秦云：

當今之時，山東建國，莫如趙強。趙地方二千里，帶甲數十萬，車千乘，騎萬匹，粟支十年，西有常山，南有河、漳，東有清河，北有燕國，燕固弱國，不足畏也。〔註265〕

趙武靈王自言：

先時中山負齊之強兵，侵略吾地，係累吾民，引水圍鄗，非社稷之神靈，則鄗幾不守。〔註266〕

　　魏占晉之舊地，據河東之險，春秋時代之子犯以為此一形勢勝可圖霸，敗足以自守。〔註267〕王錯、魏武侯以為此即晉國之所以強。但吳起以為霸王之業在德不在險，「地形險阻，無足以霸王矣。」〔註268〕梁惠王九年遷都大梁，東向爭霸因缺乏穩固根據地與完整立國形勢，幾次重大軍事行動，如桂陵之戰、馬陵之戰，因齊兵直衝大梁，魏軍回救，失去主動而失敗。〔註269〕魏自

〔註262〕《戰國策》卷十四〈楚一・張儀為秦破從連橫〉，頁504～506。
〔註263〕司馬遷，《史記》卷六十九〈蘇秦列傳第九〉，頁775～776。
〔註264〕《荀子》卷十一〈強國第十六〉，頁202。
〔註265〕《戰國策》卷十九〈趙二・蘇秦從燕之趙始合從〉，頁638。
〔註266〕《戰國策》卷十九〈趙二・武靈王平晝間居〉，頁657。
〔註267〕《左傳》僖公二年：「子犯曰：戰也！戰而捷，必得諸侯。若其不捷，表裡山河，必無害也。」
〔註268〕《戰國策》卷二十二〈魏一・魏武侯與諸大夫浮於西河〉，頁781～782。
〔註269〕司馬遷，《史記》卷六十五〈孫子吳起列傳第五〉，頁736。

徙都大梁之後，即步入衰運，故張儀以爲魏爲四分五裂之戰場，不事秦則國無與存。張儀云：

> 魏地方不至千里，卒不過三十萬人。地四平，諸侯四通，條達輻湊，無有名山大川之阻。從鄭至梁，不過百里；從陳至梁，二百餘里，馬馳人趨，不待倦而至梁。南與楚境，西與韓境，北與趙境，東與齊境，卒戍四方，守亭障者參列。粟糧漕庾，不下十萬。魏之地勢，故戰場也。……此所謂四分五裂之道也。……爲大王計，莫如事秦。〔註270〕

三家分晉，段規勸韓主取成皋，以爲成皋「一里之厚，而動千里之權。」韓之取鄭，果從成皋始。〔註271〕在戰國之世，成皋始終爲韓之支柱。蘇秦盛讚韓之地形完整，生產各種犀利之軍需武器。蘇秦云：

> 韓北有鞏、洛、成皋之固，西有宜陽、常阪之塞，東有宛、穰、洧水，南有陘山，地方千里，帶甲數十萬，天下之強弓勁弩，皆自韓出。……韓卒之劍戟，皆出於冥山、棠谿、墨陽、合伯膊。鄧師、宛馮、龍淵、大阿，皆陸斷馬牛，水擊鵠雁，當敵即斬堅。甲、盾、鞮、鍪、鐵幕、革抉、㕹芮，無不畢具。以韓卒之勇，被堅甲，蹻勁弩，帶利劍，一人當百，不足言也。……〔註272〕

張儀卻以韓地貧瘠，地狹兵少，韓之潁、洛流域與上地隨時會爲秦人切斷，故不事秦則國危。張儀云：

> 韓地險惡，山居，五穀所生，非麥而豆；民之所食，大抵豆飯藿羹，一歲不收，民不饜糟糠；地方不滿九百里，無二歲之食。……見卒不過二十萬而已矣。……大王不事秦，秦下甲據宜陽，斷絕韓之上地；東取成皋、宜陽，則鴻台之宮，桑林之苑，非王之有已。夫塞成皋，絕上地，則王之國分矣。先事秦則安矣，不事秦則危矣。〔註273〕

齊對秦而言爲遠形，六國之中只有齊長時間不受秦國直接威脅。蘇秦以爲齊具塞險、地廣、物博之地形優勢，故在戰國之世，能與秦成東西對峙之局。蘇秦云：

〔註270〕《戰國策》卷二十二〈魏一・張儀爲秦連橫說魏王〉，頁792。
〔註271〕《戰國策》卷二十六〈韓一・三晉巳破智氏〉，頁927。
〔註272〕《戰國策》卷二十六〈韓一・蘇秦爲楚合從說韓王〉，頁930。
〔註273〕《戰國策》卷二十六〈韓一・張儀爲秦連橫說韓王〉，頁934～935。

齊南有太山，東有琅邪，西有清河，北有渤海，此所謂四塞之國也。
齊地方二千里，帶甲數十萬，粟如丘山。……今秦攻齊則不然，倍
韓、魏之地，至闈陽晉之道，徑亢父之險，車不得方軌，馬不得並
行，百人守險，千人不能過也。……〔註274〕

楚之形勢優點是方圓遼闊，地大物博人眾，漢水、長江南下東出，將此
一遼闊地形連綴為一。楚與三晉、齊、魯爭戰，楚不是有險可守，就是居於
順流而下之優勢，故能滅越、滅魯。蘇秦即云：

楚，天下之強國也。大王，天下之賢王也。楚地西有黔中、巫郡，
東有夏州、海陽，南有洞庭、蒼梧，北有汾涇之塞、郇陽。地方五
千里，帶甲百萬，車千乘，騎萬匹，粟支十年，此霸王之資也。夫
以楚之強與大王之賢，天下莫能當也。〔註275〕

荀子盛讚楚之形勢是：

汝潁以為險，江漢以為池，限之以鄧林，緣之以方城。〔註276〕

但楚與秦競爭，楚之優勢立刻轉為劣勢，這肇因於秦國位居楚之上游，秦、
楚交兵，楚處於被動挨打之局，張儀敘及秦國對楚之威脅可謂深刻。其詳可
見本節所敘之秦之形勢。

蘇秦敘及燕之形勢完整，地大物博是：

燕東有朝鮮、遼東，北有林胡、樓煩，西有雲中、九原，南有呼沱、
易水。地方二千餘里，帶甲數十萬，車七百乘，騎六千匹，粟支十
年。南有碣石、雁門之饒，北有棗栗之利，民雖不由田作，棗栗之
實，足食於民矣，此所謂天府也。〔註277〕

第八節　墨翟、尸佼、商鞅、鄒忌、尹文、鄒衍、魯仲連、范睢之勢治思想

儒家之魯仲連、墨家之墨翟、名家之尹文、雜家之尸佼、陰陽家之鄒衍、
辯士鄒忌、范睢亦言及勢，商鞅雖然在法家中以重法名家，但其思想亦涉及
勢治之道，但每人所論篇幅太小，單獨不足以成一專節，故集合在本節中，

〔註274〕《戰國策》卷八〈齊一・蘇秦為趙合從說齊宣王〉，頁337～340。
〔註275〕《戰國策》卷十四〈楚一・蘇秦為趙合從說楚威王〉，頁500。
〔註276〕《荀子》卷十〈議兵第十五〉，頁187。
〔註277〕《戰國策》卷二十九〈燕一・蘇秦將為從北說燕文侯〉，頁1039。

加以論列。

壹、墨翟論及治術間一涉及勢治之道

墨子許多理論與勢治之道根本水火不容：如法家勢治理論反尙賢，而墨子主張尙賢、禪讓；勢治之道主嚴上下之別，而墨子主兼愛；勢治之道主階級等差，而墨子主節用、節葬。故荀子稱稱墨子（包括宋牼）「不知壹天下，建國家之權稱。上功用，大儉約，而慢等差，曾不足以容辨異，縣君臣。」〔註278〕根本違反勢治之道。雖然如此，但墨子論及治術仍無法完全背離勢治原則。在以尊制卑、以長制幼之層層節制上，墨子云：

> 天下之亂也至如禽獸然，無君臣上下長幼之節，父子兄弟之禮，是
> 以天下亂焉。〔註279〕

康有爲評之曰：「墨子雖尙同，亦有君臣、上下之節，父子、兄弟之禮矣。」
〔註280〕

在君臣各有職司上，墨子云：

> 善爲君者，勞於論人，而佚於治官；不能爲君者，傷形費神，愁心
> 勞意，然國逾危，身逾辱。〔註281〕

貳、尸佼深通勢治之大體

《漢書・藝文志》將《尸子》列入雜家，並稱其書二十篇。劉向稱其書「凡六萬言」。〔註282〕其書至南宋散佚，但唐初魏徵編《群書治要》已錄其要點。清代汪繼培「以《群書治要》所載爲上卷，諸書稱引與之同者分注於下；其不載治要而散見諸書者爲下卷。」汪云：「今茲撰錄，蓋十失八，可爲歎息。」
〔註283〕但又云：「諸家徵說，率皆采擷精華，翦落枝葉，單詞賸誼，轉可寶愛。」

〔註278〕《荀子》卷三〈非十二子第六〉，頁58。

〔註279〕《墨子》（孫詒讓閒詁本）（臺北：世界書局，民國63年7月新2版），卷二〈尙同中第十二〉，頁47。

〔註280〕康有爲，《孔子改制考・諸子改制託古考第四》（北京：中華書局，1958年9月1版），頁55。

〔註281〕《墨子》卷一〈所染第三〉，頁10。

〔註282〕洪頤煊集，《經典集林》卷十二〈劉向別錄一卷〉，收錄於《百部叢書集成》中（臺北：藝文印書館影印），頁7下。

〔註283〕汪繼培輯，《尸子・序》（湖海樓本），收錄於《百部叢書集成》（臺北：藝文印書館影印），頁1上～1下。

〔註284〕

現就流傳後世之《尸子》之資料加以探討，《尸子》思想實以勢治為主，並且涉及勢治之多數層面。在論及合天下之人才，使之各安其位，以成天下之治方面，尸子云：

> 天地生萬物，聖人裁之。裁物以制分，便事以立官。〔註285〕

《尸子·大體》論及治天下之四術，其一即是度量，度量與勢治之道息息相關，為制分之主要依據。

在論及以尊制卑、以貴制賤、以長制幼，以成一體之政治機械方面，尸子云：

> 君臣、父子、上下、長幼、貴賤、親疏，皆得其分曰治。〔註286〕

在定分以治，君臣各有職司，不相逾越，分工合作，以提高效率，並防止臣下蒙蔽方面，尸子云：

> 若夫名分，聖之所審也。造父之所以與交者少，操轡馬之百節皆與，明王之所以與臣下交者少，審明分，群臣莫敢不盡力竭智矣。天下之可治，分成也。是非之可辨，名定也。⋯⋯夫使眾者詔作則遲，分地則速，是何也？無所逃其罪也。言亦有地，不可不分也。君臣同地，則臣有所逃其罪矣。⋯⋯聽朝之道，使人有分。有大善者，必問孰進之。有大過者，必云孰任之，而行賞罰焉。且以觀賢不肖也。⋯⋯明分則不蔽，正名則不虛，賞賢罰暴則不縱。三者治之道也。⋯⋯〔註287〕

在君佚臣勞、君要臣詳、君發令臣實行方面，尸子云：

> 言者百事之機也，聖王正言於朝，而四方治矣。〔註288〕

> 治水潦者，禹也；播五種者，后稷也；聽獄折衷者，皋陶也。舜無為也，而天下以為父母，愛天下莫甚焉。〔註289〕

《尸子》一書非僅言及政治上之一體勢治之道，而且兼及地勢。〔註290〕

〔註284〕同上注，頁2上。
〔註285〕汪繼培輯，《尸子》卷上〈分〉，頁10下。
〔註286〕同上注。
〔註287〕汪繼培輯，《尸子》卷上〈發蒙〉，頁12下～15上。
〔註288〕汪繼培輯，《尸子》卷上〈分〉，頁12上。
〔註289〕汪繼培輯，《尸子》卷上〈仁意〉，頁18下。
〔註290〕李賢註尸子云：「尸子，晉人也，名佼，秦相衛鞅客也。鞅謀計，未嘗不與佼

參、商鞅非徒重法亦兼及重勢

司馬遷《史記‧商君列傳第八》敘及商鞅以嚴刑峻法治秦，不別親疏，一斷之於法，重賞告奸，使奸無所容。變法後之秦國由戎狄之俗之落後國家，一變而爲「道不拾遺，山無盜賊，家給人足，民勇於公戰，怯於私鬥，鄉邑大治。」之新軍事強國。《韓非子》云：「今申不害言術，而公孫鞅言法。」〔註291〕後之讀者大多以爲商鞅思想僅及重法，而與重勢無關。劉向以爲尸佼爲商鞅之客，商鞅謀事畫計，未嘗不與佼規。〔註292〕尸佼之思想既以勢治爲主，故商鞅在一定程度上受到尸佼之影響。今詳觀《商君書》，果然發現商鞅言及治國之道含有不少勢治成分。《商君書》之〈修權〉篇部份涉及權（度量）、明分：

> 權者，君之所獨制也。人主失守則危，君臣釋法任私必亂。故立法
> 明分，而不以私害法則治，權制獨斷於君則威。〔註293〕

〈定分篇〉全篇敘及勢治之道。〔註294〕其中最主要之論點在於分定爭止。「故夫名分定，勢治之道也。名分不定，勢亂之道也。」商鞅與慎到一樣，引述「一兔走，百人逐之。……賣兔者滿市，而盜不敢取。」之分定爭止之故事。

商鞅最後之悲劇收場，司馬遷之講法是「作法自弊」。〔註295〕《戰國策》之說法則是勢治思想下之犧牲品：

> 人說惠王曰：「大臣太重者國危，左右太親者身危。今秦婦人嬰兒皆
> 言商君之法，莫言大王之法。是商君反爲主，大王更爲臣也。且夫
> 商君，固大王之仇讎也，願大王圖之。」商君歸還，惠王車裂之，
> 而秦人不憐。〔註296〕

規也。商君被刑，恐并誅，乃亡逃入蜀，作書二十篇，十九篇陳道德仁義之紀，一篇言九州險阻，水泉所起也。」見李賢註，《後漢書》（點校本）（臺北：鼎文書局，民國72年9月2刷），卷七十八〈宦者列傳第六十八〉「尸子曰」句，頁2530。

〔註291〕《韓非子》卷十七〈定法第四十三〉，頁906。
〔註292〕裴駰集解，《史記》卷七十四〈孟子荀卿列傳第十四〉「楚有尸子長盧」句，頁807。
〔註293〕《商君書‧修權第十四》（清嚴萬里校正本）（臺北：世界書局，民國63年7月新2版），頁24。
〔註294〕《商君書‧定分第二十六》，頁41～44。
〔註295〕司馬遷，《史記》卷六十八〈商君列傳第八〉，頁761。
〔註296〕《戰國策》卷三〈秦一‧商鞅亡魏入秦〉，頁77。

肆、鄒忌論及壅蔽之患

《戰國策》敘述鄒忌勸齊威王去除壅蔽之患，造成燕、趙、韓、魏皆朝於齊之局面：

> 鄒忌脩八尺有餘，身體昳麗。朝服衣冠窺鏡，謂其妻曰：「我孰與城北徐公美？」其妻曰：「君美甚，徐公何能及公也！」城北徐公，齊之美麗者也。忌不自信，而復問其妾曰：「吾孰與徐公美？」妾曰：「徐公何能及君也！」旦日，客從外來，與坐談，問之客曰：「吾與徐公孰美？」客曰：「徐公不若君之美也！」明日，徐公來。孰視之，自以為不如；窺鏡而自視，又弗如遠甚。暮，寢而思之曰：「吾妻之美我者，私我也；妾之美我者，畏我也；客之美我者，欲有求於我也。」於是入朝見威王曰：「臣誠知不如徐公美，臣之妻私臣，臣之妾畏臣，臣之客欲有求於臣，皆以美於徐公。今齊地方千里，百二十城，宮婦左右，莫不私王；朝廷之臣，莫不畏王；四境之內，莫不有求於王。由此觀之，王之蔽甚矣！」王曰：「善。」乃下令：「群臣吏民，能面刺寡人之過者，受上賞；上書諫寡人者，受中賞；能謗議於市朝，聞寡人之耳者，受下賞。」令初下，群臣進諫，門庭若市。數月之後，時時而間進。期年之後，雖欲言，無可進者。燕、趙、韓、魏聞之，皆朝於齊。此所謂戰勝於朝廷。〔註297〕

文中鄒忌表明「王之蔽甚」之情況，欲求國治，必須去除壅蔽之患，換句話說，即是君王必須具備明見之勢，使臣下無法蒙蔽。鄒忌此處所敘致治之道僅及勢治之一小部份——明見之勢，但已收諸侯來朝之效。整段故事，似嫌渲染。但秦之滅亡，賈誼以為肇因「壅蔽傷國」。〔註298〕一興一亡，兩相對照，更能突顯壅蔽傷國之嚴重性。

〔註297〕《戰國策》卷八〈六一‧鄒忌脩八尺有餘〉，頁324～326。
〔註298〕賈誼云：「秦王足已不問，遂過而不變；二世受之，因而不改，暴虐以重禍；子嬰孤立無親，危弱無輔。三主惑而終身不悟，亡，不亦宜乎？當此時也，世非無深慮知化之士也。然所以不敢盡忠拂過者，秦俗多忌諱之禁，忠言未卒於口，而身為戮沒矣。故使天下之士傾耳而聽，重足而立，箝口而不言。是以三王失道，忠臣不敢諫；智士不敢謀。天下已亂，姦不上聞，豈不哀哉！先王知壅蔽之傷國也，故置公卿大夫士，以飾法設刑而天下治。」見《史記》卷六〈秦始皇本紀第六〉太史公曰下所引賈誼〈過秦論〉，頁99。

伍、《尹文子》眞僞之辨與尹文歸本之黃老之勢治之道

一、《尹文子》眞僞之辨

宋朝以後學者多疑《尹文子》爲僞書，其論據主要爲：

1. 序僞書亦僞：流傳此書之仲長氏，有人以爲即是仲長統。其序言及仲長統。其序及仲長統死後之黃初末年，露出做僞之馬腳。序既是僞作，故書亦不得視之爲眞。宋濂、唐鉞、梁啓超等均持此種看法，宋濂云：

> ……統卒於獻帝讓位之年，而序稱其黃初末到京師，亦與史不合。……予知統之序蓋後人依托也。嗚呼！豈獨序哉！〔註299〕

唐鉞云：

> 撰序人故作狡獪，影射仲長統。未曾細考，遂露破綻。周廣業（意林註）以爲恐是序出僞託，非是史誤，誠然。〔註300〕

梁啓超云：

> 今本《尹文子》兩篇，精論甚多，其爲先秦古籍，毫無可疑。但指爲尹文作，或尹文學說，恐非是。……然序中又有「余黃初末始到京師語」，統卒於漢建安中，不能及黃初。疑魏晉人所編，托統以自重。其書本爲先秦名家言，編者不得其主名，遂歸諸尹文耶？〔註301〕

2. 《尹文子》之「接萬物使分，別海內使不雜。」與《莊子・天下篇》所敘及之尹文思想「接萬物以別宥爲始」，立意全然相反，顧實、馬敘倫均以此爲《尹文子》作僞之確證。〔註302〕

3. 顧實以爲：

> 《尹文》以「雕顏寢兵，和調天下。」今書乃曰：「以名法治國，萬

〔註299〕宋濂，《諸子辯・尹文子二卷》，收錄於《古書辨僞四種》中（臺北：商務印書館，民國67年6月台1版），頁17。

〔註300〕唐鉞，《中國史的新頁・尹文和尹文子》，轉引自錢穆先生之《先秦諸子繫年》卷三〈一二四尹文考〉，頁378。

〔註301〕梁啓超，〈《漢書・藝文志》考釋〉，《中國古代學術流變研究》，列在《清代學術概論》中爲附錄。《清代學術概論》（北京：東方出版社，1996年3月1版），頁223。

〔註302〕如顧實云：「宥圉古字通，別圉者辨去圉隔也。（別、辨一聲之轉，義同，呂覽有去宥篇。）尹文接萬物，首尚辨去圉隔。今書乃曰：『接萬物使分，別海內使不雜。』不合者也。」見顧實，《漢書藝文志講疏》三〈諸子略・名〉，頁145；馬敘倫云：「別宥既有尸子、呂覽可證，則今《尹文》書所記，定由作僞者不得別宥之義，而強造其說也。」見張心澂《僞書通考》轉引，《僞書通考》（上海：上海書店，1998年1月1刷），子部〈名家・尹文子〉，頁787。

物所不能亂；以權術用兵，萬物所不能敵。」不合者二。〔註303〕

4. 錢穆先生疑「(《尹文子》)殆非漢志之舊」以「書中屢引老子，亦為其書晚出一證。」〔註304〕

以上這些證明《尹文子》為偽書之論據，完全經不起事實之一駁。關於第一點，《四庫提要》早在清朝中葉即已澄清：

> 其山陽仲長氏不知為誰？李淑邯鄲書目以為仲長統，然統卒於建安之末，與所云黃初末者不合。晁公武因此而疑史誤，未免附會矣。
> 〔註305〕

關於第二點，馬敘倫、顧實根本誤解《莊子‧天下篇》「接萬物以別宥為始」之文意。郭象註此句云：「不欲令相犯錯。」〔註306〕郭以別字做分別解，別字在古書中只有「辨別」、「分別」之意，其中無絲毫去除、辨去之意，因此，兩者在意義上完全無殊。

關於第三點，顧實之論據為斷章取義。《尹文子》力主分定爭止、一體之勢治，其目的確在「驩顏寢兵，和調天下。」讀者觀看下段，「尹文歸本於黃老之勢治之道」即可知悉其詳。

關於第四點，地下發掘（特別是郭店出土《老子》）已證明「莊前老後」之說已完全破產，《老子》在戰國中、早期即已流傳。〔註307〕《尹文子》引及《老子》不足以作為《尹文子》晚出之證據。

所有疑及《尹文子》為偽之論據均經不起事實之批駁，這大幅增加《尹文子》為真之可能性。

〔註303〕顧實，《漢書藝文志講疏》三〈諸子略‧名〉，頁145～146。

〔註304〕錢穆，《先秦諸子繫年》卷三〈一二四尹文考〉，頁380。

〔註305〕永瑢等，《四庫全書總目提要》卷一一七〈子部二十七〉尹文子一卷，頁2454。

〔註306〕郭象注，《南華真經》卷十〈天下第三十三〉之「接萬物以別宥為始」句，頁18下。

〔註307〕崔仁義以為「郭店」竹簡《老子》抄定年代的上限晚于公元前316年，而早于墓主的入葬時間，（公元前270年）見崔仁義，《荊門郭店楚簡老子研究》（北京：科學出版社，1998年10月1版），第二章〈第一節竹簡老子的抄定時間〉，頁12；王中江則以為「……而老子所著的《老子》原本，在時間上，不僅早于《孟子》、《莊子》，而且肯定比戰國初還要靠前，至少就像一種說法所認為的那樣，是在春秋後期，它應該比《論語》和《墨子》還要早。……」見王中江，〈郭店老子說略〉，《郭店楚簡研究》（瀋陽：遼寧出版社，1999年1月1版），頁107。

二、尹文歸本於黃老之勢治之道

洪邁云：

> 劉歆云：「其（《尹文子》）學本于黃老，居稷下。與宋鈃、彭蒙、田
> 騈同學於公孫龍。」〔註308〕

司馬遷以申、愼、韓之思想歸本於黃老，申、愼、韓之思想均以勢治、刑名
爲其主要思想，《尹文子》是否亦有類似之處，以勢治、刑名爲其主要內容？
今以勢治、刑名，核以《尹文子》上、下篇及其佚文，《尹文子》之核心思
想確以勢治爲主體，亦兼及刑名，其〈大道上〉實爲勢、術合一之政治論文，
《尹文子》在《漢書・藝文志》中名列名家，蓋由於此。《漢書・藝文志》
敘及名家之主要特色是：「名家者流，蓋出於禮官。古者名位不同，禮亦異
數。」說明名、禮關係之密切，而禮幾乎爲勢之別名，兩者相通之處極夥。
《尹文子》在諸子之中敘理扼要而有條理。《尹文子》之勢治思想大要如下：

在一體之勢治方面，尹文首重正名分，君尊臣卑，分定爭止。尹文云：

> 勢之重者，大要在乎先正名分，使不相侵雜。……田騈云：「天下之
> 士，……遊於諸侯之朝，皆志爲卿大夫，而不擬于諸侯者，名限之
> 也。」彭蒙云：「雉兔在野，眾人逐之，分未定也。雞豕滿市，莫有
> 志者，分定故也。」〔註309〕

尹文在此論及一體勢治之道，特引田騈、彭蒙之言，是田騈、彭蒙之思想實亦
涉及勢治之道。在君尊臣卑上，尹文所引田騈之言其立意實同於《愼子・德立》
之「臣擬其君，無不危之國。」在論及分定爭止上，彭蒙之言與愼到之

> 一兔走街，百人逐之。貪人俱存，人莫之非者，以兔爲未定分也。
>
> 積兔滿市，過而不顧，非不欲兔也，分定之後，雖鄙不爭。〔註310〕

完全無殊。由此可知《莊子》將彭蒙、田騈與以重勢名家之愼到一體論列，
〔註311〕確有其理。

在合天下之人才，以成天下之治方面，尹文云：

> 天下萬事，不可備能。責其備能于一人，則賢聖其猶病諸。設一人
> 能備天下之事，能左右前後之宜，遠近遲疾之間，必有不兼者焉。

〔註308〕洪邁，《容齋隨筆》（長春：吉林文史出版社，1994年1月1版），《容齋續筆》
　　　　卷十四〈尹文子〉，頁301。

〔註309〕《尹文子・大道上》（臺北：世界書局，民國63年7月新2版），頁2～4。

〔註310〕《呂氏春秋》卷十七〈審分覽・愼勢〉，頁1109～1110。

〔註311〕《南華眞經》卷十〈天下第三十三〉，頁19下。

苟有不兼,于治闕矣。全治而無闕者,大小多少,各當其分。農商工仕,不易其業。老農長商,習工舊士,莫不存焉。……所貴聖人之治,不貴其獨治,貴其能與眾共治。〔註312〕

在以大制小、以貴制賤、以賢制不肖方面,尹文云:

兩智不能相使,兩貴不能相臨,兩辨不能相屈,力均勢敵故也。〔註313〕

有賢有不肖,王尊於上,臣卑於下。進賢退不肖,所以有上下也。〔註314〕

在君臣各有職司方面,尹文云:

君不可與臣業,臣不可侵君事。上下不相侵,謂之名正。名正而法順也。接萬物使分別,海內使不雜。……守職分使不亂,慎所任而無私,饑飽一心,毀譽同慮,賞亦不忘,罰亦不怨,此居下之節,可爲人臣矣。〔註315〕

在敘及善因、順勢而發方面,尹文云:

圓者之轉,非能轉而轉,不得不轉也;方者之止,非能止而止,不得不止也。因圓之自轉,使不得止;因方之自止,使不得轉。何苦物之失分?故因賢者之有用,使不得不用;因愚者之無用,使不得用。用與不用,皆非我用。固彼所用,與不可用,而自得其用。奚患物之亂乎?〔註316〕

在借勢上,尹文有狐假虎威之故事。〔註317〕

《尹文子・大道下》敘及治天下之術(具),如仁義、禮樂、名法、刑賞,爲治亂之關鍵,得失在人君。用得其道則治,失其道則天下亂。並敘及不合勢治之道之亂、衰、亡國之現象,及能掌握勢治之冒、強、治國之現象。亂政之臣,足以威脅國君之統治者,不可不誅。其中首先敘及孔子攝相,首誅少正卯,並引及古時「湯誅尹諧、文王誅潘正、太公誅華士、管仲誅付里乙、子產誅鄧析史付」之故事。

〔註312〕《尹文子・大道上》,頁3。
〔註313〕見《尹文子》後所附引自《意林》之佚文,頁16。
〔註314〕見《尹文子》後所附引自《意林》及《藝文類聚》之佚文,頁15。
〔註315〕《尹文子・大道上》,頁5~6。
〔註316〕《尹文子・大道上》,頁4。
〔註317〕見《尹文子》後所附引自《太平御覽》四九四之佚文,頁15。

陸、鄒衍以勢治思想為依歸

　　班固《漢書·藝文志》及司馬談〈論六家要指〉提及陰陽家之主要理論，不過是「敬授民時」、「序四時之大順」，〔註318〕完全談不上治國之方術。但司馬遷筆下之陰陽家鄒衍卻多怪迂之論，荒唐之言，馳騁「大九州說」、「機祥度制」，驚怖人主，聳動視聽，希望以此引起注意，得君行道，挽救當時「有國者益淫侈，不能尚德，若大雅整之於身，施及黎庶」之頹風。〔註319〕鄒衍各種怪迂之論只是轉移人主視聽之手段，司馬遷云：

> 或曰：伊尹負鼎而勉湯以王，百里奚飯牛車下而繆公用霸。作先合，
> 然後引之大道。鄒衍其言雖不軌，儻亦有牛鼎之意乎？〔註320〕

鄒衍作先合之「大九州說」、「五德終始說」太過誘人，人以道尊，以致鄒衍所過之處備見尊禮：

> 是以鄒子重於齊；適梁，惠王郊迎，執賓主之禮；適趙，平原君側
> 行襒席；如燕，昭王擁彗先驅，請列弟子之坐而受業，築碣石宮，
> 身親往師之。〔註321〕

但其「必止乎仁義節儉，君臣上下，六親之施」之目的則無法達到。〔註322〕鄒衍云及治國方術之「君臣上下，六親之施」則是以政治、宗族一體勢治之道安邦定國。是鄒衍之思想實以勢治之道為依歸。所可惜者鄒衍十餘萬言之學說大都散佚，流傳後世者僅「大九州說」、「五德終始說」等片語隻字，這些僅是鄒衍思想之糟粕而已，其意旨所在之「君臣上下，六親之施」之勢治之道今已無由得知其詳。這亦說明陰陽家亦是「務為治世者也」，〔註323〕其思想非僅止於「敬授民時」、「序四時之大順」而已。

柒、魯仲連以勢術聞名戰國時代

　　名列儒家，跡其形迹有類縱橫之士，辛垣衍稱之為「天下之士」之魯仲連，

〔註318〕分見班固，《漢書》卷三十〈藝文志·諸子略〉，頁 1743；司馬遷，《史記》卷一百三十〈太史公自序第七十〉，頁 1199。
〔註319〕司馬遷，《史記》卷七十四〈孟子荀卿列傳第十四〉，頁 805。
〔註320〕司馬遷，《史記》卷七十四〈孟子荀卿列傳第十四〉，頁 806。
〔註321〕同上註。
〔註322〕司馬遷，《史記》卷七十四〈孟子荀卿列傳第十四〉，頁 805。
〔註323〕司馬遷，《史記》卷一三〇〈太史公自序第七十〉，頁 1199。

亦以勢術聞名戰國之世。〔註324〕《漢書・藝文志》著錄《魯連子》十四篇，其書至宋代猶見著錄，〔註325〕至明代散佚。〔註326〕阮廷焯言及此書輯本有歷城馬氏、臨海洪氏、烏程嚴氏、定海黃氏。〔註327〕阮氏就馬、洪、嚴三家所輯，重加考訂，共輯出魯仲連三十一事。今即以阮氏所輯校爲據，與先秦之勢治思想詳加比勘，可知魯仲連在戰國之世以勢數聞名確是信而有徵。《魯連子》原書已佚，所輯多是斷簡殘篇，故輯本中魯仲連之勢治思想亦是支離破碎，難窺全貌。但由這些殘闕不全之資料中，猶可考見魯仲連勢數之梗概。

在合天下之材以成天下之治方面，魯仲連引敘「伊尹負佩刀以干湯，得意故尊宰舍。」的故事。〔註328〕

在分工以提高效率方面，魯仲連云：

> 一井五缾，洩可立待，分流者眾也。一竈五突，烹飪十倍，分煙者眾也。〔註329〕

魯仲連論及勢術最精闢者爲門關之喻，說明只要能掌握最正確之空間位置，就能以最少之力，獲致最大之效果。其全文如下：

> 魯連先生見孟嘗君於杏唐之門。孟嘗君曰：「吾聞先生有勢數，可得聞乎？」連曰：「勢數者，譬如門關。舉之而便，則可以一指持中。而舉之非便，則兩手不關。非益加重，兩手非加罷也，彼所起者非舉勢也。彼可舉然後舉之，所謂勢數。」〔註330〕

魯仲連以爲人之本性爲趨炎附勢，曾以此規勸孟嘗君不要以此爲怨：

> 孟嘗君逐於齊，富貴則就，貧賤則去，此物之必至，而理固然也。願君勿怨。請以市論，市朝則盈，夕則虛，非朝愛而夕則憎之也，

〔註324〕孟嘗君曰：「吾聞先生（魯仲連）有勢數，可得聞乎？」見阮廷焯，《先秦諸子考佚》五〈魯仲連子考佚〉引自《藝文類聚》六十三，頁89。

〔註325〕脫脫等，《宋史》（點校本）（臺北：鼎文書，民國69年元月影印初刷），卷二五〇〈志第一五〇藝文四〉，頁5172。

〔註326〕《文淵閣書目》著錄：「魯連子一冊，闕。」轉引自阮廷焯，《先秦諸子考佚》五〈魯仲連子考佚〉，頁71。

〔註327〕阮廷焯，《先秦諸子考佚》五〈魯仲連子考佚〉，頁71～73。

〔註328〕阮廷焯，《先秦諸子考佚》五〈魯仲連子考佚〉，引自《玉海》八十八及《文選》王子淵聖主得賢臣頌注，頁77。

〔註329〕阮廷焯，《先秦諸子考佚》五〈魯仲連子考佚〉，引自《太平御覽》一八六，頁75。

〔註330〕阮廷焯，《先秦諸子考佚》五〈魯仲連子考佚〉，引自《藝文類聚》六十三，頁89。

勢使然也。〔註331〕

在順勢而發方面，魯仲連從正反兩面反覆申說。如：

> 市處者僕妾贈炙而食，市饒也。甕泉沃韭織屨之士，從兄弟室父往
> 而不得粗糲焉。非愛其僕妾，惡其室父也，此其饒羨之與不足也。
> 〔註332〕

> 人君所察者三，不可以不知。不知時與不時，譬猶冬而耕也。不知
> 行與不行，譬以方爲輪也。不知宜與不宜，譬以錦緣薦也。〔註333〕

> 古善漁者宿沙瞿子，使漁於山，雖十宿沙子不得一魚焉。宿沙非暗
> 於漁道也，彼山者非魚之所生也。〔註334〕

> 宿沙瞿子善煮鹽，使煮漬沙，雖十宿沙不能得也。〔註335〕

捌、范睢以勢治之道聳動秦昭王進行最殘酷之奪權鬥爭

范睢以羈旅入秦，秦昭王再三向其請益治國之道。范睢以勢治之道勸秦
昭王設法從太后、穰侯、涇陽君、華陽君手中收回政權。范睢首先說明君合
臣分之理，勢只能由君王獨擅，只有能獨擅生殺利害者，始可謂之王。〔註336〕
勢決無法與貴戚、臣下分享，與貴戚、臣下分享，就會形成大臣專君、蔽君、
君權下移、天下只知其臣而不知其君之局面。范睢云：

> 臣居山東，聞齊之內有田單，不聞其王。聞秦之有太后、穰侯、涇
> 陽、華陽，不聞其有王。……今太后擅行不顧，穰侯出使不報，涇
> 陽、華陽擊斷無諱，四貴備而國不危者，未之有也。爲此四者，下
> 乃所謂無王已。然則權焉得不傾，而令焉得從王出乎？〔註337〕

並進一步闡明勢一失難復，其中暗藏國奪身弒之危機。范睢謂昭王曰：

> （王）亦聞恆思有神叢與？恆思有悍少年，請與叢博，曰：「吾勝叢，
> 叢藉我神三日；不勝叢，叢困我。」乃左手爲叢投，右手自爲投，

〔註331〕阮廷焯，《先秦諸子考佚》五〈魯仲連子考佚〉引自《藝文類聚》六十五，頁84。
〔註332〕阮廷焯，《先秦諸子考佚》五〈魯仲連子考佚〉引自《太平御覽》九七六，頁76。
〔註333〕阮廷焯，《先秦諸子考佚》五〈魯仲連子考佚〉引自《藝文類聚》六十九，頁74。
〔註334〕阮廷焯，《先秦諸子考佚》五〈魯仲連子考佚〉引自《太平御覽》九三五，頁
77～78。
〔註335〕阮廷焯，《先秦諸子考佚》五〈魯仲連子考佚〉引自《太平御覽》八六五，頁78。
〔註336〕《戰國策》卷三〈秦三·范睢至秦〉，頁193。
〔註337〕同註336。

勝叢，叢藉其神。三日，叢往求之，遂弗歸。五日而叢枯，七日而叢亡。今國者，王之叢，勢者，王之神，藉人以此，得無危乎？……百人輿瓢而趨，不如一人持而走疾。百人誠輿瓢，瓢必裂。今秦國，華陽用之，穰侯用之，太后用之，王亦用之。不稱瓢爲器則已，已稱瓢爲器，國必裂矣。臣聞之也：「木實繁者枝必披，枝之披者傷其心；都大者危其國；臣強者危其主。」……臣竊爲王恐，恐萬世之後有國者，非王之子孫也。……〔註338〕

淖齒管齊之權，縮閔王之筋，縣之廟梁，宿昔而死。李兌用趙，減食主父，百日而餓死。今秦，太后、穰侯用事，高陵、涇陽佐之，卒無秦王，此亦淖齒、李兌之類已。臣今見王獨立於廟朝矣，且臣將恐後世之有秦國者，非王之子孫也。〔註339〕

范雎勸秦昭王樹立本大末小一體之勢。范雎云：

臣聞：「善爲國者內固其威，而外重其權。」……詩曰：「木實繁者披其枝；披其枝者傷其心；大其都者危其國；尊其臣者卑其主。」〔註340〕

臣未嘗聞指大於臂，臂大於股。若有此，則病必甚矣。〔註341〕

秦昭王聽信范雎建議，「於是廢太后，逐穰侯，出高陵，走涇陽於關外。」〔註342〕秦昭王此等殘酷行徑，被朱己（有人以爲即是信陵君魏無忌）評之爲禽獸。〔註343〕

第九節　韓非以辯證方式申述勢治之道幾已纖微無遺

壹、韓非子論治以勢治爲主

韓非子集法家之大成，主張致治之道在法、術、勢三者兼用，不可偏廢。

〔註338〕《戰國策》卷三〈秦三‧應侯謂昭王〉，頁197～198。
〔註339〕《戰國策》卷三〈秦三‧范雎至秦〉，頁193～194。
〔註340〕《戰國策》卷三〈秦三‧范雎至秦〉，頁193。
〔註341〕《戰國策》卷三〈秦三‧應侯謂昭王〉，頁197。
〔註342〕《戰國策》卷三〈秦三‧范雎至秦〉，頁196。
〔註343〕《戰國策》卷二十四〈魏三‧魏將與秦攻韓〉，頁869。

〔註344〕但三者之中，韓非論治實以勢治爲主。綜觀《韓非子》全書，其中涉及勢治之篇約占全書三分之二。〔註345〕但因勢「名一而變無數者也。」勢治本身由眾多條件和合而成，而韓非論及勢治，除〈難勢〉篇外，其他各篇幾乎全用變名，且多爲枝節敘述。〔註346〕後之讀者因此難窺韓非勢治之道之全貌，亦無從理解勢治之各個枝節與整體勢治之道之關係，加上韓非子論及治

〔註344〕楊寬云：「韓非子是個集大成的法家。在韓非子以前，法家有法、術、勢三派。……韓非綜合了三派的學說。」見楊寬，《戰國史》（上海：上海人民出版社，1955年9月1版），第十章〈百家爭鳴的戰國時代思潮・十韓非兼用法、術、勢的學說〉，頁214～215；韓非子以爲「君無術，則弊於上，民無法，則亂於下。法、術皆帝王之具，不可一無。」「徒術而無法」造成姦臣有所譎其辭，「徒法而無術」造成無以知姦。見《韓非子》卷十七〈定法第四十三〉，頁906～907；韓非子並云：「竊以爲立法術，設度數（此處之度數實相當於勢），所以利民萌便眾庶之道也。」見《韓非子》卷十七〈問田第四十二〉，頁904；韓非子以車爲喻，「以勢爲馬，以號令爲轡，以刑罰爲鞭策。」見《韓非子》卷十七〈難勢第四十〉，頁887；類似的說法尚有「故國者，君之車也，勢者，君之馬也。無術以御之，身雖勞，猶不免亂；有術以御之，身處佚樂之地，又致帝王之功也。」見《韓非子》卷十四〈外儲說右下〉，頁782。

〔註345〕依勢治之道考察《韓非子》，《韓非子》涉及勢治之道之篇約占三分之二，至少有三十六篇。其中全篇論及勢治之道者爲〈愛臣〉、〈八姦〉、〈南面〉、〈人主〉、〈三守〉、〈觀行〉、〈內儲說〉、〈難四〉等；其中過半篇幅涉及勢治之道者爲〈主道〉、〈二柄〉、〈揚權〉、〈內儲說上〉、〈八柄〉、〈八經〉、〈心度〉、〈制分〉、〈孤憤〉、〈姦劫弒臣〉、〈亡徵〉、〈飾邪〉、〈難三〉、〈說疑〉等；小部份涉及勢治之道者爲〈初見秦〉、〈和氏〉、〈十過〉〈有度〉、〈喻老〉、〈說林上〉、〈外儲說左下〉、〈外儲說右上〉、〈外儲說右下〉、〈難一〉、〈難二〉、〈難三〉、〈八說〉、〈六反〉、〈五蠹〉等。

〔註346〕其實〈難勢〉篇僅涉及勢治之借勢而已，亦是勢治之枝節敘述。如〈二柄〉敘及勢治之失勢、侵官現象；〈揚權〉敘及勢治之君合臣分、層層節制、一官一職；〈八姦〉敘及勢治之親倖竊權；〈孤憤〉敘及勢治之壅蔽之患；〈姦劫弒臣〉敘及親幸之勢；〈亡徵〉過半篇幅敘及失勢之亡國徵兆；〈三守〉敘及勢治之侵官現象；〈飾邪〉敘及勢治之朋黨比周；〈觀行〉敘及勢治之借勢、因勢；〈用人〉敘及勢治之一官一職；〈功名〉敘及勢治之借勢；〈內儲說上〉下半部敘述明察之勢；〈內儲說下〉敘述勢治之侵權、明察、設官分職；〈外儲說右上〉敘及勢治之得眾、門戶現象；〈外儲說右下〉敘及勢治之分勢之患、君要臣詳、失勢則身殺；〈難一〉敘述勢治之以貴使賤、一官一職；〈難二〉敘及勢治之君佚臣勞；〈難三〉敘及勢治之遠離勢重之地、不能立嫡之患；〈難四〉敘及勢治之門戶之害；〈難勢〉反覆辯難勢治之借勢；〈說疑〉敘及勢治之朋黨比周及臣擬其主庶孽擬適之患；〈八說〉敘及勢治之反尚賢理由；〈八經〉敘及勢治之用眾智眾力；〈飾令〉敘及勢治之利出一孔。其詳細內容及其在整體勢治之適當位置，可參看下面的敘述。

術，雜取各家之長，不專主一家，在行文之際，或術、勢兼論，〔註347〕或法、勢綜合討論，〔註348〕甚至三者兼及。〔註349〕一般讀者對法、術知之較詳，但對勢治頗顯陌生，加上勢與法、術之間有盤根錯節之連帶關係，尤其術、勢，其間有大片灰色地帶，如明察之勢本身既屬勢治範疇，但亦可歸入重術之範疇（人主馭下之術）。一般讀者在閱讀《韓非子》之際，法、術之道，躍然紙上，而勢治之道，則隱晦不彰。〔註350〕但若能廓清法、術、勢之範疇，再詳稽《韓非子》，就會發現事實真象是：韓非子論治，實以勢治思想為主，法、術為輔。

先秦諸子論及勢治之道，多從正面立論，說明符合勢治之道，即可達致治之目的。而韓非論及勢治之術，實不斷以辯證方式從正反兩面交互辯難，一方面從正面敘述一體勢治之道，另一方面從反面申說失勢之不測之禍，以得出在可能範圍內最為周全之結論。

貳、韓非子正面敘述一體勢治之道

韓非子正面敘述勢治之道面面俱到。單只其對勢所下之定義、比喻就不在七、八種之下。〔註351〕

在論及人為之勢，在厚集君力方面，敘及晏子勸齊景公設法得民，得民則得勢。〔註352〕

〔註347〕術、勢兼論者有〈二柄〉、〈揚權〉、〈姦劫弒臣〉、〈內儲說上〉、〈外儲說右上〉等篇。

〔註348〕法、勢合討論者有〈詭使〉、〈心度〉、〈主道〉、〈飾邪〉等篇。

〔註349〕法、術、勢三者兼及有〈說疑〉、〈八說〉、〈飾令〉、〈制分〉、〈亡徵〉等篇。

〔註350〕如郭沫若即云：「韓非子，根據漢人的分類法，是屬於所謂法家的，但嚴格地說時，應該稱為『法術家』。在秦以前，法與術有別，《韓非》書《定法篇》言『申不害言術，而公孫鞅為法』，韓非則兼而言之。故可以說申子是術家，商君是法家，韓非子是法術家。」見郭沫若，《十批判書·韓非子的批判》，《郭沫若集》歷史編二（北京：人民出版社，1982年9月1版），頁343。

〔註351〕韓非子云：「故國者，君之車也；勢者，君之馬也。無術以御之，身雖勞，猶不免亂；有術以御之，身處佚樂之地，又致帝王之功也。」見《韓非子》卷十四〈外儲說右下第三十五〉，頁782；韓非子在〈難勢〉篇與人反覆辯難借勢之道，其中涉及勢之定義即有「夫勢者，便治而利亂者也。」「勢者，養虎狼之心，而成暴亂之事者也。」「今以國位為車，以勢為馬，以號令為韁，以刑罰為鞭策，使堯、舜御之則天下治，桀紂御之則天下亂，則賢不肖相去遠矣。」「夫勢者，名一而變無數者也。」見《韓非子》卷十七〈難勢第四十〉，頁887～888。

〔註352〕《韓非子》卷十三〈外儲說右上〉，頁716～717。

在論及君合臣分、以尊制卑、以貴制賤、以強制弱、以眾制寡、層層節制之一體之勢方面，韓非子〈揚權〉篇後半部，從「主上不神」至「主上用之，若電若雷。」全都是有關一體勢治之道之扼要敘述。其中論及「腓大於股，難以趣走。」、「君合臣分」、「上操度量，以割其下。」、「有國之君，不大其都」、「不貴其臣」、「一家二貴，事乃無功。」「木枝外拒，將逼主處；數披其木，毋使枝大本小。」「公子既眾，宗室憂唫，止之之道，數披其木，毋使枝茂。」〔註353〕韓非子在〈外儲說左下〉敘述桓公設法使管仲富、貴、親以治齊。〔註354〕

在合天下之人材以成天下之治方面，韓非子云：

物者有所宜，材者有所施，各處其宜，故上下無為。使雞司夜，令狸執鼠。皆用其能，上乃無事。〔註355〕

並引管仲合眾材以治齊之故事說明此理：

桓公問置吏於管仲。管仲曰：「辯察於辭，清潔於貨，習人情，夷吾不如弦商，請立以為大理；登降肅讓，以明禮待賓，臣不如隰朋，請立以為大行；墾草仞邑，辟地生粟，臣不如甯武，請以為大田；三軍既成陳，使士視死如歸，臣不如公子成父，請以為大司馬；犯顏極諫，臣不如東郭牙，請立以為諫臣。治齊此五子足矣，將欲霸王，夷吾在此。」〔註356〕

勢只能由君王主控，不能與臣下分享。韓非引述申不害之說法：

獨視者謂明，獨聽者謂聰。能獨斷者，故可以為天下主。〔註357〕

在君臣各有職司，君略臣詳，君出令，臣實踐方面，韓非子云：

君無為於上，群臣竦懼乎下。〔註358〕

君臣不同道。下以名禱，君操其名，臣效其形，形名參同，上下和調也。〔註359〕

〔註353〕《韓非子》卷二〈揚權第八〉，頁123～124。

〔註354〕《韓非子》卷十二〈外儲說左下第三十三〉，頁702；亦見《韓非子》卷十五〈難一第三十六〉，頁814。

〔註355〕《韓非子》卷二〈揚權第八〉，頁121。

〔註356〕《韓非子》卷十二〈外儲說左下第三十三〉，頁697～698。

〔註357〕《韓非子》卷十三〈外儲說右上〉，頁736。

〔註358〕《韓非子》卷一〈主道第五〉，頁67。

〔註359〕《韓非子》卷二〈揚權第八〉，頁123。

救火者，令吏絜壺甕而走火則一人之用也。操鞭箠指麾而趣使人則制萬夫。是以聖人不親細民，明主不躬小事。〔註360〕

在一官一職，無得侵官上，韓非子引述韓昭侯殺典冠之故事。〔註361〕韓非子並云：

明主之道，一人不兼官，一官不兼事。〔註362〕

官有一人，勿令通言，則萬物皆盡。〔註363〕

在一官一職可止爭訟技長方面，韓非子云：

明君使事不相干，故莫訟；使士不兼官，故技長；使人不同功，故莫爭。爭訟止，技長立，則強弱不觳力，冰炭不合形，天下莫得相傷，治之至也。〔註364〕

韓非子並主張君王控制大部份或所有利源，迫使臣下不得不恃君而食，以有效控制臣下。韓非子云：

夫馴鳥者，斷其下翎焉，斷其下翎則必恃人而食，焉得不馴乎？夫明主畜臣亦然，令臣不得不利君之祿，不得無服上之名。夫利君之祿，服上之名，焉得不服。〔註365〕

是故大臣之祿雖大，不得藉威城市，……其府庫不得私貸於家。〔註366〕

利出一空（孔）者，其國無敵；利出二空者，其兵半用。利出十空者，民不守。〔註367〕

陳奇猷對利出一孔、利出十孔所下之案語為：

利出一孔，謂慶賞僅出於君；利出二孔，謂慶賞不獨出於君，另一人亦可行慶賞；利出十孔，則能行慶賞之人多矣。〔註368〕

韓非子並引述文子對齊王述說人臣恃君而食之理：

〔註360〕《韓非子》卷十四〈外儲說右下第三十五〉，頁781。
〔註361〕《韓非子》卷二〈二柄第七〉，頁112。
〔註362〕《韓非子》卷十五〈難一〉，頁801。
〔註363〕《韓非子》卷一〈主道第五〉，頁68。
〔註364〕《韓非子》卷八〈用人第二十七〉，頁499。
〔註365〕《韓非子》卷十三〈外儲說右上〉，頁726～727。
〔註366〕《韓非子》卷一〈愛臣第四〉，頁60。
〔註367〕《韓非子》卷二十〈飾令第五十三〉，頁1123。
〔註368〕見陳奇猷集釋，《韓非子》卷二十〈飾令第五十三〉，頁1133。

齊王問於文子曰：「治國何如？」對曰：「夫賞罰之為道，利器也。君
固握之，不可以示人。若如臣者，猶獸鹿也，唯薦草而就。」〔註369〕

在政治上國君固須居勢重之地，掌握人民，以重制輕。對此，韓非子云：

勢重者，人君之淵也。君人者，勢重於人臣之間，失則不可復得也。
簡公失之於田成，晉公失之於六卿，而邦亡身死。故曰：「魚不可脫
於深淵。」〔註370〕

在地理形勢上，國君同樣須居勢重之地，不可輕離都城。都城在設計上是以
重制輕，以中央控制四方，能有效掌控全國形勢。韓非子論及人主十過，其
七即是「離內遠游而忽於諫士，則危身之道也。」韓非子云：

奚謂離內遠遊？昔者田成子遊於海而樂之，號令諸大夫曰：「言歸者
死。」顏涿聚曰：「君遊海而樂之，奈臣有圖國者何？君雖樂之，將
安得？」田成子曰：「寡人布令曰：言歸者死，今子犯寡人之令。」
援戈將擊之。顏涿聚曰：「昔桀殺關龍逢而紂殺王子比干，今君雖殺
臣之身以三之可也。臣言為國非為身也。」延頸而前曰：「君擊之矣！」
君乃釋戈趣駕而歸，至三日，而聞國人有謀不內田成子者矣。田成
子所以遂有齊國者，顏涿聚之力也。〔註371〕

在明察之勢上，韓非說明人君之明當如日兼燭天下，無物能擋，不可發
生壅蔽現象。〔註372〕並以南郭吹竽故事，說明一一聽之，賢與不肖，一目瞭
然，無所遁形。〔註373〕耳目有時而窮，則須輔之以法術、賞罰。韓非子云：

夫為人主而身察百官，則日不足，力不給。且上用目則下飾觀；上
用耳則下飾聲；上用慮則下繁辭。先王以三者為不足，故舍己能，
而因法術，審賞罰。先王之所以守要，故法省而不侵。獨制四海之
內，聰明不得用其詐，險躁不得關其佞，姦邪無所依。遠在千里外，
不敢易其辭；勢在郎中，不敢蔽善飾非。朝廷群下，直湊單微，不
敢相踰越。故治不足而日有餘，上之任勢使然也。〔註374〕

在借勢上，韓非子在〈功名〉篇敘及「短之臨高也以位，不肖之制賢也

〔註369〕《韓非子》卷九〈內儲說上——七術第三十〉，頁550。
〔註370〕《韓非子》卷七〈喻老第二十一〉，頁392。
〔註371〕《韓非子》卷三〈十過第十〉，頁192。
〔註372〕《韓非子》卷九〈內儲說上〉，頁527。
〔註373〕《韓非子》卷九〈內儲說上——七術第三十〉，頁557。
〔註374〕《韓非子》卷二〈有度第六〉，頁87~88。

「以勢」之借勢情形。〔註375〕

　　在勢不足以化則除之方面，韓非子云：「賞之譽之則不勸，罰之毀之則不畏，四者加焉不變，則其除之。」共引四段史實以說明此一理論，一是齊景公不知用勢除患剷除田成子；二是子夏言及善持勢者早絕姦之萌；三是季孫氏無法忍耐子路行私惠於治下之民；四是太公望東封於齊首先就誅殺不臣天子、不友諸侯、無求於上之狂矞、華士。〔註376〕韓非子並說明聖主、智主與昏亂之君之分別，即在能否禁止朋黨、專擅之臣。〔註377〕

參、韓非子舉證歷歷申述失勢則亡國破家殺身之慘禍立現

　　但韓非子論及勢治之道之精髓實在反面舉證歷歷說明違反勢治之道者無一能免除國破身亡之慘局，令觀者觸目驚心，留下刻骨銘心之印象。

　　在失民則失勢上，韓非解釋老子「魚不可脫於深淵」，云：

> 君人者勢重於人臣之間，失則不可復得也。簡公失之於田成，晉公失之於六卿，而邦亡身死。故曰：「魚不可脫於深淵」。〔註378〕

韓非子並敘及：

> 景公與晏子遊於少海，登柏寢之台而還望其國，曰：「美哉，泱泱乎，堂堂乎，後世將孰有此？」晏子對曰：「其田成氏乎？」……〔註379〕

因田成氏能以惠收民，得齊之民心。若欲奪之，只有行恩惠與田氏爭民。

　　先秦諸子喜以當時所見、所能設計最為複雜之車輛形容政府。車輛一切設計不能安置在適當位置之上，車輛根本動彈不得。同理，政治上不能形成有效之一體之治，百官人民將手足無措，為敗政敗事之張本。韓非子以延陵卓子乘蒼龍翟文之乘之故事，具體而微說明此中景況：

> 延陵卓子乘蒼龍與翟文之乘，前則有錯飾，後則有利錣，進則引之，退則筴之，馬前不得進，後不得退，遂避而逸，因下抽刀而刔其腳。造父見之，泣，終日不食，因仰天而嘆曰：「筴所以進之也，錯飾在前；引所以退之也，利錣在後。」今人主以其清潔也進之，以其不適左右也退之；以其公正也譽之，以其不聽從也廢之。民懼，中立

〔註375〕《韓非子》卷八〈功名第二十八〉，頁580。
〔註376〕《韓非子》卷十三〈外儲說右上第三十四〉，頁715～723。
〔註377〕《韓非子》卷十七〈說疑第四十四〉，頁919。
〔註378〕《韓非子》卷七〈喻老第二十一〉，頁392。
〔註379〕《韓非子》卷十三〈外儲說右上第三十四〉，頁716。

而不知所由，此聖人之所以爲泣也。〔註380〕

　　韓非論及違反勢治之「以大制小、以尊制卑、以強制弱、以貴制賤」之根本原則，危身、易位、失威、勢夷之禍立現，在國亡國，在家破家。韓非之〈愛臣〉篇爲一勢治之短篇論文，探討勢治下移之情形，言及：

> 愛臣太親，必危其身；人臣太貴，必易主位；主妾無等，必危嫡子；
> 兄弟不服，必危社稷。〔註381〕

以樹木爲喻，「枝大本小，將不勝春風。」〔註382〕

　　韓非子論及參疑之勢，亂之所由生也。參疑之所以爲亂源，以其違反勢治之「貴以制賤」、「強以制弱」、「大以制小」、「尊以制卑」之原則。韓非子云：

> 參疑之勢，亂之所由生也，故明主慎之。是以晉驪姬殺太子申生；
> 而鄭夫人用毒藥；衛州吁殺其君完；公子根取東周；王子職甚有寵；
> 而商臣果作亂；嚴遂、韓廆爭而哀侯果遇賊；田常、闞止、戴驩、
> 皇喜敵而宋君、簡公殺。其說在狐突之稱二好，與鄭昭之對未生也。
> 〔註383〕

韓非子〈說疑〉大半內容敘及擬君之臣取君而代之之情況。其最後之結論是：

> 故曰：孽有擬適之子，配有擬妻之妾，廷有擬相之臣，臣有擬主之
> 寵，此四者國之所危也。故曰：內寵並后，外寵貳政，枝子配適，
> 大臣擬主，亂之道也。故周紀曰：「無尊妾而卑妻；無孽適子而尊小
> 枝；無尊嬖臣而匹上卿；無尊大臣以擬其主也。」四擬者破，則上
> 無意、下無怪也。四擬不破，則隕身滅國矣。〔註384〕

韓非子在〈亡徵〉篇言及違反勢治之道以致家破國亡之現象至少十四見：

> 凡人主之國小而家大，權輕而臣重者，可亡也；（此違反勢治之「以
> 大制小、以尊制卑」之原則。）……好宮室臺榭陂池，事車服器玩
> 好，罷露百姓，煎靡貨財者，可亡也；（此違反勢治之「得民則得勢」
> 之原則。）……下不能其上，主愛倍之而弗能廢者，可亡也；（此違
> 反勢治之「以尊制卑」之原則。）……輕其適正，庶子稱衡，太子

〔註380〕《韓非子》卷十四〈外儲說右下第三十五〉，頁788。
〔註381〕《韓非子》卷一〈愛臣第四〉，頁60。
〔註382〕《韓非子》卷二〈揚權第八〉，頁124。
〔註383〕《韓非子》卷十〈內儲說下‧參疑第五〉，頁575。
〔註384〕《韓非子》卷十七〈說疑第四十四〉，頁932。

未定而主即世者，可亡也；（此違反勢治之「層層節制」「以尊制卑」之原則。）……太子已置，而娶於強敵以爲后妻，則太子危，如是，則群臣易慮，群臣易慮者，可亡也；（此違反勢治之「層層節制」、「以尊制卑」之原則，形成二尊相爭不下之亡國之局。）……出君在外而國更置，質太子未反而君易子，如是者國攜，國攜者可亡也；（此違反勢治之「一人一位」之原則。）……大臣兩重，父兄眾強，內黨外授以爭事勢者，可亡也；（此違反勢治之「層層節制」、「一職一位」、「一體之治」之原則。）……貴臣相妒，大臣隆盛，外藉敵國，內困百姓，以攻怨讎，而人主弗誅者，可亡也；（此違反勢治之「得民」、「以尊制卑」之原則。）君不肖而側室賢，太子輕而庶子伉，官吏弱而人民桀，如此者國躁，國躁者可亡也；（此違反勢治之「以貴制賤，以尊制卑」之原則。）……出軍命將太重，邊地任守太尊，專制擅命，徑爲而無所請者，可亡也；（此違反勢治之「內重外輕」、「以尊制卑」之原則。）后妻淫亂，主母畜穢，外內混通，男女無別，是謂兩主，兩主者，可亡也；（此違反「以大制小」、「以尊制卑」、「一職一位」之原則。）后妻賤而婢妾貴，太子卑而庶子尊，相室輕而典謁重，如此者內外乖，內外乖者，可亡也；（此違反勢治之「以尊制卑」、「以貴制賤」、「避免壅蔽」之原則。）大臣甚貴，偏黨眾強，壅塞主斷而重擅國者，可亡也；（此違反勢治之「以貴制賤」、「以尊制卑」、「君合臣分」、「避免出現壅蔽」之原則。）私門之官用，馬府之世，鄉曲之善舉，官職之榮廢，貴私行，而賤公功者，可亡也；（此違反勢治之「以貴制賤」、「以尊制卑」、「以大制小」、「內重外輕」之原則。）公家虛而大臣實，正戶貧而寄寓富，耕戰之士困，末作之民利者，可亡也；（此違反勢治之「內重外輕」、「以貴制賤」、「上下有等」之原則。）……〔註385〕

君勢須專一獨斷，君合臣分，不得與臣下分享。君勢分造成禁令不齊，官民手足無措。韓非以出彘說明此理：

造父馭四馬，馳驟周旋而恣欲於馬，恣欲於馬者，擅轡制之制也。然馬驚於出彘。〔註386〕

〔註385〕《韓非子》卷五〈亡徵第十五〉，頁267～269。
〔註386〕《韓非子》卷十四〈外儲說右下第三十五〉，頁761。

違反一位一官、一官一職、一人一官之勢治之道，往往遺無窮之災禍。
韓昭侯治韓，能使韓國二十年不見侵犯，實由其不但明術治，亦明勢治。韓
非子敍及韓昭侯醉寢典冠恐其受寒爲之加衣但昭侯因典冠越職而誅殺典冠故
事足以說明昭侯深通勢治。〔註387〕韓非子在〈揚權〉篇言及「一家二貴，事
乃無功。夫妻持政，子無適從。」〔註388〕並言及一位兩臣，造成臣下不擇手
段之競爭以危國之情況：

> 韓宣王謂樛留曰：「吾欲兩用公仲、公叔，其可乎？」對曰：「不可。
> 晉用六卿而國分；簡公兩用田成、闞止而簡公殺；魏兩用犀首、張
> 儀而西河之外亡。今王兩用之，其多力者樹其黨，寡力者借外權。
> 群臣有內樹黨以驕主，有外爲交以削地，則王之國危矣。」〔註389〕

韓非子並敍及一身兩口足以自毀之寓言：

> 蟲有虺者，一身兩口，爭食相齕也，遂相殺，因自殺。〔註390〕

在利害上，韓非子以爲「臣主之利與相異者也。」〔註391〕人君享有至尊
之權、四海之富、女子之樂，此等權勢誘惑力強大至群臣無時或歇、不擇手
段意圖攘奪。若遇上君勢高漲，群臣、諸侯、妻妾、子女、百姓地位等同廝
役，不但委曲萬狀，而且隨時有性命之憂。故在整個態勢上利君死者人數龐
大。韓非子云：

> 臣聞千乘之君無備，必有百乘之臣在側，以徙其民而傾其國，萬乘
> 之君無備，必有千乘之家在其側，以徙其威而傾其國。是以姦臣蕃
> 息，主道衰亡。是故諸侯之博大，天子之害也；群臣之太富，君主
> 之敗也。……昔者紂之亡，周之卑，皆從諸侯之博大也；晉之分也，
> 齊之奪也，皆以群臣之太富也。……〔註392〕

甚至君王之至親，如后妃、夫人、適子亦有欲君王早死以攘奪其權勢之情況，
韓非子云：

> 夫妻者，非有骨肉之恩也，愛則親，不愛則疏。……丈夫年五十而
> 好色未解也，婦人年三十，而美色衰矣。以衰美之婦人事好色之丈

〔註387〕《韓非子》卷二〈二柄第七〉，頁112。
〔註388〕《韓非子》卷二〈揚權第八〉，頁124。
〔註389〕《韓非子》卷七〈說林上第二十二〉，頁428～429。
〔註390〕《韓非子》卷七〈說林下第二十三〉，頁462。
〔註391〕《韓非子》卷四〈孤憤第十一〉，頁209。
〔註392〕《韓非子》卷一〈愛臣第四〉，頁60。

> 夫，則身死見疏賤，而子疑不爲後，此后妃、夫人之所以冀其君之
> 死者也。……此鴆毒扼昧之所以用也。……〔註393〕

直接訴諸武力攘伐搶奪者，非強宗大族、強藩、敵國，無法奏效。其餘則採陰柔方式進行。此種不著痕跡，讓君王不知不覺威勢下移，甚至被架空，其主要方式計有〈二柄〉篇敍及之行義（用德）、行令（刑罰），〔註394〕〈外儲說左下〉之「朋黨相和」，〔註395〕〈三守〉篇之明劫、事劫、刑劫，〔註396〕〈主道〉篇之五壅——臣閉其主、臣制財利、臣擅行令、臣得行義、臣得樹人。〔註397〕〈二柄〉之田常用德、子罕用刑可歸入五壅之臣得行義、臣得行令之中，而〈外儲說左下〉之「朋黨相和」與臣得樹人有部份相合，〈三守〉之明劫、事劫可歸入臣閉其主項目之中，刑劫可歸入臣擅行令之中。群臣、佞倖之得以竊奪、架空國君權勢，主要即是五壅。

臣閉其主最主要之方式即爲以門戶架空君權，情節輕則斷絕主利，或斷絕君王與外國之一切交往，韓非子對門戶壅蔽、斷絕主利最生動之故事是「不殺其狗則酒酸。」但「國亦有狗，且夫左右皆社鼠也。」〔註398〕情節重則造成家敗身殺，韓非子引述豎牛餓殺叔孫豹、竊其家財逃亡以說明此中慘況：

> 叔孫相魯，貴而主斷。其所愛者曰豎牛，亦擅用叔孫之令。叔孫有
> 子曰壬，豎牛妒而欲殺之，因與壬游於魯君所，魯君賜之玉環，壬
> 拜受之而不敢佩，使豎牛請之叔孫，豎牛欺之曰：「吾已爲爾請之
> 矣，使爾佩之。」壬因佩之，豎牛因謂叔孫：「何不見壬於君乎？」
> 叔孫曰：「孺子何足見也。」豎牛曰：「壬固已數見於君矣。君賜之
> 玉環，壬已佩之矣。」叔孫召壬見之，而果佩之，叔孫怒而殺壬。
> 壬兄曰丙，豎牛又妒而欲殺之。叔孫爲丙鑄鐘，鐘成，丙不敢擊，
> 使豎牛請之叔孫，豎牛不爲請，又欺之曰：「吾已爲爾請之矣。使
> 爾擊之。」丙因擊之，叔孫聞之曰：「丙不請而擅擊鐘。」怒而逐
> 之。丙出走齊，居一年，豎牛爲謝叔孫，叔孫使豎牛召之，又不召
> 而報之曰：「吾已召之矣，丙怒甚，不肯來。」叔孫大怒，使人殺

〔註393〕《韓非子》卷五〈備內第十七〉，頁289。
〔註394〕《韓非子》卷二〈二柄第七〉，頁111。
〔註395〕《韓非子》卷十〈外儲說左下第三十三〉，頁675。
〔註396〕《韓非子》卷五〈三守第十六〉，頁284～285。
〔註397〕《韓非子》卷一〈主道第五〉，頁68。
〔註398〕《韓非子》卷十三〈外儲說右上第三十四〉，頁714、737。

之。二子已死，叔孫有病，豎牛因獨養之而去左右，不內人，曰：
「叔孫不欲聞人聲。」因不食而餓殺。叔孫已死，豎牛因不發喪也，
徙其府庫重寶空之而奔齊。夫聽所信之言，而子父爲人僇，此不參
之患也。〔註399〕

臣制財利則主失德，韓非子敘及：

> 晉之分也，齊之奪也，皆以臣之太富也。〔註400〕

臣擅行令，肇因於人主

> 惡自治之勞憚，使群臣輻輳之變，因傳柄移籍，使殺生之機，奪予
> 之要在大臣，如是者侵。〔註401〕

對於臣擅行令，韓非子敘及宋君見劫、武靈見弒之故事：

> 子罕謂宋君曰：「夫慶賞賜予者，民之所喜也，君自行之；殺戮刑罰
> 者，民之所惡也，臣請當之。」於是宋君失刑而子罕用之，故宋君
> 見劫。〔註402〕

> 武靈王使惠文王蒞政，李兌爲相，武靈王不以身躬親殺生之柄，故
> 劫於李兌。〔註403〕

臣得行義則主失民，韓非子敘及田常弒簡公之故事：

> 故田常上請爵祿而行之群臣，下大斗斛而施於百姓，此簡公失德而
> 田常用之也，故簡公見弒。〔註404〕

臣得樹人成朋黨相和，臣下得欲，則人主孤立無援。韓非子言及「朋黨
之具，臣之寶也。臣之所不弒君者，黨與不具也。」〔註405〕

在論及治術上，韓非子再三致意於壅蔽傷國，而人主對此一問題最易掉
以輕心，以致國破家敗身亡。壅蔽之難除，肇因於能壅蔽國君者，「非親則頑」，
不是同床、在旁、父兄，就是近臣、大臣、權臣，〔註406〕國君非有明見之勢，
不能瞭解處境之險惡；國君非有如鐵之意志無法剷除壅蔽之惡。

〔註399〕《韓非子》卷九〈內儲說上──七術第三十〉，頁 532。
〔註400〕《韓非子》卷一〈愛臣第四〉，頁 60。
〔註401〕《韓非子》卷五〈三守第十六〉，頁 284。
〔註402〕《韓非子》卷二〈二柄第七〉，頁 111。
〔註403〕《韓非子》卷十四〈外儲說右下第三十五〉，頁 784。
〔註404〕《韓非子》卷二〈二柄第七〉，頁 111。
〔註405〕《韓非子》卷二〈揚權第八〉，頁 124。
〔註406〕《韓非子》卷二〈八姦第九〉，頁 151～152。

第十節 《呂氏春秋》敘及勢治之道詳而有體

莊子敘及周室東遷、學術大散之情況是：

> 古之人其備乎？……天下大亂，賢聖不明，道德不一。天下多得一察焉以自好。譬如耳目鼻口皆有所明，不能相通，猶百家眾技也，皆有所長，時有所用。雖然，不該不徧，一曲之士也。判天地之美，析萬物之理，察古人之全。寡能備天地之美，稱神明之容。是故內聖外王之道，闇而不明，鬱而不發。天下之人，各為其所欲焉以自為方。悲夫！百家往而不返，必不合矣。後世之學者，不幸不見天地之純，古人之大體，道術將為天下裂。〔註407〕

在勢治方面，此種現象極其明顯。儒家正面講述禮治效用，冠冕堂皇，獨得其正道，反面防止勢位凌夷則涉獵不多，但一意敘述過多之繁文縟節，其禮繁瑣導致效率不彰。法家（法術之士），特別是韓非，喜以辯證方式，從正反兩極不斷申說，補儒家之不足，顯得刻薄寡恩。墨子對勢治之道略有觸及。名家之尹文子對於勢治之道僅止於標舉大綱，而不及詳述其內容。兵家之勢治之道亦是限制在整軍經武、不得已而戰之範疇。老、莊、陳仲、許行，千方百計規避勢治機樞之迫害。在勢治這一範疇，諸子確是各得一察焉，形成「道術將為天下裂」之現象。

《漢書·藝文志》言及雜家是：

> 雜家者流，蓋出於議官，兼儒、墨，合名、法，知國體之有此，見王治之無不貫。

是道術到了雜家，又呈分而復合之現象。先秦雜家著作為《呂氏春秋》，其成書時代晚至戰國晚期（秦始皇統一天下稍前），故其從事先秦學術集大成之整理工作，能做到大體包舉無遺。在勢治思想之整理、敘述上，《呂氏春秋》組織最有條理，資料最見豐贍。《呂氏春秋》之〈審分覽〉，其下細目雖有〈君守〉、〈任數〉、〈勿躬〉、〈知度〉、〈慎勢〉、〈不二〉、〈執一〉之別，但詳稽其內容，全屬勢治之範疇。其他偶然涉及勢治之道者為〈分職〉、〈處方〉、〈闌道〉、〈序意〉。《呂氏春秋》之〈審分覽〉敘及勢治之道體例與《尹文子》頗有雷同，只是《尹文子》僅標舉大綱，而《呂氏春秋》之〈審分覽〉兼及細目，許多地方彷彿是《尹文子》之詳註，以致陳奇猷誤解《呂氏春秋》之〈審分覽〉之內容皆尹文

〔註407〕《南華真經》卷十〈天下第三十三〉，頁15上～16上。

學派之著作。〔註408〕一體勢治之道爲古之道術，大體類似之敘述固有前承後繼之可能，钽兩者同出一源之可能性實更高。若無詳細確鑿之證據，僅憑兩者「同一旨趣」，即據以推斷〈審分覽〉及〈正名〉均爲尹文學派之著作，此種論斷實有待商榷。現將《呂氏春秋》有關勢治思想部份依序敘之於下。

在勢之定義上，《呂氏春秋》云：

> 王也者；勢也。王也者，勢無敵也。勢有敵則王者廢矣。〔註409〕

在合天下之人才，以成天下之治方面，《呂氏春秋》云：

> 天下無粹白之狐，而有粹白之裘，取之眾白也。夫取於眾，此三皇五帝之所以大立功名也。凡君之所以立，出乎眾也。立已定，而合其眾，是得其末而失其本。得其末而失其本，不聞安居。故以眾勇無畏乎孟賁矣；以眾力無畏乎烏獲矣；以眾視無畏乎離婁矣；以眾知無畏乎堯、舜矣。夫以眾者，此君人之大寶也。〔註410〕

對於自然之勢之不可或缺，《呂氏春秋》特舉「湯其無郼，武其無岐，雖十全，不能成功。」之故事，加以說明。〔註411〕

在善用人爲之勢（後天之設施），將力量安置在適當位置，使力量完全納入管理，以成一體之勢，首先須對力量做一番衡量。《呂氏春秋》敘及黃帝告誡顓頊，以大圓人矩宰制天下。〔註412〕圓矩之作用在於衡量，審彼己之強弱。

力量安置在適當位置之上，形成君一臣百（千）、君合臣分、以尊使卑、以貴使賤、以強使弱、以眾使寡之一體勢治之政治機械。在君一臣百，君合臣分方面，《呂氏春秋》云：

> 天道圓，地道方，聖人法之，所以立上下。何以說天道之圓也？精氣一上一下。圓周復雜，無所稽留，故曰天道圓。何以說地道之方也？萬物殊類殊形，皆有分職，不能相爲，故曰地道方。主執圓，

〔註408〕陳奇猷云：「查《尹文子・大道上》云：『道不足以治則用法，法不足以治則用術，術不足以治則用權，權不足以治則用勢，勢用則反權，權用則反術，術用則反法，法用則反道，道用則無爲而治。』可知尹文主張以法術勢爲治，與此覽所論同一旨趣。據此，上〈正名〉及此覽八篇皆尹文學派之著作也。」見陳奇猷校釋，《呂氏春秋校釋》卷十七〈審分覽・審分〉註（一），頁1032。

〔註409〕呂不韋，《呂氏春秋》卷十七〈審分覽・慎勢〉，頁1109。

〔註410〕呂不韋，《呂氏春秋》卷四〈孟夏紀・用眾〉，頁232～233。

〔註411〕呂不韋，《呂氏春秋》卷十七〈審分覽・慎勢〉，頁1109。

〔註412〕呂不韋，《呂氏春秋・序意》，頁648。

臣處方，方圓不易，其國乃昌。……先王之立高官也，必使之方。
方則分定，分定則下不相隱。……今五音之無不應也，其分審也。
宮徵商羽角，各處其處，音皆調均，不可以相違，此所以不受也。
賢主之立官，有似於此。百官各處其職，治其事以待主，主無不安
矣。以此治國，國無不利矣；以此備患，患無由至矣。〔註413〕

故一則治，異則亂；一則安，異則危。夫能齊萬不同，愚智工拙，
皆盡力竭能，如出乎一穴者，其唯聖人矣乎！〔註414〕

《呂氏春秋》並云：「天子必執一，所以摶之也。」之理。〔註415〕此段文字具
引在第二章勢治釋義中，此處不贅。

在以尊使卑、以貴使賤、以眾使寡、以強使弱之安排設計上，《呂氏春秋》
云：

位尊者其教受，威立者其姦止，此畜人之道也。故以萬乘令乎千乘
易，以千乘令乎一家易，以一家令乎一人易。嘗識及此，雖堯、舜
不能。諸侯不欲臣於人，而不得已，其勢不便，則奚以易臣？權輕
重，審大小，多建封，所以便其勢也。……故先王之法，立天子不
使諸侯疑焉，立諸侯不使大夫疑焉，立適子不使庶孽疑焉。疑生爭，
爭生亂。是故諸侯失位則天下亂，大夫無等則朝廷亂，妻妾不分則
家室亂，適孽無別則宗族亂。〔註416〕

為避免力量之對消、紛亂，解決之道在於定分，分定則爭止。《呂氏春秋》
云：

凡為治必先定分。君臣、父子、夫婦六者當位，則下不踰節而上不
苟為矣。……此先王之所慎，而治亂之紀也。〔註417〕

此一體之勢治，適用於治國、治家、治身。《呂氏春秋》即云：「夫治身
與治國，一理之術也。」〔註418〕

若是敵（臣）強我弱，敵（臣）眾我寡，則設法將對方力量加以分割，
力分則弱，使原本不操控制之權者，因之而有主控力量。《呂氏春秋》云：

〔註413〕呂不韋，《呂氏春秋》卷三〈季春紀・圜道〉，頁171～173。
〔註414〕呂不韋，《呂氏春秋》卷十七〈審分覽・不二〉，頁1124。
〔註415〕呂不韋，《呂氏春秋》卷十七〈審分覽・執一〉，頁1132。
〔註416〕呂不韋，《呂氏春秋》卷十七〈審分覽・慎勢〉，頁1109。
〔註417〕呂不韋，《呂氏春秋》卷二十五〈似順論・處方〉，頁1669。
〔註418〕呂不韋，《呂氏春秋》卷十七〈審分覽・審分〉，頁1029。

凡人主必審分，然後治可以至，姦偽邪辟之塗可以息，惡氣苛疾無
自至。〔註419〕

天子之地，方千里以爲國，所以極治任也。非不能大也，其大不若
小，其多不若少。眾封建，非以私賢也，所以便勢全威，所以博義。
義薄利則無敵。無敵者安。故觀於上世，其封建眾者，其福長，其
名彰。神農十七世有天下，與天下同之也。王者之封建也，彌近彌
大，彌遠彌小，海上有十里之諸侯。以大使小，以重使輕，以眾使
寡。此王者之所以家以完也。……所用彌大，所欲彌易。〔註420〕

爲提高行政效能，勢須分工合作。王朝之內，天子之於千（百）官是君
臣各有職司。君臣利害往往衝突。君須無爲，勿代臣下操勞。《呂氏春秋》之
〈勿躬〉篇全篇探討君須無爲而臣下必須有爲之理。在其他各篇中對於此點
亦是再三致意，如：

大聖無事，而千官盡能。〔註421〕

有術之主，非一自行之也，知百官之要也。知百官之要，故事省而
國治也。明於人主之所執，故權專而姦止。〔註422〕

奚仲作車，蒼頡作書，后稷作稼，皋陶作刑，昆吾作陶，夏鯀作城。
此六人者，所作當矣。然而非主道也。故曰：作者憂，因者平。惟
彼君道，得命之情，故任天下而不彊，此之謂全人。〔註423〕

先王用非其有，如己有之，通乎君道者也。夫君也者，處虛素服而
無智，故能使眾智也；智反無能，故能使眾能也；能執無爲，故能
使眾爲也。無智、無能、無爲，此君之所執也。〔註424〕

分工、分職之能判別勤惰，大幅提高行政效率方面，《呂氏春秋》云：

王良之所以使馬者，約審之以控其轡，而四馬莫敢不盡力。有道
之主其所以使群臣者亦有轡。其轡何如？正名審分，是治之轡已。
〔註425〕

〔註419〕呂不韋，《呂氏春秋》卷十七〈審分覽・審分〉，頁1029。
〔註420〕呂不韋，《呂氏春秋》卷十七〈審分覽・慎勢〉，頁1108。
〔註421〕呂不韋，《呂氏春秋》卷十七〈審分覽・君守〉，頁1049。
〔註422〕呂不韋，《呂氏春秋》卷十七〈審分覽・知度〉，頁1091～1092。
〔註423〕呂不韋，《呂氏春秋》卷十七〈審分覽・君守〉，頁1051。
〔註424〕呂不韋，《呂氏春秋》卷二十五〈似順論・分職〉，頁1658。
〔註425〕呂不韋，《呂氏春秋》卷十七〈審分覽・審分〉，頁1030。

並敘述耕地公作則遲，分地則速，其原因全在能否匿其力。

在地理形勢上，《呂氏春秋》主張居中制馭四方：

> 古之王者，擇天下之中而立國，擇國之中而立宮，擇宮之中而立廟。
> 〔註426〕

在用兵上，《呂氏春秋》講求形勢：

> 夫兵，貴不可勝。不可勝在己，可勝在彼。聖人必在己者，不必在
> 彼者。故執不可勝之術以遇不勝之敵，若此則兵無失矣。凡兵之勝，
> 敵之失也。〔註427〕

這一段話思想全襲自《孫子‧軍形第四》，只是文字略有出入。〔註428〕

《呂氏春秋》言及制勝之道，尚須善因：

> 凡兵，貴其因也。因也者，因敵之險以為己固，因敵之謀以為己事，
> 能審因而加勝，則不可窮矣。〔註429〕

軍事上固須善因，政事上亦離不開善因：

> 古之王者，其所為少，其所因多。因者，君術也；為者，臣道也。
> 為則擾矣，因則靜矣。因冬為寒，因夏為暑，君奚事哉？〔註430〕

在借勢方面，《呂氏春秋》云：

> 絕江海者託於船；致遠者託於驥；霸王者託於賢。〔註431〕

〔註426〕呂不韋，《呂氏春秋》卷十七〈審分覽‧慎勢〉，頁1108。

〔註427〕呂不韋，《呂氏春秋》卷八〈仲秋紀‧決勝〉，頁452。

〔註428〕《孫子》原文是：「昔之善戰者，先為不可勝，以待敵之可勝。不可勝在己，
可勝在敵。故善戰者，能為不可勝，不能使敵之必可勝。……故能自保而全
勝也。……故善戰者，立於不敗之地，而不失敵之敗也。」見孫武，《孫子》
卷上〈軍形第四〉，頁4上～4下。

〔註429〕呂不韋，《呂氏春秋》卷八〈仲秋紀‧決勝〉，頁452。

〔註430〕呂不韋，《呂氏春秋》卷十七〈審分覽‧任數〉，頁1066。

〔註431〕呂不韋，《呂氏春秋》卷十七〈審分覽‧知度〉，頁1093。

第四章　先秦諸子勢治思想之淵源

第一節　神農、五帝、三代之勢治思想略說

　　中國遠古勢治之道實是配合時勢逐步發展演進而來，至春秋、戰國、秦漢之世始記錄在經史典冊與諸子之中，其醞釀過程至少歷時二千年以上。由文獻、考古等資料透露出之此一由簡而繁之演進過程大體如下：

　　三皇最後一世爲神農氏，神農氏已以一體之封建之勢，眾建諸侯，成一皇一侯萬之有效控制之局，維持其長久共主之世。〔註1〕

　　神農勢衰，黃帝繼之而起。當時「諸侯相侵伐，暴虐百姓，而神農氏弗能征。於是軒轅乃習用干戈，以征不享。」〔註2〕黃帝整軍經武之方是善於用勢，一是善用奇正之勢；二是善用兵形；三是善用地勢。在奇正之勢方面，傳說黃帝臣風后教黃帝「握奇」之方，以奇正之術克敵制勝。〔註3〕《老子》言及「以奇用兵。」《老子》一書襲自黃帝之處甚夥，疑「以奇用兵」亦是源自黃帝。〔註4〕在善用兵形方面，黃帝有理法。〔註5〕在善用地勢方面，黃帝

〔註1〕　《呂氏春秋》云：「故觀於上世，其封建眾者，其福長，其名彰。神農十七世有天下，與天下同之也。」見呂不韋《呂氏春秋》（陳奇猷集釋本），卷十七〈審分・愼勢〉，頁1108。

〔註2〕　司馬遷，《史記》卷一〈五帝本紀第一〉，頁3。

〔註3〕　李賢等註，《後漢書》（點校本）（臺北：鼎文書局，民國72年9月影印2版），卷五十八〈張衡列傳第四十九〉「然後天步有常，風后爲之也。」註云：「《春秋內事》云：『黃帝師於風后。』……」班固，《漢書・藝文志》論列兵陰陽家云：「風后十三篇，圖二卷，黃帝臣，依託也。」晉後流傳有《周后握奇經》，凡三百八十四字，內容主以奇用兵。

〔註4〕　魏源云：「老子道太古道，書太古書。……今考老子書谷神不死章，列子引爲

臣地典教導黃帝利用地勢克敵制勝。〔註6〕今臨沂銀雀山出土簡牘中有《地典》之殘簡，其內容以地利上之「生死刑德」為主，屬兵陰陽家之範疇。〔註7〕

　　為求建立一體有效之治，黃帝主君合臣分，以大制小、以強制弱，一官一位，以免紛爭。

　　在君合臣分方面，黃帝深知臣主利異，故操度量分割臣下之權，使其無法結黨營私，使臣下無力與君權對抗。韓非子云：

　　　　黃帝有言曰：「上下一日百戰，下匿其私，用試其上；上操度量，以割其下。」〔註8〕

　　在以大制小、以強制弱、一官一位，以免紛爭方面：

　　　　天子之地方千里，諸侯百里，所以朕合之也。故立天子者，不使諸侯疑焉；立正嫡者，不使庶孽疑焉；立正妻者，不使婢妾疑焉。疑則相傷，雜則相方。……強則令，弱則聽。……臣有兩位者，其國必危，國若不危，君臾存也，失君必危。失君不危者，臣故差也。子有兩位者，家必亂，家若不亂，親臾存也，失親必危。失親不亂，子故差也。〔註9〕

反其道者，未有不遭身殺國破之殃，《老子乙本卷前古佚書》云：

　　　　觀國者觀主，觀家觀父。能為國則能為主，能為家則能為父。凡觀

黃帝書，……至經中稱古之所謂，稱建言有之，稱聖人云，稱用兵有言，故班固謂道家出古史官，莊周亦謂古之道術有在於是者，關尹、老聃聞其風而悅之，斯述而不作之明徵哉！孔子觀周廟而嘉金人之銘，其言如出老氏之口，考皇覽金匱，則金人三緘銘即漢志黃帝六銘之一，為黃、老源流所自。……」見魏源，〈論老子二〉，《魏源集》上冊（北京：中華書局，1976年3月1版），頁257。

〔註5〕班固，《漢書》卷六十七〈楊胡朱梅云傳第三十七〉：「……（胡建）遂上奏曰：『……黃帝李法曰：壁壘已定，穿窬不繇路，是謂姦人，姦人者殺。……』……」

〔註6〕《漢書·藝文志》兵書略中兵陰陽家有《地典六篇》，李賢注，《後漢書》卷五十八〈張衡列傳第四十九〉「方將師天老而友地典」云：「帝王紀曰：黃帝以風后、天老、五聖為三公，其餘知命、規紀、地典、力牧、常先、封胡、孔甲等，或以為師，或以為將。」

〔註7〕如《地典》○四七三號簡曰：「……敗，高生為德，下死為刑，四兩順生，此謂黃帝之勝經。黃帝召地典而問焉。」見吳九龍，《銀雀山漢簡釋文》（北京：文物出版社，1985年12月1版），頁38。

〔註8〕《韓非子》（陳奇猷集釋本），卷二，〈揚權第八〉，頁123。

〔註9〕國家文物局古文獻研究室編，《馬王堆漢墓帛書》〔壹〕（北京：文物出版社，1980年3月1版），五〈老子乙本卷前古佚書·稱〉，頁81～82。

國，有六逆，其子父，其臣主，雖強大不王。……其主失位則國無本，臣不失處則下有根。……主兩則失其明；男女爭威；國有亂兵，此謂亡國。……大臣主，命曰雍塞。在強國削；在中國破；在小國亡。……主失位，臣失處，命曰無本，上下無根，國將大損。在強國破；在中國亡；在小國滅。……主兩，男女分威，命曰大迷，國中有師。在強國破；在中國亡；在小國滅。〔註10〕

《老子乙本卷前古佚書》中有〈亡論〉，探討那些因素造成國家之滅亡。其涉及勢治之道者爲六危三壅：

六危：一曰嫡子父；二曰大臣主；三曰謀臣離其志；四曰聽諸侯之所廢置；五曰左右比周以雍塞；六曰父兄黨以儻。……三壅：内位勝謂之塞；外位勝謂之儻；外内皆勝則君孤直。以此有國，守不固，戰不克，此謂一壅；從中令外謂之惑，從外令中謂之□，外内遂爭，則危都國，此謂二壅；一人主擅主，命曰蔽光，從中外周，此謂重壅；外内爲一，國乃更。〔註11〕

在明察之勢方面，黃帝「置左右大監，監于萬國。」〔註12〕

商鞅總結黃帝創建一體之勢是：

故黃帝作爲君臣上下之儀，父子兄弟之禮，夫婦妃匹之合，内行刀鋸，外用甲兵，故時變也。〔註13〕

確立上下人倫禮制，由修治一身以至平天下，合天下爲一國一家一身者，以成一體之勢者，爲堯舜。荀子云：

堯讓賢，以爲民，氾利兼愛德施均。辨治上下，貴賤有等明君臣。〔註14〕

《尚書·堯典》云：

曰若稽古帝堯。……允恭克讓，光被四表，格于上下，克明俊德，

〔註10〕國家文物局古文獻研究室編，《馬王堆漢墓帛書》〔壹〕五〈老子乙本卷前古佚書·經法·六分〉，頁49。

〔註11〕國家文物局古文獻研究室編，《馬王堆漢墓帛書》〔壹〕五〈老子乙本卷前古佚書·經法·亡論〉，頁55。

〔註12〕司馬遷，《史記》卷一〈五帝本紀第一〉，頁5。

〔註13〕《商君書·畫策第十八》（嚴萬里新校正本）（臺北：世界書局，民國63年7月新2版），頁31。

〔註14〕《荀子》（王先謙集解本）（臺北：世界書局，民國63年7月新2版），卷十八，〈成相第二十五〉，頁308。

以親九族。九族既睦，平章百姓，百姓昭明，協合萬邦，黎民於變時雍。……（舜）父頑母嚚弟傲，克諧以孝。

堯舜之時，中國歷史劃時代之大事之一是大禹治水。大禹治水成功，水利設施大興，化荒野為良田，私有財產制度因之擴大、鞏固，因之而出現傳子之家天下局面。南宮适稱：「禹稷躬稼而有天下。」〔註15〕大同之世就此一去不返，成為後人追惟之黃金之世。小康之世應運而生，確立小康之世穩固根基之拔尖人物為禹、湯、文、武、成王、周公。《禮記‧禮運第九》云：

> 今大道既隱，天下為家，各親其親，各子其子，貨力為己，大人世及以為禮，城郭溝池以為固，禮義以為紀。以正君臣，以篤父子，以睦兄弟，以和夫婦，以設制度，以立田里，以賢勇知，以功為己。故謀用是作而兵由此起。禹、湯、文、武、成王、周公，由此其選也。此六君子者，未有不謹於禮者也。以著其義，以考其信，著有過，刑仁講讓，示民有常。如有不由此者，在勢者去，眾以為殃。是謂小康。

整篇內容講述私有制一經建立，此六君子即以禮義將整個社會整飭為上下有序一體之治之家邦、國家。就儒家觀點看，此為一篇禮治論文，就法家觀點看，這道道地地為一篇勢治論文。

夏、商、周三代之治實是大同小異，孔子稱：「殷因於夏禮，所損益可知也；周因於殷禮，所損益可知也。……」〔註16〕夏代以父死子繼之繼統法為主，輔之以兄終弟及。〔註17〕在立國上，夏人占據伊、洛形勝之地。〔註18〕在整頓部伍之形勢上，夏人已用徽幟整軍。〔註19〕

商湯滅夏之得力輔佐為伊尹。在合天下之人才以達致治之目的方面，伊尹以滋味干湯，說明調和鼎鼐之道與治天下之道一理相通，取天下之食材才

〔註15〕《論語》（宋刊朱熹集註四書）（臺北：藝文印書館，民國 69 年 5 月 5 刷），卷七，〈憲問第十四〉，頁 10 下。

〔註16〕《論語》卷一〈為政第二〉，頁 14 下。

〔註17〕夏代父死子繼凡十四次，兄終弟及僅二例。見司馬遷，《史記》卷二〈夏本紀第二〉，頁 29～30。

〔註18〕《戰國策》（點校本）（臺北：河洛出版社，民國 69 年 8 月影印初刷），卷二十二，〈魏一‧魏武侯與諸大夫浮於西河〉，頁 782：「吳起對曰：『……夫夏桀之國，左天門之陰，而右天谿之陽，盧、睪在其北，伊、洛出其南。……』」

〔註19〕《司馬法》（靜嘉堂本）（臺北：商務印書館，民國 60 年影印），卷上，〈天子之義第二〉，頁 3 下，云：「章，夏后氏以日月，尚明也。」

能成天下之至味，合天下之人才始足以達到天下致治之目的。〔註20〕《史記·
殷本紀》敘及伊尹「從湯言素王及九主之事。」有關伊尹九主治國亂國之道
之內容爲何，古代文獻是有目無書，劉向《別錄》僅標舉其名，〔註21〕其具
體詳細內容則付之闕如。但在一九七四年長沙馬王堆三號墓出土的帛書《老
子》甲本後，附錄有《伊尹·九主》。其具體內容實屬於先秦勢治之論文。李
學勤以爲《伊尹·九主》爲「戰國黃老刑名一派的著作。」〔註22〕按之事實，
殊有不然，《伊尹·九主》涉及刑名之處極少，其主要內容均與先秦勢治之道
有關。《伊尹·九主》中論及君一臣百、君合臣分之一體之勢治，以及利出一
孔，有利君王掌控大局，並須防止朋黨、壅蔽之患。伊尹論及明主是：

> 主法天，佐法地，輔臣法四時，民法萬物。……有民，主分。……
> 得道之君，邦出乎一道，制命在主，下不別黨，邦無私門，諍理皆
> 塞。〔註23〕

「主法天，佐法地」，此爲勢治思想之天圓地方、設官分職；〔註24〕「邦出乎
一道，制命在主」即是勢治之「利出一孔」；「下不別黨，邦無私門」是防止
朋黨、壅蔽。

　　對違反勢治之道造成君勢凌夷之八主，如專授之君、勞君、半君、破邦
之主、滅社之主，伊尹則直指其失，以明國君對於權勢須緊執勿失，不可與
臣下分享，不可坐令權勢下移。〔註25〕

　　殷卜辭中所見官名至少在二十個以上。〔註26〕從卜辭中可知殷人已相當

〔註20〕呂不韋，《呂氏春秋》卷十四〈孝行覽·本味〉，頁740～741；亦見司馬遷，《史
　　　　記》卷三〈殷本紀第三〉，頁32～33，云：「伊尹……乃爲有莘氏媵臣，負鼎
　　　　俎以滋味說湯，致于王道。」

〔註21〕見司馬貞，《史記》卷三〈殷本紀第三〉「從湯言素王及九主之事」下之集解，
　　　　頁33。

〔註22〕李學勤，〈試論馬王堆漢墓帛書《伊尹·九主》〉，《馬王堆漢墓研究》（長沙：
　　　　湖南人民出版社，1981年1月1版），頁110。

〔註23〕國家文物局古文獻研究室編，《馬王堆漢墓帛書》〔壹〕四〈老子甲本卷後古
　　　　佚書·九主〉，頁29。

〔註24〕《呂氏春秋》云：「天道圓，地道方，聖王法之，所以立上下。……何以說地
　　　　道之方也？萬物殊類殊形，皆有分職，不能相爲，故曰地道方，主執圓，臣
　　　　處方，方圓不易，其國乃昌。」見《呂氏春秋》卷三〈圓道〉，頁171～172。

〔註25〕國家文物局古文獻研究室編，《馬王堆漢墓帛書》〔壹〕四〈老子甲本卷後古
　　　　佚書·九主〉，頁30～31。

〔註26〕陳夢家，《卜辭綜述》第十五章〈百官〉（臺北：大通書局，未標印行時間），
　　　　頁503。

重視家族之勢治，並由此而生嫡庶之分、宗法之制，在這些地方，殷周實大同小異。胡厚宣以爲：

> 總之，凡殷之婚姻家族宗法生育之制度者，皆與周代相近，而爲周制之前身或淵源。周之制度，非迥大異於殷商，乃由殷商漸漸演化而來者也。然則王國維〈殷周制度論〉所謂周人制度之大異於商者，曰立子立嫡之制，由是而生宗法，並由是而生封建子弟之制，曰女子稱姓，同姓不婚之制者，乃弗然矣。……其（王國維）〈殷周制度論〉前在學術界所公認以爲不刊之定論者也，然由今日觀之，已十九皆當更正。〔註27〕

盤庚遷殷，殷道復興，諸侯來朝，〔註28〕實得益於地勢。吳起言及遷殷之形勢是：「左孟門而右漳、釜，前帶河，後被山。」〔註29〕

在明察之勢方面，商湯滅夏，孫子以爲肇因於伊尹爲間之成功，「昔殷之興也，伊摯在夏。」〔註30〕伊尹間夏之事亦見《竹書紀年》：

> 后桀命伐岷山，岷山莊王女于桀二人，曰琬曰琰，桀愛二人，女無子焉。斲其名于苕華之玉，苕是琬，華是琰，而棄其元妃妹喜于洛。……妹喜氏以與伊尹交，遂以間夏。〔註31〕

三代治術至周粲然大備，其關鍵人物爲周公。《尚書大傳》稱周公制禮作樂。〔註32〕周制對爾後兩千年之治術產生無與倫比之影響。王國維在〈殷周制度論〉中稱「其（周公）立制之本意，乃出於萬世治安之大計。」即使在勢治上周制亦是後出轉精，臻於美善。我在中華民國史專題第五屆討論會，探討國史上中央與地方的關係主題中，寫有〈從春秋、三傳看周人羈縻、統御諸侯之術〉一文，其中部份涉及周人勢治之道，現將其要點擇要敘之於

〔註27〕 胡厚宣，〈殷代婚姻家族宗法生育制度考・八結論〉，《甲骨學商史論叢》初集（臺北：大通書局，未標印行時間），頁168～169。

〔註28〕 司馬遷，《史記》卷三〈殷本紀第三〉，頁35。

〔註29〕 《戰國策》卷二十二〈魏一・魏武侯與諸大夫浮於西河〉，頁782。

〔註30〕 孫武，《孫子》卷下〈用間第十三〉，頁7上。

〔註31〕 朱右曾輯錄，《汲冢紀年存眞》（歸硯齋本）（臺北：新興書局，民國48年12月初版），卷上，頁13下～14下。

〔註32〕 《尚書大傳・洛誥》云：「周公攝政，一年救亂，二年克殷，三年踐奄，四年建侯衛，五年營成周，六年制禮作樂，七年致政成王。」陳壽祺輯校，《尚書大傳輯校》，《皇清經解續編》卷二百五十五，收錄於《續經解尚書類彙編》冊一中（臺北：藝文印書館影印，未標印刷時間），頁488。

下。周人綱紀天下，令嚴政行，首先確立一體之勢治，整個態勢是本大末小、內重外輕、層層節制、以大制小、以眾使寡並行出奇制勝之不測恩威。分析而言，有政治上之勢治、軍事上之勢治、宗族上之勢治、地理形勢上之勢治。政治上之勢治是大行封建、本大末小，王畿千里，諸侯大國百里，其餘依次遞減，眾建諸侯少其力，形成天子合而諸侯分之局面。軍事上之勢治是天子六軍，諸侯大國三軍，中國二軍，小國一軍。宗族上之勢治是立子以嫡以長，以防同族內部之惡性競爭、家大怕分以及便於以臂使指之如意指揮控制。天子一娶一百二十女，諸侯九女，其餘依次遞減。天子多妻之目的在用備百姓，形成「宗子維城」之以多制少之有效控制之勢。在地理形勢上，周人立國選形勝居高建瓴之勢，而山海不封、名山不封，其目的在防止諸侯之負隅頑抗。在明見之勢上，以命卿及史官監視地方諸侯之一舉一動。〔註33〕以上所舉為周人勢治之道之犖犖大者。此種勢治之道，周人稱之為禮，若由法術之士敘說則為勢。周人禮治（或勢治）之細目則有關吃飯穿衣等猥瑣小事亦不放過。其繁瑣到令人動輒得咎、不堪其擾之地步。顧頡剛即云：

> 荀子說的「衣服有制，宮室有度，人徒有數，喪祭、械用皆有等宜。」（《王制篇》）可以說自從《王度記》以至漢代的禮家是越討論而越細密的，甚至細密到了不能實行的地步，例如宗法和服喪便是。〔註34〕

在以徽幟整軍作戰上，牧野之戰，周軍嚴不可犯，而紂之億萬大軍一觸即潰，未必是「以至仁伐至不仁」之結果，實得力於呂望之以徽幟整軍。〔註35〕

《周禮》敘及周人之布陣、結陣以戰，依戰表進止，使部隊在任何狀況

〔註33〕 其詳可看羅獨修，〈從春秋三傳看周人羈縻、統御諸侯術〉，《中華民國史專題論文集第五屆討論會》，民國89年12月，頁109～114。

〔註34〕 顧頡剛，〈周公制禮的傳統和《周官》一書的出現〉，《文史》第六期，1979年6月第1版，頁13。

〔註35〕 劉向，《說苑》（程榮校本）（臺北：世界書局，民國59年1月再版），頁123，云：「太公兵法曰：致慈愛之心，立威武之戰，以卑其眾，練其精銳，砥礪其節，以高其氣，分為五選，異其旗章，勿使冒亂，堅其行陣，連其什伍，以禁淫非，壘陣之次，車騎之處，勒兵之勢，軍法之令，賞罰之數，使士赴火蹈刃，陷陣取將，死不旋踵者，多異於今之將者也。」《逸周書》（續皇清經解本）（臺北：世界書局，民國69年11月3版），卷千三十一，〈世俘第三十七〉，頁7上，云：「甲寅，謁戎殷于牧野，王佩赤白旂。」孫詒讓對王佩赤白旂之解釋是：「疑即徽幟之屬。」見孫詒讓，《周書斠補》（臺北：藝文印書館，民國61年1月再版），頁61。

下均能井然有序，充分發揮戰力。〔註36〕《周禮》材料龐雜，過去多以爲此書爲漢人（特別是劉歆）所僞爲。但近幾十年大量考古資料（如甲骨文、青銅器等）印證之下，其可靠性大幅提升。〔註37〕《司馬法》照司馬遷的講法是集三代大成之兵書，戰國初年整理之際再附加司馬穰苴之軍事理論。〔註38〕雖其成書在戰國早期，但其思想則爲三代以迄春秋時代之軍事思想則無可疑。

《司馬法》在劉歆七略中列入兵權謀家。《司馬法》雖已大量散佚，但詳稽其殘篇（僅存五篇）及其佚文，其思想主要論及整飭部伍之方，其思想實以兵形勢爲主。但班固在《漢書・藝文志》中卻將《司馬法》列入〈六藝略〉之禮家之中。王應麟以爲《司馬法》即周之政典，故列入禮家。王應麟云：

> 周官，縣師特有軍旅會同田役之戒，則受法于司馬，以作其眾庶。
> 小司馬掌事如大司馬之法。司馬受兵，從司馬之法以頒之。此古者
> 司馬法，即周之政典也。……〔註39〕

《四庫全書總目提要》以爲《司馬法》與《周官》類似，故列入禮家。《四庫全書總目提要》云：

> 班固序兵權謀十三家，形勢十一家，陰陽十六家，技巧十三家，獨
> 以此書入禮類，豈非以其說多與周官相出入，爲古來五禮之一歟？

〔註36〕《周禮》（永懷堂本）（臺北：新興書局，民國82年6月版），卷二十九，〈大司馬〉，頁7上～8下，云：「虞人萊所田之野爲表，百步則一，爲三表，又五十步，爲一表。田之日，司馬建旗于後表之中。……乃陳車徒，如戰之陣，皆坐。……中軍以鼙令鼓，鼓人皆三鼓，司馬振鐸，群吏作旗，車徒皆作，鼓行鳴鐲，車徒皆行，及表乃止，三鼓振鐸，群吏弊旗，車徒皆坐。又三鼓，振鐸作旗，車徒皆作，鼓進鳴鐲，車驟徒趨，及表乃止，坐作如初。乃鼓，車馳徒走，及表乃止。鼓戒三闋，車三發，徒三刺。乃鼓，退，鳴鐃且卻，及表乃止，坐作如初，遂以狩田。」

〔註37〕如商代武丁討伐呂方，卜辭屢見登人若干。先秦書籍中仍保留此種用法者爲《周禮》。《周禮》卷十〈大司徒〉，頁7上，云：「頒職事十有二于邦國都鄙，使人登萬民。」1975年2月在岐山董家村發現西周時代之衛鼎甲、乙、衛盉等青銅器，器主爲專司皮裘之小官，稱裘衛，此一職官所有文獻失載，但卻記錄在《周禮》，《周禮》卷七〈冢宰〉下之屬官有「司裘」。

〔註38〕司馬遷云：「（齊威王）用兵行威，大放穰苴之法，而諸侯朝齊。齊威王使大夫追論古者司馬兵法，而附穰苴於其中，因號曰司馬穰苴兵法。」見《史記》卷六十四〈司馬穰苴列傳第四〉，頁734。

〔註39〕王應麟，《漢書藝文志考證》（慶元路儒學刊本），收錄於《玉海》冊八《玉海別附十三種》（臺北：華文書店，民國56年3月再版），卷二，〈軍禮司馬法百五十五篇〉條，頁4004。

〔註40〕

田旭東以爲五禮之一爲軍禮，《司馬法》多談軍禮，軍禮範疇有：

> 校閱、蒐狩、出師、乞師、致師、獻捷、獻俘等巧，此外，還應包
> 括古代軍禮。在《司馬法》的今輯本中正好可以找到很多屬於軍禮
> 的内容。……《司馬法》與《孫子》、《吳子》等兵書不同，《漢志》
> 將《孫子》、《吳子》等列爲兵權謀家，這些書討論的是戰役、戰術
> 問題，是行軍用兵問題，而《司馬法》則談的是國家的軍事制度和
> 治軍的法律條例，是用來申約束、明賞罰的，二者的性質不同，班
> 固當然要將《司馬法》與《孫子》等書區別而待之。……我們可以
> 得出一個《司馬法》爲古代軍法制度的結論。〔註41〕

《司馬法》之性質多屬兵形勢家之内容。兵形勢家主要探討如何建構如臂
使指、層層節制、將士用命、指揮如意之戰鬥機械。此與禮所強調的以大使小、
以尊使卑、指揮如意之政治機械完全一致。《司馬法》整軍經武之方與《周禮》
治軍之方迭相出入。因此禮實爲勢之變名之一。古人往往以時代區分勢、禮。
春秋以前，此種一體之勢治思想往往稱之爲禮，如《周禮》、《禮記》有關治國
之一體之勢治設計，稱之爲禮。道家、法家均以「上操度量，以割其下。」爲
勢治之道之根本，甚至逕以度量代替勢治。實際上周公制禮之利器亦是度量，〔註
42〕由此可見度量與禮之密切關連。而此種一體之勢治思想一入戰國時代，由諸
子申說，往往稱之爲勢，而不稱之爲禮，如愼到、申不害等之勢治思想與禮大
體無殊，但《荀子》、《韓非子》均稱申、愼此等一體之勢爲勢，而不稱之爲禮。
《司馬法》不管是「古者司馬法」，抑或是「穰苴所申明者」，大體皆屬春秋晚
期以前之著作。班固依時代分，將之併入軍禮範疇，而不將其歸入兵家範疇。

第二節　管子之勢治思想淵源

《管子》一書或管子言行，至少從戰國初年至戰國末年始終流傳不衰。

〔註40〕永瑢等編撰，《四庫全書總目提要》（鉛排本）（臺北：商務印書館，民國 67
　　　　年增訂初版），卷九十九，〈子部九・兵家類〉「司馬法一卷」條，頁 2036〜2037。

〔註41〕田旭東，《司馬法淺說》（北京：解放軍出版社，1989 年 5 月 1 版），二〈（二）
　　　　大量的軍法内容〉，頁 7〜15。

〔註42〕《禮記》（校相臺岳氏本）（臺北：新興書局，民國 80 年 10 月版），卷九，〈明
　　　　堂位第十四〉，頁 18 下，云：「武王崩，成王幼弱，周公踐天子之位，以治天
　　　　下，六年朝諸侯于明堂，制禮作樂，頒度量而天下大服。」

〔註43〕《管子》一書流通之廣及流傳之性質，絕似《孫子》，今臨沂銀雀山出土之《孫子》、《孫臏兵法》廓清後人僞爲《孫子》之眾多疑問，《管子》依例可信爲先秦古籍或先秦法家思想彙編之可能性因之大增。

綜觀《管子》一書有關勢治思想之敍述具體而微，許多地方僅敍及勢治之雛形，與申、愼、韓（特別是韓非）之勢治之道詳密、多所舉證，判然有別。《管子》論及君臣上下一體之勢治，經常稱之爲禮，而不稱之爲勢，〔註44〕這些地方都顯示《管子》之勢治思想實早於申、愼、韓。

管子以周之禮治（勢治）扶危定傾，挽救「南夷與北狄交，中國不絕如線」之局，使周之封建體系又繼續維持了二百年。桓公霸業之頂峰爲葵丘之會，葵丘之會之盟辭是：

> 諸侯毋專立妾以爲妻，毋專殺大夫，毋國勞，毋專予祿，〔註45〕士
> 庶人毋專棄妻，毋曲隄，毋禁材。行此卒歲，則始可以罰矣。〔註46〕

其內容完全重申天子之禁令。〔註47〕管子以禮整飾天下之綱紀，使結紐之王綱重新恢復，重振「君君臣臣父父子子」之一體之勢治。爲尊天子，齊桓公「下拜受胙」；管子至周只接受次卿之饗禮。〔註48〕管子十足表現出知禮之彬彬君子。但孔子一方面盛讚管仲之仁，一方面又指責管仲不知禮。管仲究竟知不知禮？杜佑對此有比較中肯之看法：

> 管仲九合諸侯，以尊王室，而三歸、反坫，僭擬邦君，是以孔子許
> 其仁，而陋其不知禮義者，以故謂仲但知治人，而不知治己。予讀

〔註43〕《孟子》（焦循正義本）（臺北：世界書局，民國63年7月新2版），卷三，〈公孫丑上〉，頁102，云：「子誠齊人也，知管子、晏子而已矣。」《韓非子》（陳奇猷集釋本），卷十九，〈五蠹第四十九〉，頁1066，云：「今境內之民皆言治，藏商、管之法者家有之，……境內皆言兵，藏孫、吳之書者家有之，……」

〔註44〕《管子》（顏昌嶢校釋本），卷一，〈牧民·右四維〉，頁3，云：「禮，不踰節。」《管子》卷二十一〈版法解〉，頁512，云：「凡人君者，欲民之有禮義也。夫民無禮義，則上下亂而貴賤爭。」

〔註45〕顏昌嶢註此云：「謂國事毋勞於一人，即《孟子》四曰命官事無攝也。毋專予祿，即士無世官。」見顏昌嶢，《管子校釋》卷七〈大匡第十八〉「無國勞毋專予祿」之注腳（長沙：岳麓書社，1996年2月1版），頁174。

〔註46〕《管子》卷七〈大匡第十八〉，頁174。

〔註47〕《穀梁傳》稱葵丘之盟完全重申天子之禁令：「一明天子之禁。」見《穀梁傳》僖公九年。

〔註48〕《左傳》僖公十二年：「王以上卿之禮饗管仲。管仲辭曰：『臣賤有司也。有天子之二守國高在。若節春秋來承王命，何以禮焉，陪臣敢辭。』」

　　　仲書，見其謹政令，通商賈，均力役，盡地利，既爲富強，又頗以
　　　禮義廉恥化其國俗，如心術、白心之篇，亦嘗側聞正心誠意之道。
　　　其能一正天下，致君爲五伯之盛宜矣。其以泰侈聞者，蓋非不知之
　　　罪，在於志意易滿，不能躬行而已。……然則其爲書固無不善也。
　　　後之欲治者庶幾之猶可以制四夷而安中國，學者何可忽哉？〔註49〕

　　《管子》論及其勢治思想之淵源往往含混其辭，或曰有道之君，或曰明
主，或曰聖人，或曰先王，有時則全不說明其思想之所自。但即或如此，明
主、有道之君、聖人、先王之思想實指五帝三王，而非管仲自創，則可斷言。

　　《管子》論及明主能聚眾以成勢。如：「明主不厭人，故能成其眾。」
〔註50〕

　　《管子》論及君合臣分，以成一體之治方面，云：

　　　聖人之所以爲聖人也，善分民也。〔註51〕

　　　昔者聖王之治人也，不貴其人博學也，欲其人之和同以聽令也。〈泰
　　　誓〉曰：紂有億萬人，亦有億萬心，武王有臣三千而一心。故紂以
　　　億萬心亡，武王以一心存。〔註52〕

詳稽第二段前後文意，《管子》所謂之聖王，實指武王而言。即或其所謂之「昔
者聖王之治人也」之聖王是泛稱，武王亦在聖王範圍之內。

　　論及設官分職，《管子》敘及黃帝以五官正人位；〔註53〕舜有天下，能立
功名，在以禹爲司空、契爲司徒、皋陶爲李，后稷爲田。〔註54〕

　　在論及勢治之一官一職方面，《管子》引及先王：

　　　是故先王之治國也，……威不兩錯，政不二門。……〔註55〕

　　在論及君無爲、臣有爲方面，《管子》提及先王、有道之君、明主、明王：

　　　先王不獨舉，不擅功。〔註56〕

〔註49〕見馬端臨，《文獻通考・經籍考》（點校本）（臺北：新文豐出版公司，民國75
　　　　年9月台1版，卷三十九〈子・法家〉「管子二十四卷」條，頁912，轉引杜
　　　　佑〈子略序〉。
〔註50〕《管子》卷二十〈形勢解第六十四〉，頁497。
〔註51〕《管子》卷一〈乘馬第五〉，頁56。
〔註52〕《管子》卷五〈法禁第十四〉，頁130。
〔註53〕《管子》卷十四〈五行第四十一〉，頁365。
〔註54〕《管子》卷六〈法法第十六〉，頁151。
〔註55〕《管子》卷十五〈明法第四十六〉，頁386。
〔註56〕《管子》卷四〈樞言第十二〉，頁115。

是故有道之君執本，相執要，大夫執法，以牧其群臣，群臣盡自竭力以役其上。〔註57〕

明主之舉事也，任聖人之慮，用眾人之力，而不自與焉，故事成而福生。〔註58〕

明主不用其智而任聖人之智，不用其力，而任眾人之力。故以聖人之智思慮者，無不知也；以眾人之力起事者，無不成也。能自公而因天下之智力起，則身逸而福多。〔註59〕

《管子》所謂之明主，往往是指堯舜。《管子》曾言：「堯舜，古之明主也。」〔註60〕

在論及分工合作上，《管子》特舉古代奚仲為車之故事。〔註61〕

在論及利出一孔，以利統治，《管子》特舉先王能明此道。〔註62〕

在論及立國形勢，《管子》以為惟天子聖人能「必於不傾之地，而擇地形之肥饒者。」〔註63〕

《管子》之勢治思想亦有源自伊尹部份。《管子》有〈七臣七主〉篇，李學勤以為：

該篇與帛書〈九主〉，連體裁結構都很相象。……在內容上〈七臣七主〉比（伊尹）《九主》更為豐富，《七主》的區分排比，也較《九主》詳密，應視為對《九主》的發展。〔註64〕

第三節　老、莊、陳仲、許行反勢治思想之淵源

老子、莊子為道家之放者，其立論點在反對機械、機心，反對一體之勢治機械運作，希望全性保真。《老子》對五帝三王之勢治之道出現之前之小國寡民景象寄予無限遐思，許行追憶神農之世君民並耕、人間無屬之平等社會。

〔註57〕《管子》卷十一〈君臣下第三十一〉，頁262。
〔註58〕《管子》卷二十〈形勢解第六十四〉，頁497。
〔註59〕《管子》卷二十〈形勢解第六十四〉，頁504。
〔註60〕《管子》卷二十〈形勢解第六十四〉，頁505。
〔註61〕《管子》卷二十〈形勢解第六十四〉，頁494。
〔註62〕《管子》卷二十二〈國畜第七十二〉，頁543。
〔註63〕《管子》卷十八〈度地第五十七〉，頁453。
〔註64〕李學勤，〈試論馬王堆漢墓帛書《伊尹·九主》〉，《馬王堆漢墓研究》（長沙：湖南人民出版社，1981年8月1版），頁116～117。

此等小國寡民社會，雖物資貧乏，但沒有階級、沒有壓迫，資源大家共有共享。此等景象在儒家記載之下是《禮記‧禮運》所描繪之大同社會。莊子一方面不斷記述黃帝以來勢治之道大興之刻銷人性之慘酷現象，其寓意最見深遠之故事是鑿破渾沌，日鑿一竅，五官具而渾沌死。〔註65〕一體之勢治是常以人體之官能象徵、說明國家之官能，此一故事實亦爲一政治寓言。莊子另一方面又追溯至德之世由容成氏至神農氏之人間樂土景象。莊子、陳仲等人深知私有制度一興，人間樂土即一失難復。莊子等眼睜睜看著一體之勢治機械加速膨脹、吞噬一切，莊子、陳仲深知此一態勢已無法正面、積極的加以制止，只有消極的設法使自己遠離一體之政治機械。消極避開一體勢治機械之吞噬壓迫之有效方法，只有設法使自己無用，讓勢治機械無所取材。這種「上不臣天子、下不友諸侯」之前驅人物有周初之狂矞、華士。狂矞、華士鼓吹無所爲天下用之個人自由自在之思想，成爲勢治機械運作之際之重大威脅，故太公望至齊，第一件事就是誅殺狂矞、華氏。韓非子云：

> 有居士曰狂矞、華士，昆弟二人者立議曰：「吾不臣天子，不友諸侯，耕作而食之，掘井而飲之，吾無求於人也。無上之名，無君之祿，不事仕而事力。」太公望至於營丘，使吏執殺之，以爲首誅。〔註66〕

第四節　儒家勢治思想之淵源

儒家創始者孔子之禮制思想實以周制爲主，《淮南子》稱：

> 孔子修成康之道，述周公之訓，以教七十子，服其衣冠，修其篇籍，故儒者之學生焉。〔註67〕

但儒家禮制亦兼及黃帝、堯、舜。

孔子本人對三代禮制有深刻研究，其瞭解範圍遠邁當時之文獻記錄。〔註68〕

〔註65〕《南華眞經》（續古逸叢書宋刊本，卷一至六，南宋本，卷七至十，北宋本）（臺北：商務印書館，民國60年影印），卷三〈應帝王第七〉，頁23下～24上。

〔註66〕《韓非子》卷十三〈外儲說右上〉，頁722。

〔註67〕劉安，《淮南子》（高誘注本）（臺北：世界書局，民國61年10月新1版），卷二十一，〈要略〉，頁375。

〔註68〕《論語》（劉寶楠正義本）（臺北：世界書局，民國63年7月新2版），卷三，〈八佾第三〉，頁49：「子曰：夏禮，吾能言之，杞不足徵也；殷禮，吾能言之，宋不足徵也。文獻不足故也。足，則吾能徵之矣。」

孔子居魯，春秋之世，晉國賢大夫韓起即言：「周禮盡在於魯矣，吾乃今知周公之德與周之所以王天下。」〔註69〕而孔子以知禮聞名於魯。孔子之禮制思想以周制爲主實有地緣上之關係。孔子自言：「周監於二代，郁郁乎文哉，吾從周。」〔註70〕其對周制、周公之嚮往是「寤寐求之」。〔註71〕其對周制之網羅、搜尋，是不恥下問。子貢云：

> 文武之道，未墜於地，在人，賢者識其大，不賢者識其小。夫子焉不學，而亦何常師之有？〔註72〕

文、武、周公之道，即〈禮運〉之小康之道：

> 大人世及以爲禮，城郭溝池以爲固，禮義以爲紀。以正君臣，以篤父子，以睦兄弟，以和夫婦，以設制度。……〔註73〕

周代禮制講究尊卑等級，本大末小、以尊使卑、以貴使賤、內重外輕、層層節制，依才德決定位階。論語中之「不在其位，不謀其政」、「君子不器」、「爲國以禮」等思想均可在周禮中找到淵源。

但孔子之禮制思想不全限於周禮。孔子之由修身以至治國，如論及君子由起始之「修己以敬」進至「修己以安人」直至最高層次堯舜其猶病諸之「修己以安百姓。」〔註74〕論及士之起碼是「言必信，行必果，硜硜然，小人哉。」進階至「宗族稱孝，鄉黨稱弟。」最後進至「行己有恥，行於四方，不辱君命。」〔註75〕以及孔門大學之道之「正心、誠意、修身、齊家、治國、平天下」，此種層層逐步開展之理論，實源自唐堯之「允恭克讓」、「九族既睦，平章百姓；百姓昭明，協和萬邦。」舜之在「父頑母嚚弟傲」環境，能「克偕以孝」，其所居「一年成聚，二年成邑，三年成鄉。」〔註76〕孔子稱「爲政以德，譬如北辰，居其所而眾星拱之。」實是盛讚堯、舜之垂拱而治。〔註77〕

〔註69〕《左傳》昭公七年。
〔註70〕《論語》卷三〈八佾第三〉，頁56。
〔註71〕《論語》卷八〈述而第七〉，頁137：「子曰：『甚矣，吾衰也。久矣，吾不復夢見周公。』」
〔註72〕《論語》卷二十二〈子張第十九〉，頁408。
〔註73〕《禮記》（校相台岳氏本），卷七，〈禮運第九〉，頁1下。
〔註74〕《論語》卷十七〈憲問第十四〉，頁329。
〔註75〕《論語》卷十六〈子路第十三〉，頁293。
〔註76〕《書經》（蔡沈集傳本）（臺北：世界書局，民國70年11月5版），頁1，頁3。
〔註77〕這一段話見《論語》卷二〈爲政第二〉，頁20。與此可以互相發明者爲《論語》卷九〈泰伯第八〉之「子曰：『大哉堯之爲君也，巍巍乎，唯天爲大，唯堯則

孔子亦言及黃帝以度量分民而治。〔註78〕

　　孟子之一體勢治思想，如「天子方千里，公侯方百里，伯七十里。」、「國之本在家，家之本在身。」、「官事無攝」等，均源自周禮。而其敘述分工之勢治之道特舉堯時之大禹治水爲例說明，則明白指出勢治之分工至少早在堯舜之世已然出現，分工合作使百姓蒙受重大福祉，明白駁斥爲神農之言之許行所爲已不合時宜。

　　荀子以爲禮義出於聖人有意創制。荀子云：

　　　凡禮義者，是生於聖人之僞，非故生於人之性也。……聖人積思慮，
　　　習僞故，以生禮義而起法度，然則禮義法度者，是生於聖人之僞，
　　　非故生於人之性。〔註79〕

　　荀子以禮義爲僞，故主張刻削人性，以成其一體之禮治（勢治），主張「僞」（人爲）。此與道家莊子之「全性保眞」完全針鋒相對，此點說明諸子理論之「其言雖殊，譬猶水火，相滅亦相生也。」〔註80〕之現象。

　　在創制禮義之聖人中，荀子主張法後王。荀子云：

　　　故人道莫不有辨，辨莫大於分，分莫大於禮，禮莫大於聖王。聖王
　　　有百，吾孰法焉？……故曰：「欲觀聖王之跡，則於其粲然者矣，後
　　　王是也。彼後王者，天下之君也，舍後王而道上古，譬之是猶舍己
　　　之君而事人之君也。……欲知上世，則審周道。欲知周道，則審其
　　　人所貴君子。」〔註81〕

荀子有關禮之敘述在諸子之中最見細密。荀子論禮實與孔子類似，亦是「周監於二代，郁郁乎文哉，吾從周。」荀子所主張之禮制是後出轉精之周制（粲然大備之後王）。班固之《漢書・禮樂志》、司馬遷之《史記・禮書》論及古

　　　之。蕩蕩乎，民無能名焉。巍巍乎，其有成功也。』」《論語》卷十八〈衛靈
　　　公第十五〉之「子曰：『無爲而治者，其舜也與。夫何爲哉，恭己正南面而已
　　　矣。』」
〔註78〕《大戴禮記》（王聘珍解詁本）（臺北：文史哲出版社，民國75年4月初版），
　　　卷七〈五帝德〉，頁117～118，：「孔子曰：『黃帝，少典之子也，曰軒轅。……
　　　設五量，撫萬民，……』」自來解家均無法得其正解。若將此段文字與《韓非
　　　子・揚權第八》所謂：「黃帝有言曰：『上下一日百戰。下匿其私，用試其上；
　　　上操度量，以割其下。』……」比合而觀，當得其意旨所在。
〔註79〕《荀子》（王先謙集解本）（臺北：世界書局，民國63年7月新2版），卷十
　　　七，〈性惡第二十三〉，頁291。
〔註80〕班固，《漢書》（點校本）卷三十〈藝文志・諸子略〉，頁1746。
〔註81〕《荀子》卷三〈非相第五〉，頁50～51。

代禮制均大量直抄《荀子》，確有相當道理，荀子將繁複萬狀之周代禮儀敘述得條分理析而又井然有序。

　　在勢治之分工上，荀子舉證涉及渺遠之五帝或五帝以前時代，此一事實說明勢治之分工出現時間之早。荀子論分工提及倉頡作書、后稷作稼、夔作樂、倕作弓、羿精射等。〔註82〕倉頡一說爲黃帝之史官，〔註83〕一說爲黃帝以前之古帝王。〔註84〕稷、夔、倕均爲堯舜時代之人。

　　司馬遷云：

> 荀卿嫉濁世之政，亡國亂君相屬，不遂大道，而營于巫祝，信機祥，
> 鄙儒小拘，如莊周等又滑稽亂俗，于是推儒墨道德之行事興壞，序
> 列著數萬言而卒。〔註85〕

梁啓超將「儒墨道德之行事興壞」解釋爲「荀卿雖宗師仲尼，然其學晚出，受老、墨學說影響實不少，史言非過當也。」〔註86〕若將《荀子》原書與司馬遷之評論互相對勘，即可發現荀子思想是以儒家孔子思想爲正道，全力抨擊老、莊、申、愼偏差之處。梁啓超言：「受老墨學說影響實不少。」其言下之意實有荀子思想內容亦兼含老、墨之思想，則言之太過。

第五節　申、愼、韓思想之淵源

壹、申、愼、韓之勢治思想歸本於黃而非歸本於老

　　《史記・老莊申韓列傳第三》云：「申子之學，本於黃老而主刑名。……韓非……喜刑名法術之學，而歸本於黃老。」《史記・孟子荀卿列傳第十四》

〔註82〕《荀子》卷十五〈解蔽第二十一〉，頁267。
〔註83〕齊思和旁徵博引，以爲「至《世本》始以沮誦、蒼頡爲黃帝左右史（《唐六典》）。其所謂沮誦者且弗論，以蒼頡爲黃帝史官，實始於是。」見齊思和，〈黃帝制器的故事〉，《中國史探研》（古代篇）（臺北：弘文館出版社，民國74年9月初版），頁210。
〔註84〕齊思和云：「崔瑗、曹植、蔡邕、索靖直云：『（蒼頡）古之王也。』徐整云：『在神農、黃帝之間。』譙周云：『在庖羲之前。』張揖云：『蒼頡爲帝王，生於禪通之記。』……」見齊思和，〈黃帝制器的故事〉，《中國史探研》（古代篇），頁210。
〔註85〕司馬遷，《史記》卷七十四〈孟子荀卿列傳第十四〉，頁807。
〔註86〕梁啓超，〈《史記》中所述諸子及諸子書最錄考釋〉，《清代學術概論附錄；中國古代學術流變研究》（北京：東方出版社，1996年3月1版），頁178。

云：「愼到，趙人，……皆學黃老道德之術，因發明序其指意。」我曾撰有〈從出土之簡帛資料研析「（法家）歸本於黃老」之眞義〉一文，〔註87〕詳析申、愼、韓之思想主要歸本於黃帝，而非歸本於老子。申、愼、韓之刑名、勢治、刑德、文體各項均與出土之《馬王堆老子乙本卷前古佚書》（唐蘭以爲此即漢後失傳之《黃帝四經》；李學勤稱此書爲帛書《黃帝書》。）有前承後繼之關係。此處將申、愼、韓之勢治思想歸本黃帝者擇要敘之於下：

申不害之〈大禮〉篇，爲術、勢並用之政治論文，由起始「一妻擅夫，眾婦皆亂。一臣專君，群臣皆蔽。」至「臣事其常」二百餘字，均屬勢治範疇，其思想實源自《（馬王堆）老子乙本卷前古佚書・稱》之「故立天子不使諸侯疑焉，……」《（馬王堆）老子乙本卷前古佚書・十六經・亡論》之「一人擅主，命曰蔽光。」〔註88〕愼到佚文稱「君臣之間猶權衡也，權左則右重，右重則左橜。輕重相橜，天地之理也。」《老子乙本卷前古佚書》中之〈經法・大小〉、〈稱〉等即以稱說明勢治之理。愼到直接引自《老子乙本卷前古佚書》之文字，唐蘭在〈馬王堆《老子》乙本卷前古佚書的研究〉一文就列了五條。其犖犖大者如《老子乙本卷前古佚書・稱》：「不受祿者，天子弗臣也；祿泊者弗與犯難。」《愼子・因循》則是：「是故先王見不受祿者不臣，祿不厚者不與入難。」《老子乙本卷前古佚書・稱》云：「故立天子□□□諸侯疑焉。立嫡子者不使庶孽疑焉。疑則重，兩則爭，雜則相傷。」《愼子・德言》則是：「立天子不使諸侯疑焉；立諸侯不使大夫疑焉；立正妻不使孽妾疑焉；立嫡子者不使庶孽疑焉。疑則動，兩則爭，雜則相傷。」等〔註89〕

韓非之勢治思想不但與《老子乙本卷前古佚書》一致，甚至在用字遣詞上有些地方已至無殊之地步。在勢治之本大末小、層層節制、一職一位上，《老子乙本卷前古佚書・稱》云：

天子之地方千里，諸侯百里，所以朕合之也。故立天子，不使諸侯疑焉；立正敵（嫡）者，不使庶孽疑焉；立正妻者，不使婢妾疑焉。

〔註87〕見羅獨修，〈從出土之簡帛資料研析「（法家）歸本於黃老」之眞義〉，《第一屆簡帛學術討論會論文集》，文化大學主辦，民國88年12月10至12日。

〔註88〕分見《馬王堆漢墓帛書》〔壹〕（北京：文物出版社，1980年3月1版），〈五老子乙本卷前古佚書・稱〉，頁81；《馬王堆漢墓帛書》〔壹〕，〈五老子乙本卷前古佚書・十六經・亡論〉，頁55。

〔註89〕唐蘭，〈馬王堆出土《老子》乙本卷前古佚書研究〉附錄一，《考古學報》1975年第1期，頁23。

疑則相傷，雜則相方。

《韓非子‧揚權第八》則是：「有國之君，不大其都；有道之君，子無適從。」「數披其木，毋使枝大本小。」《老子乙本卷前古佚書‧稱》云：「臣有兩位者，其國必亡。」《韓非子‧亡徵第十五》則是：「大臣專制，樹羈旅以爲黨，……可亡也。」爲防止君權凌夷，首要之途在防止大臣專斷擅權，《老子乙本卷前古佚書》及《韓非子》均稱此種情況爲壅塞。《老子乙本卷前古佚書‧經法‧大分》云：「大臣主，命曰壅塞。」《韓非子‧亡徵第十五》則是：「大臣甚貴，偏黨眾強，壅塞主斷，而重擅國者，可亡也。」在以大制小、以眾制寡上，《老子乙本卷前古佚書‧稱》云：「強則令，弱則聽。」《韓非子‧揚權第八》則是：「腓大於股，難以趣走。」在以合制分上，兩者同用度量，但韓非明言其度量之說源出黃帝，《老子乙本卷前古佚書‧經法‧道法》云：「故曰，度量已具，則治而治之矣。」《韓非子‧揚權第八》則是：「黃帝曰：君臣上下一日百戰，上操度量以割其下。故度量之立，主之寶也。黨與之具，臣之寶也。」在出奇制勝上，《老子乙本卷前古佚書‧稱》云：「若時可行，亟應勿言。」《老子乙本卷前古佚書‧十六經‧五正》云：「闔冉乃上起黃帝曰：『可矣，夫作爭者凶，不爭者亦無功。』」《韓非子‧亡徵第十五》則是：「萬乘之主，有能服術行法，以爲亡徵之風雨者，其兼天下不難矣。」

貳、申、愼、韓勢治思想之其他淵源

申不害在論及勢治上（如〈大體〉篇）是直述其勢治之道，但並不註明其勢治思想之所自。

愼到自言其勢治思想之所自，或言及古者；〔註90〕或言及先王；〔註91〕而未指實。

《史記‧十二諸侯年表》云：「及如荀卿、孟子、公孫固、韓非子之徒，各往往捃摭《春秋》之文以著書，不可勝記。」春秋之世，二百餘國兼併至二十餘國，國與國間、君與臣間、臣與臣間進行殊死爭鬥，其變化之速已至瞬息消長，勝負關係到家、國之興衰存亡。華氏在內鬥中失敗，華亥搏膺而呼：「吾爲欒氏矣。」〔註92〕令尹子文死前哭號：「鬼猶求食，若敖氏之鬼不

〔註90〕如《愼子‧威德》論述分工提到古者。
〔註91〕《愼子‧因循》：「是故先王見不受祿者不臣。」
〔註92〕《左傳》昭公二十一年。

其餒而！」〔註93〕其聲之哀，令人不忍卒聽。相反的在君王這一方面能善始善終者亦是爲數不多，春秋末世即使未亡之國，多數亦已發生質變：魯是三桓；鄭是七穆；晉是三家分晉；宋是戴氏篡了子氏；齊是田氏取代姜氏。未發生根本變化、權力仍屬舊有公室（或王室）者，僅秦、楚二國而已。故當時流傳「厲憐王」之諺語。〔註94〕韓非爲韓之公子出身，對此等慘狀是耳濡目染，故《韓非子》一書言及奪權鬥爭最是觸目驚心。韓非敘及勢治之道，非僅止於理論，與之俱下者是排山倒海而來之大量近古或當時之史實，故其論述勢治之道深刻而有說服力。其所取材誠如司馬遷所言，捃摭《春秋》（其中以《左傳》爲主），劉師培云：「韓非所記東周事蹟，多錄左氏原文。」其中涉及勢治之道者，有晏子勸齊景公行仁政與陳氏爭民；晉厲公不能早絕姦之萌而遭殺身之禍；韓非子之言「內寵、並后、外寇、貳政、枝子配適、大臣擬主，亂之道也。」與辛伯及狐突之言相合。〔註95〕其他如豎牛爲門戶以奪叔孫氏之權等，亦是取材自《左傳》。〔註96〕

　　但韓非之勢治佐證亦非盡取材於《春秋》（或《左傳》）。韓非自言其資料出處即有《周記》、《記》、《桃左春秋》、上古之傳言，有些例證，韓非並未標明其出處。韓非亦經常引證戰國史實。

　　在論及君王處危疑之地，君臣利異，君王過半不得善終，韓非引及《記》、《桃左春秋》。〔註97〕在論及以貴制賤、以大制小、一官一位方面，引及《周記》、上古之傳言。〔註98〕郭沫若盛讚韓非子之〈亡徵〉篇是可與屈子的〈天問〉媲美的一篇奇文，郭沫若云：

　　　　就是那不十分爲人所注意的〈亡徵篇〉，把一個國家可以滅亡的徵

〔註93〕《左傳》宣公四年。
〔註94〕《韓非子》卷四〈姦劫弑臣第十四〉，頁251。
〔註95〕劉師培，《讀左箚記》，《劉師培遺書》（上）（上海：江蘇古籍出版社，1997年11月1版2刷），頁296。
〔註96〕分見《左傳》昭公四年；《左傳》昭公六年。
〔註97〕分見《韓非子》卷五〈備內第七〉，頁289～290云：「故桃左春秋云：『人君之疾死者，不能處半。』」；《韓非子》卷十七〈說疑第四十四〉，頁926云：「記曰：『周宣王以來，亡國數十，其臣弑君而取國者眾矣。然則難從內起與從外作者相半也。』……」
〔註98〕分見《韓非子》卷十七〈說疑第四十四〉，頁932云：「故周記曰：『無尊妾而卑妻，無孽適子而尊小枝，無尊嬖妾而匹上卿，無尊大臣以擬其主也。』」；《韓非子》卷五〈備內第七〉，頁290云：「上古之傳言，春秋所記，犯法爲逆以成大姦者，未嘗不從尊貴之臣。」

候，一直列舉出了四十七項。他那樣不厭煩、不屈撓、不急躁的條分縷析，分而又分，「可亡也」，「可亡也」，像海裡的波浪一樣，一波接一波，一浪疊一浪，不息氣地捲地而來，轟隆一聲打上岸，成為粉碎，又回捲而逝。這和屈子的〈天問〉可以媲美，我認為也是不愧為一篇奇文的。〔註99〕

〈亡徵〉篇涉及多數勢治之道，此文不論筆法、內容大體仿自《逸周書·史記》，陳逢衡即以為《逸周書·史記》當與《韓非子·亡徵》參看。〔註100〕

有些事證，韓非不註明出處，如言及門戶之酒酸則屠其狗，勢分國奪之子罕為出彘等故事。酒酸則屠其狗亦見《晏子春秋》，〔註101〕《韓非子》是否取材《晏子春秋》則不得而知。韓非對於壅蔽（壅塞）造成主勢凌夷，再三致意，實有地域上之淵源，晉文公以郭偃變法圖強，郭偃即大談防制壅蔽之害。〔註102〕韓非子尚敘及周初太公望殺狂矞，行「善持勢者早絕姦之萌」之勢治之道。

韓非敘及勢治之道，尚大量引用戰國史實。如《韓非子·難一》言及魏兩用樓翟而亡西河，楚兩用昭景而亡鄢郢，《韓非子·外儲說右下》敘及齊湣王、趙武靈王權勢下移，造成淖齒擢湣王之筋、李兌餓殺主父之局。《韓非子·二柄》敘及為防止兼官現象，韓昭侯殺典冠之故事。《韓非子·內儲說上》敘及韓昭侯、衛嗣君所具之明見之勢，造成臣下震恐，無敢欺瞞。

韓非引及先秦諸子之勢治部份，如《韓非子·外儲說右上》云：「故子夏曰：『善持勢者，早絕姦之萌。』《韓非子·難勢》敘及慎到之借勢理論。《韓非子·外儲說右上》敘及申不害之獨視、獨聽、獨斷。《韓非子·定法》引及申不害之治不逾官。《韓非子·說林》引及惠子之「故勢不便，非所以逞能也。」

〔註99〕郭沫若，《十批判書·韓非子的批判》，《郭沫若全集·歷史編·第二卷》（北京：人民出版社，1982年初版），頁352。

〔註100〕見黃懷信、張懋鎔、田旭東撰，《逸周書彙校集註》（上海：上海古籍出版社，1995年12月1版），卷八，〈史記解第六十一〉，頁1006。

〔註101〕《晏子春秋》（張純一校注本）（臺北：世界書局，民國63年7月新2版），卷三〈內篇問上·景公問治國何患晏子對以社鼠猛狗第九〉，頁78～79。

〔註102〕《戰國策》（點校本）（臺北：河洛圖書公司，民國69年8月影印），卷二十一，〈趙四·客見趙王〉，頁759：「客曰：『燕郭之法，有所謂桑雍者，王知之乎？』王曰：『未之聞也。』『所謂桑雍者，便辟左右之近者，及夫人優愛孺子也。此皆能乘王之醉昏，而求所欲於王者也。是能得之乎內，則大臣為之枉法於外矣。故曰：日月暉於外，其賊在於內，謹備其所憎，而禍在於所愛。』」

第六節　先秦兵家形勢思想之淵源

我之博士論文為《先秦兵家思想探源》，現將其中論列孫武、孫臏、尉繚之兵形勢之淵源略述於下。

《史記‧太史公自序第七十》云：「司馬法所從來尚矣，太公、孫、吳、王子能紹而明之。」《漢書‧藝文志》稱：「兵家者流，蓋出司馬職，王官之武備也。」司馬遷所謂之孫，往往泛指孫武、孫臏。《孫子》十三篇中兵形、軍勢、虛實均屬兵形勢之範疇。孫武整軍經武之方，實與其宗親前輩司馬穰苴有密切之淵源，兩者在整飭部伍之際，同樣是殺之貴大，司馬穰苴斬莊賈，孫武是演陣斬美姬。《司馬法》中附有司馬穰苴兵法，兩者今熔為一體，不易分辨，說明兩者軍事思想之近。兩者之主要內容實以論列兵形勢為主。《孫子》與《司馬法》同樣論及重將、嚴位，同樣講求奇正變化。《孫子》確有不少地方是《司馬法》之疏證，司馬遷所云：「（太公）、孫、（吳、王子），能紹而明之。」可謂深刻。但《孫子》主張「戰勢不過奇正」、以度量分合為變以克敵制勝，〔註103〕亦有可能源出黃帝。在利用地勢克敵制勝方面，《孫子》明言有出自黃帝之處。但以地利克敵制勝，兵家將之歸入兵陰陽家之範疇。孫臏以貴勢名聞戰國時代，《孫臏兵法》雖名列兵權謀家，但其兵法確以形勢為主要內容。為了使陳形嚴整，三軍用命，孫臏治軍主重將、重令、以徽幟整飭部伍，奇正互用，這些都可在《司馬法》與司馬職掌中找到淵源。孫臏所敘之陣勢亦有源自三晉者，如萬弩趨發。孫臏之許多陣法，如銳陣、方陣等陣勢可在歷史中找到淵源。

《尉繚子》之軍事思想以形為主，勢為輔。其思想與晉國之尉之職掌有密不可分之關係。尉與司馬之職掌完全重疊，晉國尉是司馬之直屬長官，兩者間之關係大體是尉為監督、決策、發令，而司馬負責執行。司馬之職掌中之發眾使民、治兵（包括重將、重令、正行伍、連什佰）、布陣等均與整軍經武之兵形有關。而晉國尉、司馬之職掌實源出古之司馬職掌，《史記‧太史公自序第七十》云：「自古王者有《司馬法》。」尉繚整軍經武之方與《司馬法》雷同或襲自《司馬法》者，在形勢上有以徽幟整軍、重令、嚴位、戰合之表。

〔註103〕孫武，《孫子》（靜嘉堂本），卷上，〈兵勢第五〉，頁5上：「戰勢不過奇正。
　　　　奇正之變，不可勝窮。」《孫子》卷上〈軍形第四〉，頁4下：「兵法，一曰度，
　　　　二曰量，三曰數，四曰稱，五曰勝。地生度，度生量，量生數，數生稱，稱
　　　　生勝。故勝兵若以鎰稱銖，敗兵若以銖稱鎰。」

第七節　墨子、鄒忌、蘇秦、張儀之勢治思想淵源

墨子間一涉及勢治之道，但亦講求不顧階級之節用、節葬，與勢治之道乖違背離，實肇因於墨子用夏政，〔註104〕且特重夏禹。此時國家雛形初立，當然不得不講求一體勢治之道，但亦因基礎初立，階級尚未完全確定，如禹死即發生啓、益之爭，啓死後有五觀之亂，後有后羿、寒浞代夏之事。墨子將無秩序之有類禽獸生活之社會，與一體勢治之國家相比，墨子對一體勢治之道仍持肯定態度。〔註105〕

鄒忌自言其見及壅蔽之患來自親身體驗。〔註106〕

蘇秦、張儀論及衡量國力標準，不斷強調立國形勢。建都立國關係國家百年興衰，在蘇、張之前至少已有近二千年以上之演進。五帝時代對此不大措意。但三王已將建都立國列入治國考量因素。夏占潁洛流域，擁成皋之險；商占河內；周人則據高屋建瓴之關中與潁洛流域。春秋時代之范無宇以爲建都立城亦有勢治之道存乎其間。范無宇云：

> 夫制城邑若體性焉，有首領股肱，至于手拇毛脈，大能掉小，故變
> 而不動。〔註107〕

同屬春秋時代之管子、公父文伯之母在探討建都地點，已慮及形勢，〔註108〕民風，〔註109〕便捷之交通，〔註110〕並提及此見解均源出昔王或聖人。三王、

〔註104〕劉安，《淮南子》，卷二十一〈要略〉，頁 375，云：「墨子學儒者之業，受孔子之術。以爲其禮煩擾而不說，厚葬靡財而貧民，久服傷生而害事，故背周道而用夏政。」

〔註105〕利害嚴重衝突之際，墨子解決之道是：「利之中取大，害之中取小也。害之中取小也，非取害也，取利也。」見《墨子》（孫詒讓閒詁本），卷十一，〈大取第四十四〉，頁 243；一體之勢治固是與不講等級之兼愛、節用、節葬等思想嚴重抵觸。但此僅是小害，而其能安邦定國，即是天下之大利。利害相權，墨子對一體勢治之道仍持肯定態度。墨子云：「天下之亂也至如禽獸然，無君臣上下長幼之節，父子兄弟之禮，是以天下亂焉。」見《墨子》卷十一〈大取第四十四〉，頁 243。

〔註106〕《戰國策》卷八〈齊一・鄒忌脩八尺有餘〉，頁 324～326。

〔註107〕《國語》（點校本）（臺北：里仁書局，民國 69 年 9 月影印），卷十七，〈楚語上・范無宇論國爲大城未有利者〉，頁 549。

〔註108〕管子云：「昔聖人之處國，必於不傾之地。」見《管子》卷十八〈度地第五十七〉，頁 453。

〔註109〕公父文伯之母所謂：「昔王之處民也，擇瘠土而處之，故勞其民而用之，故長王天下。」見《國語》卷五〈魯語下・公父文伯之母論勞佚〉，頁 205。

〔註110〕《管子》卷十八〈度地第五十七〉，頁 453：「故聖人之處國，……內爲落渠

古之聖人對地勢影響國力之看法，不可能不對蘇、張形勢之論沒有相當程度之影響。

第八節　《呂氏春秋》論勢治之道之淵源

　　《莊子‧天下篇》敘及諸子之興，道術將爲天下裂。但戰國晚期之雜家代表作品《呂氏春秋》卻雜取各家之長，將各得一體之諸子思想，設法安置在適當位置，使道術由分而合。《呂氏春秋》敘及勢治之道不但詳而有體，而且往往明言其思想之所自，使我們對先秦勢治之道之淵源能得一鳥瞰之瞭解。

　　《呂氏春秋》論及自然之勢不可或缺，特引湯、武之例。〔註111〕論及身、家、國、天下一體之理，引述詹子之說。〔註112〕《呂氏春秋》首先敘及黃帝以規矩量度天下，以建立君一臣百之政治機樞，並將此種天圜地方之設官分職之道傳之顓頊。〔註113〕但《呂氏春秋》亦引及子華子之說法，以爲設官分職源出神農、堯、舜。〔註114〕論及內重外輕之封建之勢，《呂氏春秋》明言出自神農氏。〔註115〕論及以貴制賤、以大制小、一官一位，「立天子不使諸侯疑焉，立諸侯不使大夫疑焉，立適子不使庶孽疑焉。」《呂氏春秋》則言及出自先王之法。〔註116〕在論及分定爭止方面，《呂氏春秋》特舉愼子百人逐兔之例證加以說明。〔註117〕在借勢、分工方面，《呂氏春秋》敘及二十官之事，此二十官不是同一時代之人物，但其時代最早者卻是黃帝之臣，作甲子之大撓。〔註118〕在論及分工之提高工作效率方面，《呂氏春秋》特舉「分地則速」之例加以說明，《呂氏春秋》並未標明此一例證之出處。但「分地則速」之例證極有可能源出《尸子》。〔註119〕在防制壅塞之患上，

　　　　之寫，因大川而注焉。」
〔註111〕呂不韋，《呂氏春秋》（陳奇猷集釋本）（上海：學林出版社，1995年10月3刷），卷十七，〈審分覽‧愼勢〉，頁1109。
〔註112〕呂不韋，《呂氏春秋》卷十七〈審分覽‧執一〉，頁1132。
〔註113〕分見呂不韋，《呂氏春秋‧序意》，頁648；《呂氏春秋》卷三〈季春紀‧圜道〉，頁171～173。
〔註114〕呂不韋，《呂氏春秋》卷十七〈審分覽‧知度〉，頁1092。
〔註115〕呂不韋，《呂氏春秋》卷十七〈審分覽‧愼勢〉，頁1108。
〔註116〕呂不韋，《呂氏春秋》卷十七〈審分覽‧愼勢〉，頁1109。
〔註117〕呂不韋，《呂氏春秋》卷十七〈審分覽‧愼勢〉，頁1109～1110。
〔註118〕呂不韋，《呂氏春秋》卷十七〈審分覽‧勿躬〉，頁1077～1078。
〔註119〕呂不韋，《呂氏春秋》有關「分地則速」之原文是「今以眾地者，公作則遲，

《呂氏春秋》以爲已見之堯、舜、禹、湯之世。〔註120〕在善因上，《呂氏春秋》言及古之王者，「其所爲少，其所因多。」〔註121〕在論及立國須「擇天下之中而立國；居中以制馭四方。」，《呂氏春秋》提及古之王者。〔註122〕

有所匿其力也；分地則速，無所匿遲也。主亦有地，臣主同地，則臣有所匿其邪也，主無所避其累矣。」見《呂氏春秋》卷十七〈審分覽‧審分〉，頁1029；《尸子》則是：「夫使眾者詔作則遲，分地則速，是何也？無所逃其罪也。主亦有地，不可不分也。君臣同地，則臣有所逃其罪矣。」見《尸子》卷上〈發蒙〉，頁13上～13下。

〔註120〕呂不韋，《呂氏春秋》卷十七〈審分覽‧審分〉，頁 1030：「堯、舜之臣不獨義，湯、禹之臣不獨忠，得其數也。」
〔註121〕呂不韋，《呂氏春秋》卷十七〈審分覽‧任數〉，頁1066。
〔註122〕呂不韋，《呂氏春秋》卷十七〈審分覽‧慎勢〉，頁1108。

第五章　先秦勢治思想之影響

第一節　概　說

創建政府、整軍經武乃至整飾家邦均是人類文明最高藝術之一。此事繁複至千頭萬緒，經緯萬端，須將千、萬股不同力量，有條不紊納入正軌，安置在正確時空位置之上，避免一切碰撞、對消、磨擦、流散，使力量充份發揮，使政治機械、軍事機械靈活運轉，有效運作。羅貫中在《三國演義》開場白的第一句話就是：「話說天下大勢，合久必分，分久必合。」但驗之整個人類歷史，此一天下大勢實僅只見之於中國，而無法見之於世界。東、西方其他大帝國如波斯、亞歷山大、羅馬、查理等大帝國一分即不可復合。日本學者即千方百計欲探究此中原委。中國學者對此種狀況大多習以爲常，認爲理所當然，不甚措意，甚至以爲中國「秦以下政治，只是君主專制，今改民國，以前政治制度，可勿再究。」〔註1〕顧頡剛、唐德剛等少數人認知到此事非比尋常。顧頡剛以爲中國分而能合肇因於無數的聖賢豪傑把中國的國魂陶鑄溶治，將中國煅成金剛不壞之身。〔註2〕唐德剛之解釋是中國統一之文字發揮意想不到之統一融合之功。〔註3〕本章即以歷史實例說明中國帝國規模分而

〔註1〕　錢穆先生，《八十憶雙親師友雜憶合刊》（臺北：東大出版社，民國81年1月3版），頁147。

〔註2〕　顧潮編著，《顧頡剛年譜·正譜一九四三年五一歲》（北京：中國社會科學出版社，1993年3月1版），頁315。

〔註3〕　唐德剛云：「我國的方塊字之偶然的發展，和它對我國社會變遷所發生的必然的影響，正是中世紀歐洲拉丁文影響的反面。方塊字是維繫我中華民族兩千

能合、能歷經百劫而不亡不毀之主要原因。

人類文明之創設、發明，往往非至聖不能。但模仿沿襲，僅須中上之資，此即「有樣好學」。古聖先賢創設之一體勢治之政治機械、軍事機械具載典籍，後世萬千讀者間或有一、二才智之士得以窺破此中關鍵，在紛崩離析、一團混亂局面之中，將矛盾、抵觸、漫無目的、四處流竄之力量，安排在其依現實須要增損古制而成之一體勢治之政治機械或軍事機械之中，運作政治，整軍經武，再創太平。驗之秦、漢以後之歷史，得勢者昌，失勢者亡，其中幾無絲毫之例外。我將其大要大體依時間先後敘之於下。

第二節　秦興於地勢，亡於壅蔽

秦之一統天下，開歷史新局。西漢初年人多以爲肇因於秦得地勢。司馬遷引述當時人之說法是：

> 或曰：「東方物所始生，西方物之成熟。夫作事者必於東南，收功實者常於西北。故禹興於西羌；湯起于亳；周之王也以豐鎬伐殷；秦之帝用雍州興；漢之興，自蜀漢。」〔註4〕

後世學者往往著眼於秦人用商、韓法家治術大幅提升國力所致。〔註5〕但方

年來大一統的最大功臣；是我們分久必合的大能源！……我們黃、白二種的繁衍，兩千年來都是相同的民族大混合。人類歷史上很少民族是真正滅種的；也很少古文化是完全消滅的。二者所不同的是我們的語言文字，原封不動的保留下來；他們底語言文字卻被後起的方言取代了。方言鼓勵了部落主義的孳長。所以雖然他們的生活習慣、宗教文化皆已大半『拉丁化』或『羅馬化』，但他們不用拉丁文，所以也就不認拉丁作祖宗了。我國古代『漢兒學得胡兒語』也是很普遍的，可是最後還是胡兒學漢兒！在這個『夷夏相變』的混雜局面中，『方塊字』的作用是很大的。……所以兩千年來，我國以夷變夏的傳統一直未變的道理，就是因爲我們有個一成不變的語言。歐洲蠻夷南侵，羅馬文明一蹶不振的主因便是拉丁語文被那批蠻夷支解了的結果。」見唐德剛，《胡適雜憶‧國語方言拉丁化》（臺北：傳記文學雜誌社，民國76年8月15日再版），頁136～138。

〔註4〕 司馬遷，《史記》卷十五〈六國表第三〉，頁217。

〔註5〕 如張蔭麟即云：「商鞅的嚴刑峻法給他們養成循規蹈矩的習慣，商鞅的特殊爵賞制度使得對外戰爭成了他們惟一的出路。以最強悍、最有紀律的民族，用全力向外發展，秦人遂無敵於天下。」見張蔭麟，《中國上古史綱》（臺北：華岡出版公司，民國67年2月5版），第五章〈戰國時代的政治與社會〉，頁119；錢穆先生云：「秦之富強，得東方遊仕之力爲多，如商鞅、張儀、公孫衍、甘茂、范雎、蔡澤、呂不韋，皆東方人也。……即以始皇一朝相臣言之，

孝儒卻以爲秦始皇對法家勢治之道多有未解，以致秦祚僅只曇花一現，事先即能洞悉其幽隱者爲呂不韋，盛讚呂不韋之《呂氏春秋》某些觀點爲知幾。〔註6〕與秦始皇同時之博士齊人淳于越亦是發現始皇之廢封建、行郡縣，失以親間疏之勢，一旦形成壅蔽、門戶現象，根本無從補救。〔註7〕賈誼《過秦論》同樣以壅蔽之形成爲秦主要亡國原因之一。賈誼云：

> 當此時也，世非無深慮知化之士也。然所以不敢盡忠拂過者，秦俗多忌諱之禁，忠言未卒於口，而身爲戮沒矣。故使天下之士傾耳而聽，重足而立，箝口而不言，是以三王失道，忠臣不敢諫，智士不敢謀。天下已亂，姦不上聞，豈不哀哉！先王知壅蔽之傷國也，故置公卿大夫士，以飾法設刑而天下治。〔註8〕

第三節　西漢集勢治之大成以創一統盛世

　　漢高祖劉邦之得天下，首在得關中，取得地勢，建立其不拔之基業。項羽攻入關中，有人勸項羽據「關中阻山河之塞，地肥饒，可都以霸。」項羽以爲「富貴不歸鄉，如衣繡夜行。」輕棄關中，被說者斥之爲沐猴而冠。〔註9〕果然項羽失卻關中，缺乏穩固基礎，兵力左支右絀，遺無窮之禍。而漢高祖坐守

相國呂不韋、昌平君、昌文君、丞相王綰、隗林、李斯、去疾諸人。……這些人中用事最久者如商鞅、范雎、李斯等多爲法術之士或深通帝王之術者。」見錢穆先生，《國史大綱》（臺北：臺灣商務印書館，民國72年11月修訂10版），第三編，〈第七章大一統政府之創建〉，頁89；黎東方先生云：「韓非學說充份實行，就成了刻薄寡恩的政治。這正是李斯所辦到的。李斯規劃了秦代的大一統制度，……」見黎東方先生，《先秦史》（臺北：商務印書館，1995年11月修訂1版），第二十三章〈諸子百家〉，頁185。

〔註6〕　方孝儒云：「然其書誠有足取者。……其勿躬篇言人君之要在任人；用民篇言刑罰不如德禮；達鬱、分職篇皆盡君人之道，切中始皇之病，其後秦卒以數者僨敗亡國，非知幾之士，豈足以爲之哉？」見方孝儒，《遜志齋集》（臺北：中華書局，民國56年6月初版），卷四，〈讀呂氏春秋〉，頁16上～17下。

〔註7〕　齊人淳于越曰：「臣聞殷周之王千餘歲，封子弟功臣自爲枝輔。今陛下有海內而子弟爲匹夫，卒有田常六卿之臣，無輔拂，何以相救哉？事不師古而能長久者，非所聞也。」見司馬遷，《史記》卷六〈秦始皇本紀第六〉，頁89；同樣言論重複出現於《史記》卷八十七〈李斯列傳第二十七〉，頁892。可見司馬遷對淳于越言論之重視，其言論採納與否關係國家未來之興亡。

〔註8〕　見司馬遷，《史記》卷六〈秦始皇本紀第六〉太史公曰引賈誼〈過秦論〉，頁99。

〔註9〕　司馬遷，《史記》卷七〈項羽本紀第七〉，頁114。

關中，根本穩固，能敗而復振。項羽垓下一敗即不可收拾。在軍事上漢高祖以登壇拜將之手續，立韓信為大將，韓信取得「上不制天，下不制地，中不制人」之權威，一舉攻占形勢之地關中。以「致之死地而後生」之背水陣，不終朝而滅趙軍二十萬，降燕滅齊，造成三分天下有其二之局面。〔註10〕但劉、項正面交鋒，高祖多次失利，高祖對算無遺策之范增深懷恐懼。深通黃老之術之陳平設法離間范增、鍾離眜與項羽之關係，造成我合敵分，使楚軍由盛而衰，由衰而亡。〔註11〕漢高祖登基為帝，朝庭之上一片亂象：「群臣飲酒爭功，醉或妄呼，拔劍擊柱。」高祖深以為憂。叔孫通制朝儀，確立廟堂之上尊卑井然有序之秩序，終朝無人敢譁譁失禮，高祖不禁感嘆的說：「吾迺今日知為皇帝之貴也。」〔註12〕在安定天下上，儒家之禮儀產生無可衡量之效用。異姓諸侯王剷除之後，同姓諸侯王在文帝時逐漸為朝庭隱憂。賈誼以為諸侯王力多則反，力小則無邪心，解決方案是「推恩眾建」。賈誼能見問題癥結而又能提出救治之方，肇因於賈誼原治《左氏》學，曾註解《春秋左氏傳》。〔註13〕《左傳》敘及防止封建制度之崩解，在謹防「大都、耦國、並嫡、並寵」之亂象發生。現今朝庭既然志在瓦解同姓諸侯，只要反其道而行，則可在無形之中瓦解同姓諸侯國。在賈誼策劃之下，齊分為六。但東南一帶，尤其是心懷異志之吳王劉濞老壽不死，推恩眾建計劃無法見之行事，賈誼提出之補救方案是徙封淮陽王武為梁王，加大梁王封地，以親間疏，讓大梁產生屏障京師之作用。〔註14〕景帝時鼂錯之削藩政策激起七國之亂，但齊地六國，有二國為中央控制，參與叛亂者為四國，齊地亂事輕易為魏其侯所平定。吳、楚攻至大梁之郊，被阻三月，坐失先機，周亞夫率中央軍切斷吳、楚軍糧道，吳、楚軍因乏糧撤退而全面潰敗。周亞夫之用兵能掌握形勢，其整飾營壘之方，深得司馬穰苴、尉繚之遺意，部伍嚴不可犯。漢文帝至細柳視察軍情，為之動容，嘆曰：「此真將軍矣。鄉者霸上、棘門如兒戲耳。其將固可襲而虜也。至於亞夫，可得而犯邪？」文帝且崩時，特誡

〔註10〕其詳見司馬遷，《史記》卷九十二〈淮陰侯列傳第三十二〉，頁920～925。
〔註11〕陳平以「我合敵分」之術離間楚之君臣，說明陳平深通黃老治術多陰謀，其所通者實為黃，而非老，因為強調敵我分合之爭鬥者為黃帝，而非老子。《韓非子·揚權第八》即云：「黃帝曰：君臣上下百戰，上操度量以割其下。」
〔註12〕司馬遷，《史記》卷九十九〈劉敬叔孫通列傳第三十九〉，頁967。
〔註13〕班固，《漢書》（點校本）（臺北：世界書局，民國61年9月初版），卷八十八〈儒林傳〉，頁5621：「漢興，北平侯張蒼及梁太傅賈誼、京兆尹張敞、太中大夫劉公子皆修春秋左氏傳。誼為左氏傳訓故。」
〔註14〕其詳可見班固，《漢書》卷四十八〈賈誼傳第十八〉，頁2230～2239。

太子：「即有緩急，周亞夫眞可任將兵。」〔註15〕在平定七國亂事上，賈誼之計劃收到難以估計之效果。其後武帝繼續賈誼之「推恩眾建」計劃，同姓諸侯王之威脅消弭於無形。

第四節　東漢、曹魏、西晉於勢治之道多有遺憾，諸葛亮深明形勢以巴蜀一隅之地開偏安之局

東漢光武帝獎勵氣節，明經致用，實際是尊崇儒術，以孝、悌、忠、信等儒家禮制道德，強化儒家之「君尊臣卑」、「上下有序」之一體之勢治。幾十年提倡之結果是：「三代以下風俗之美，無尚於東京者！」〔註16〕但光武都洛，對西陲之控制即鞭長莫及，有心無力，羌亂成爲東漢無窮之憂患，不斷以精銳防守西陲，形成外重內輕之勢。防羌部隊隨董卓入京，專斷朝政，東漢名存實亡。劉焉建議朝廷在地方遍設刺史，假以軍政大權，形成地方權重，一統形勢土崩瓦解。〔註17〕

收拾北方殘局者爲曹操。曹操南征北討，所向克捷，在於曹操能得用兵之要，能依表佈陣，軍形嚴整。〔註18〕曹丕疏遠宗室，曹魏政權失卻以親間疏之宗族勢治之道，連續三代孤兒寡婦，使司馬氏成爲門戶、權臣，魏亡晉興。〔註19〕

晉武帝爲防異姓奪權，大封宗室，假以軍權，形成地方勢力尾大不掉，引發八王之亂。〔註20〕漢族自相殘殺，殺至奄奄一息之境地，胡人乘機舉事，

〔註15〕班固，《漢書》卷四十〈張陳王周傳第十〉，頁 2057～2058。

〔註16〕顧炎武，《日知錄》（臺北：明倫出版社，民國 60 年 10 月初版），卷十七〈兩漢風俗〉，頁 377。

〔註17〕范曄，《後漢書》（點校本）（臺北：鼎文書局，民國 72 年 9 月影印 2 版），卷七十五〈劉焉袁術呂布列傳〉，頁 2431：「時靈帝政化衰缺，四方兵寇，焉以刺史權輕，既不能禁，且用非其人，輒增暴亂，乃建議改置牧伯，鎮安方夏，清選重臣，以居其任。……出焉爲監軍使者，領益州牧，太僕黃琬爲豫州牧，宗正劉虞爲幽州牧，皆以本秩居職。州任之重，自此而始。」

〔註18〕見楊晨，《三國會要》（臺北：世界書局，民國 64 年 3 月 3 版），卷十七〈兵・魏軍制〉所引〈步戰令〉，頁 299。

〔註19〕其詳可見陳壽，《三國志》（點校本）（臺北：世界書局，民國 61 年 9 月影印初版），卷二〈魏書・文帝丕〉、卷四〈魏書・三少帝〉、卷十九〈魏書・任城威王彰陳思王植蕭懷王熊〉、房玄齡等撰，《晉書》（點校本）（臺北：世界書局，民國 76 年 4 月影印 2 版），卷一〈高祖宣帝〉、卷二〈世宗景帝太祖文帝〉等。

〔註20〕房玄齡等撰，《晉書》卷三〈武帝紀〉，頁 79；《晉書》卷五十九〈汝南王亮楚

北方擾嚷不安，東海王越出討石勒，中途病故。軍中推戴王衍爲元帥，衍無整軍經武之才，懼不敢當，幾十萬大軍在群龍無首之狀態下撤軍，至苦縣，爲石勒騎兵徹底圍殲，西晉因之覆滅。〔註21〕

　　劉備在長江上游四川建立蜀漢，其得力輔佐爲諸葛亮。劉備以奇襲方式攻占四川，四川人心不定，劉曄以爲機不可失，勸曹操火速進兵，一舉滅蜀，曹操感到猶豫。七天之後，傳來「蜀中一日數十驚」，曹操準備用兵，劉曄以爲時機已過，諸葛亮只須數天即足以安定四川。〔註22〕諸葛亮數日定蜀之能耐得力於其深明申、韓、管子一體勢治之術。〔註23〕在治軍上，諸葛亮能掌握兵形，依表佈陣、進止，部伍嚴不可犯。〔註24〕與司馬懿對壘之際，病卒撤軍，魏軍連追擊之勇氣均付之闕如，蜀人爲之諺云：「死諸葛走活仲達。」司馬懿按其撤退後之營壘，曰：「天下奇才也。」〔註25〕

第五節　苻堅軍政之勢兩失，倏興倏亡

　　晉室南渡，王導安撫流亡，招納江東才俊，熔北人、南人於一爐，共禦北方，成一偏安之局。〔註26〕

　　前秦苻堅文有王猛，武有鄧羌、張蚝、呂光，結束北方紛崩離析之亂局。苻堅發動投鞭斷流之傾國之師，意圖一舉混一宇內，但在肥水之戰，一敗即潰不成軍。何去非論及苻堅之失在於兵無節制，苻堅無法掌握兵之形勢，其所評論，可謂深刻。何去非云：

　　　今堅所率者百萬之強，而前後千里。其爲前鋒者二十五萬，而專向

王瑋趙王倫齊王同長沙王乂成都王穎河間王顒東海王越〉，頁1589～1628。
〔註21〕房玄齡等撰，《晉書》卷四十三〈王衍〉，頁1238。
〔註22〕陳壽，《三國志》卷十四〈魏書‧程郭董劉蔣劉傳第十四〉，《三國志》正文及裴注引《傅子》之說，頁445～446。
〔註23〕劉備勒後主曰：「……可讀《漢書》、《紀言》，閒暇歷觀諸子及《六韜》、《商君書》，益人意智。聞丞相爲寫申、韓、管子、六韜一通已畢，未送，道亡，可自更求聞達。」見陳壽，《三國志》卷三十二〈蜀書‧先主傳第三〉，頁891。
〔註24〕張澍編輯，《諸葛亮集》（臺北：天山出版，74年6月影印初版），卷二〈兵要〉，頁40～41，云：「凡軍行營壘，先使腹心及鄉道前覘審知，各令候令先行，定得營地，壁立軍分數，立四表候視，然後移營。……到前止處，游騎精銳，四向散列而立，各依本方下營。……其樵採牧飲，不得出表外也。」
〔註25〕陳壽，《三國志》卷三十五〈蜀書‧諸葛亮傳〉，頁925。
〔註26〕可參看陳寅恪，〈述東晉王導之功業〉，《金明館叢稿初編》，《陳寅恪先生文集之二》（臺北：里仁書局，民國70年3月10日出版），頁48～68。

壽春。堅嘗自恃其眾之盛，謂投鞭於江，足斷其流，乃自向項城，棄其大軍，而以輕騎八千赴之。是以晉人乘其未集而急擊之。及其既敗，而後至之兵，皆死於躪、踐，惡在其為百萬之卒也。使堅之師離為十道，偕發並至，分壓其境，輕騎游卒，營其要害，將自為敵，士自為戰，雖主客之勢殊，攻守之形異，晉誠善距而卻我之二三，則吾所用以取勝者蓋亦六七，則未足以亡晉，而亦以勝還矣……蓋兵有眾寡，勢有分合，以寡而遇眾，其勢宜合。以眾而遇寡，其勢宜分。……至於兵大勢重而致潰敗者，未嘗不在乎不分之過也。法曰：善用兵者，譬如率然。率然者，常山之蛇也。擊其首則尾至；擊其尾則首至；擊其中則首尾俱至。此言其陣之分也。以陣而必分，則凡兵之大勢者可知也。蓋兵大勢重，分之則所趨者廣，足以出奇而人自為戰。不分則應者獨，難以合變而身萃敵，將以身萃敵而士不自為戰，求其無敗，不可得也。〔註27〕

符堅大行封建，派遣氐族子弟，分鎮關東，造成關中空虛，成外重內輕之勢。〔註28〕肥水一敗，前秦帝國土崩瓦解。

第六節　隋唐於勢治之道有得有失

再建統一之局者為隋，隋之統一至覆滅不過三十年。唐人（如唐太宗）以為煬帝之滅實由輕離根本所致，唐太宗云：

隋煬帝承文帝遺緒，海內殷阜，若能常處關中，豈有傾敗？遂不顧百姓，行幸無期，徑往江都，不納董純、崔象等諫爭，身戮國滅，為天下笑。……〔註29〕

北周、楊隋以來，天下之重心實在關中，得之者昌，失之者亡。李淵以太原一隅之地，掃平群雄，再創一統，肇因於其較群雄（如李密等）搶先一步，一舉攻克關中，取得天下勢重之地位。陸贄之〈論關中事宜狀〉實為唐代勢治論文，不僅論及府兵制內重外輕之特色，並且論及關中之地勢。其中間有

〔註27〕 何去非，《何博士備論・符堅論上》（指海本）（臺北：藝文印書館影印《百部叢書集成》），頁 53 上～54 下。

〔註28〕 房玄齡等，《晉書》卷一百十三〈符堅載記上〉，頁 2903。

〔註29〕 吳競，《貞觀政要》（元戈直集論本）（長沙：岳麓出版社，1991 年 10 月 1 版），頁 334。

小誤，但能具見隋唐立國之具體形勢。府兵之興廢關係到國家之興亡：

> 大凡諸府八百餘所，而在關中者殆五百焉，舉天下不敵關中，則居
> 重取輕之意明矣。承平漸久，武備浸微，雖府衛具存，而卒乘罕習，
> 故祿山竊倒持之柄，乘外重之資，一舉滔天，兩京不守。〔註30〕

關中爲國家根本之地：

> 且今之關中，即古者邦畿千里之地也。王業根本，於是在焉。秦嘗
> 用之以傾諸侯；漢嘗以定四海。蓋由憑山河之形勝，宅田里之上腴，
> 弱則內保一方，當天下之半，可以養力俟時也。強則外制東夏，據
> 城中之大，可以蓄威昭德也。豪勇之在關中者，與列於廐牧不殊。
> 財用之在關中者，與貯於帑藏不殊。有急而須，一朝可聚。〔註31〕

在職官設計上，大體是君合臣分，君一臣百吏千之金字塔式之穩固形勢。在天子重臣相權之設計上，則大幅削減相權，分之爲三，分隸中書、門下、尙書三省。

在以親間疏之勢治上，唐太宗時有封建、郡縣之爭。魏徵、李百藥以爲不宜封建，顏師古獨排眾議，以爲「當建諸侯少其力，與州縣雜治。」但未爲太宗採納。〔註32〕其後武氏竊柄，誅唐室子孫殆盡，則顏師古之議可謂知幾。雖然人多附合蘇氏「至柳宗元〈封建論〉出，而諸子之論廢矣。雖聖復起，不能易也。」〔註33〕之說。但至清代慈銘對此一問題獨持異議，以爲「然封建藩維，自爲有國者之至計。」其舉證歷歷，又言之成理，與柳之〈封建論〉比合而觀，讀者當有深一層之體會。李文較不易見，故將其大要記之於下：

> 閱新唐書，唐待宗室最薄。其初高祖新有天下，太祖以下皆封王。
> 太宗即位，詔疏屬王者皆降爲公，惟嘗有功者不降，然亦不許世襲。
> 貞觀十一年，詔高祖諸王及諸子爲督刺史者皆世襲，旋廢不行。其
> 後諸王遭武氏之禍，殺戮殆盡。……玄宗以後，…親王薨後無贈官
> 贈諡之典，王子罕得疏封。遭安祿山、朱泚、黃巢之逆，死亡係踵。

〔註30〕 陸贄，《陸宣公奏議》（臺北：臺灣商務印書館，民國 58 年 4 月初版），卷一
〈論關中事宜狀〉，頁 4～8。

〔註31〕 同上註，頁 6。

〔註32〕 歐陽修、宋祁，《新唐書》（點校本）（臺北：鼎文書局，民國 68 年 12 月影印
初版），卷第七十八〈宗室〉，頁 3537。

〔註33〕 蘇軾，《東坡志林》（明湯雲孫輯本），（收錄於《百部叢書集成新編》冊八六）
（臺北：新文豐出版社，民國 75 年元月影印初版），卷五〈秦廢封建〉，頁 73。

至昭宗時，韓建以兵攻十六宅，殺通睦濟韶彭韓沂陳延丹覃十一王，史載其被殺時冤慘之狀，尤不忍言，而昭宗十七子皆爲朱溫蔣玄暉所殺。嗚呼！大宗維翰，宗子維城，誠所以隆本支，固宗祐也。唐用魏徵、李百藥、封德彝之邪說，陵夷至不可救。劉秩、杜佑雖建正議，卒不採用。……然封建藩維，自爲有國者之至計，迂儒動以漢七國晉八王爲言，然漢歷三代而有七國之亂，孰與秦之二世而亡？況七國亦終不能爲漢禍，而梁孝王且以兵當七國之衝也。……晉之八王搆亂，孰與魏之三馬同槽。且琅邪東渡，非封建之效乎？……柳宗元更推衍詖說，張其狂瀾，至以爲公天下之端自秦始。斯言也，尤聖人所必誅。自唐以後，惟明代稍用古制。其封建諸藩，惟設護衛兵，食租賦，不得與郡縣事，故諸王國較漢強弱縣甚。然有天下者，漢以後惟明爲強，其亡時宗室被禍獨少於前代。……宋待宗室，略同唐制。靖康時幸以康王爲兵馬元帥，得少救徽欽之禍。顧寧人謂明末流寇之難，使有如唐之虢王巨嗣吳王祗者，分據州鎮以號召天下，其勢當猶可爲。予按唐代宗室爲都統者四人。……考四人後皆無功。……然皆不失爲賢者，巨與勉又先曾立勳。而節度使則有信安王禕、嗣吳王祗、嗣曹王成，皆勞績懋著。由是觀之，宗室亦何負於國哉！〔註34〕

中唐以後，唐室內有宦官之禍，外有藩鎮割據，弄成國已不國之慘局。唐代宦寺是逐步攘奪軍政大權。玄宗時宦者不過是「持節傳命」；肅宗時開始專典禁軍，已開始操持兵柄；代宗於宮中設內樞密使，其職掌是「承受表章，出納王命。」眞正職掌不過是收發。但由手握兵柄之宦官充任，已足成爲政治上之惡魔——門戶，門戶現象一出現，皇權完全被架空。自此皇帝成爲宦者掌上之傀儡，命如懸絲。憲宗能掃平跋扈萬狀之河北三鎮，號稱中興令主，但仍逃不過宦寺荼毒。憲宗後之八帝，由宦者擁立者爲七。唐文宗立意誅除宦官不成，心灰氣沮，宦官則氣燄熏灼。五年後唐文宗即悒鬱而卒，死前的一段對話慘不忍聞：

乙亥，上疾少間，坐思政殿，召當直學士周墀，賜之酒，因問曰：「朕可方前代何主？」對曰：「陛下堯、舜之主也。」上曰：「朕豈敢比

〔註34〕李慈銘，〈新唐書札記〉，收錄於《二十五史三編·唐書之屬》第七分冊（長沙：岳麓出版社，1994 年 12 月 1 版），頁 194～196。

堯、舜！所以問卿者，何如周赧、漢獻耳？」墀驚曰：「彼亡國之主，豈可比聖德！」上曰：「赧、獻受制於強諸侯，今朕受制於家奴，以此言之，朕殆不如！」因泣下霑襟，墀伏地流涕，自是不復視朝。

〔註35〕

唐自開元十年改府兵制為募兵制。關中府兵既廢，已失內重外輕一體有效控制之勢，引發安史之亂，藩鎮之禍。藩鎮之禍形成禍召禍之惡性循環，演進至遍天下皆是藩鎮之際，唐室隨之而亡。

第七節　開科取士與安邦定國

隋煬帝喜辭章，特設進士科，其後行之一千餘年而不能廢。魏晉九品官人法，原本尚稱得人，行之既久，滋生「上品無寒門，下品無世族」之不公平現象，全失為國掄才之初意。以辭章考校士子才學，可公平選拔全天下之人才，以科第高低判其賢愚，將其安置在政治機械之適當位階，以成天下之治。此一設計與儒家禮治（勢治）機械理想之「賢者在上，不肖者處下」「學優則仕」密切配合。凡科舉及第者至少粗通文墨，看得懂朝廷文書勅令，可依政令辦事；有所建議，亦能上疏廟堂之上，供上意裁示。科舉制度確實能為朝庭選拔棟樑之材，唐德剛即以晚清之例說明此一現象。唐云：

> 筆者走筆至此，又要擱筆。嘆息兩聲；在同治中興時期，那一批「科甲出身」的「中興名臣」，後來被國、共兩黨的理論家、宣傳家，真罵得狗屁不值。可是我們一百年後，再回頭看看——那批狗屁不值的翰林、舉人（早一點的林則徐、徐繼畬、阮元等不提了）如曾、左、李、胡、張（之洞）、翁（同龢）、陳（寶箴）、沈（葆楨）、劉（坤一）等等，在後來的國共兩黨政權中能找到幾位？有之，「有古大臣風」的泥水匠周恩來差可與之甲乙。可是周氏之外還有誰？朋友，你能小視我們的「固有文化」和「科舉制度」？〔註36〕

齊如山亦以為科舉出身者多為正人君子：

> 從前不必說，就說明清兩朝以來，由科舉進士出身的人員，不知有

〔註35〕司馬光，《資治通鑑》（點校本）（臺北：世界書局，民國68年5月8版），卷二百四十六〈唐記六十二・文宗開成四年〉，頁7941～7942。

〔註36〕唐德剛，《晚清七十年》（臺北：遠流出版社，1999年2月初版3刷），參〈甲午戰爭與戊戌變法・五解剖康有為〉，頁1341。

多少萬了，而大多數都是正人君子，像嚴嵩那樣的敗類，確是極少
的少數，而兩袖清風的宰相大臣，則時時有之。……民國幾年的各
省主席，及帶兵大臣，都是幾年的工夫，則撈幾千萬。……由此可
以證明，凡科甲出身之人，總是正人君子較多。這有兩種原因，一
因科甲出身者，都讀過經書，書中有好的道理，讀的多了，自然要
受其感化。二是從前考試辦法很公平，貢院大堂之匾額寫「至公堂」
三字，確有道理，固然不能說沒有毛病，但確不容易。〔註37〕

安邦定國亟須者爲才智之士、勇力之士。進士只能選拔才智之士，造成
武勇之士之遺漏。武則天特設武舉，以彌補此一遺憾。

歷朝歷代安邦定國、延攬人才最行之有效之方法即是開放政治資源，大
規模開科舉士。士人輻輳於此，足令統治階層喜不自勝。五代王定保云：

文皇帝（唐太宗）修文偃武，天贊神授，嘗私幸端門，見新進士綴
行而出，喜曰：「天下英雄，入吾彀中矣。」〔註38〕

士子不願爲官，朝廷無不視爲隱憂。如魏晉遞嬗之際，阮籍肯屈就東平
相，晉文帝即大喜過望，立刻授官。〔註39〕明太祖對拒絕爲官之夏伯啓叔姪、
姚潤、王謨必欲除之而後快。〔註40〕清人入主中原，開明史館、博學鴻詞科
以攏絡漢人。康熙年間發生科場舞弊案最能說明此中景況。趙翼云：

先輩嘗言：徐健菴乾學在康熙中以文學受知。…相傳鄉、會試之年，
諸名士先於郊外自擬名次。及榜出，果不爽，非必親自主試也。徐
方主持風氣，登高而呼，衡文者類無不從而附之。以是遊其門者，
無不得科第。有翰林楊某者，其中表也。八月初，遇徐於朝。徐問：
「欲主順天鄉試否？」楊謂：「幸甚。」徐曰：「有名士數人不可失
也。」及夕，則小紅封送一名單至，計榜額已滿。詰朝，主試命下
矣。楊不得已，與諸同考寫如其數取之。榜發而京師大譁，揑名帖
遍街市。聖祖聞之，降旨親審。楊窘甚，求救於徐。徐謂：「毋恐，

〔註37〕齊如山，《中國的科名》（臺北：中國新聞出版社，民國 45 年 8 月初版），第
　　　二五章〈結論〉，頁 190～192。
〔註38〕王定保，《唐摭言》（四庫全書本），收錄於《四庫全書》一〇三五冊中（臺北：
　　　臺灣商務印書館印行），卷十五〈雜說〉，頁 802～803。
〔註39〕房玄齡等，《晉書》卷四十九〈阮籍〉，頁 1360。
〔註40〕張廷玉等，《明史》（點校本）（臺北：鼎文書局，民國 68 年 12 月影印初版），
　　　卷九十四〈刑法二〉，頁 2318。

姑晚飯去。」翌日，有稱賀於上前者，謂：「國初以美官授漢兒，漢
兒且不肯受。今漢兒營求科目，足覘人心歸附。可爲有道之慶。」
　　聖祖默然，遂置不問。〔註41〕

　　慈禧後新政，廢科舉，中國傳統政治之君一臣百（或千）吏千（或萬）士
農工商千萬（千萬至四億）之一體勢治之穩固金字塔形勢，中間階層之大官小
吏階層整個被抽空，皇權從九天之上直摔至地面，士人失去進身之階亦深懷不
滿，其對朝廷之向心力隨之瓦解，不少士子因之走向革命（如劉師培等），滿清
專制王朝隨之瓦解冰消。近代不少學者認爲慈禧後新政廢科舉之舉對滿清政權
之衝擊超過辛亥革命。中西政治制對照，更能襯托出中國隋唐以來傳統科舉官
僚制度之特色。例如余英時即曾引用韋伯之說申述此一狀況，余英時云：

就制度本身而論，科舉是具有高度客觀性的。一般地說，中國傳統
的官僚制度有相當突出的成就。韋伯便認爲它是使傳統中國獲致長
期政治穩定的重要因素。有些古代帝國便因爲缺少這種組織而很快
地退出了歷史的舞台。（見 From Max Weber: Essays in Sociology,
P209）〔註42〕

　　但科舉制度亦非全無缺點，考試科目僅限辭章，將全國多數聰明才智盡
耗於吟詩、作對子、寫文章上，確實亦影響了中國文化在其他方面的發展。
科舉制亦造成利出一孔之現象，朝廷以科舉方式如綱在網之控制士人之整個
前途。士人意圖取得榮華富貴甚至基本生活，僅剩考取功名一途，士人幾無
所逃於科舉制度之外。敢於離開科舉自行其是、自創局面之士人在歷史上少
到屈指可數之地步。

第八節　趙普半部論語治天下

　　唐末五代藩鎮之禍，政治污亂，兵革不休。上之君王面對層出不窮之兵
變、叛亂，命如懸絲；下之百姓身遭無休止之戰禍，無法安居。此一慘局延
續至宋太祖時仍未稍歇。宋太祖即位後，對此問題深以爲憂，曾問趙普造成
此一現象之原因及解決之道。趙普以爲宋太祖思慮及此，爲天地神人之福。

〔註41〕趙翼，《簷曝雜記》（北京：中華書局，1997 年 12 月 2 刷），卷二〈徐健菴〉，
　　　　頁 40～41。
〔註42〕余英時，〈君尊臣卑下的君權與相權〉，《歷史與思想》（臺北：聯經出版社，
　　　　民國 78 年 14 刷），頁 62。

造成原因是地方權重，君弱臣強，解決之道只有稍奪其權，制其錢穀，收其精兵。〔註43〕趙普解決唐末五代以來中央積弱、藩鎮跋扈之具體方案是實行君合臣分之一體勢治之道。宋太祖採納趙普建議，內收禁軍兵權，外削藩鎮。內收禁軍之權之方式是分而治之，集權於皇帝，殿前都副點校及侍衛軍都指揮使副罷後即不補人，侍衛親軍無兼統之人，侍衛親軍之馬軍、步軍自行分之爲二，與殿前軍一共分爲三個單位，綰合者爲皇帝，黃袍加身之事至此遂絕。在外削藩鎮方面，設轉運使分其財政權，設通判分其行政權，收選其精兵，分其兵權，此後之節度使漸成虛銜。地方軍、政、財悉集中央，儒家、法家理想之內重外輕、君強臣弱、君合臣分、如身心使臂、如臂使指之一體之勢治（禮治）重現人間。《宋史》以爲趙普之善謀能斷，確立三百年之宏規，其所參考取資，盡在《論語》。〔註44〕由此觀之，趙普確是深切瞭解孔子之「宗廟之美，百官之富。」聶崇岐因之盛讚趙普「一學究耳，然能謀深慮遠如此，亦不可謂非人傑。」〔註45〕

　　宋室過份中央集權，雖達致太平之目的，但亦產生不少弊端。地方事業因錢少權輕，百舉俱廢，顧炎武即以館驛規模之大小說明宋不如唐。〔註46〕

　　在立國形勢上，宋失地勢。《古今治平略》言及宋太祖有意都洛，事不果行，宋太祖遺無限之感嘆：

> 宋初因周漢之舊，都於汴梁。開寶九年，太祖幸洛陽，南郊事畢，遂欲留都焉，群臣咸諫。晉王光義，言其非便。帝曰：「還河南未已，終當居長安耳。」光義問其故。帝曰：「吾欲西遷，據山河之勝，以去冗兵，循周漢故事，以安天下也。」光義曰：「在德不在險。」力請還汴，帝不得已從之。因歎曰：「不出百年，天下民力

〔註43〕司馬光，《涑水記聞・卷一》收錄於《叢書集成新編》第八三本中（臺北：新文豐出版社，民國75年元月影印初版），頁7。

〔註44〕脫脫等，《宋史》（點校本）（臺北：鼎文書局，民國65年元月影印初刷），卷二百五十六〈列傳第十五趙普〉，頁8945：「論曰：……（普）偃武而修文，慎罰而薄賦，三百餘年之宏規，若平昔素定，一旦一舉而措之。家人見其斷國大議，閉門觀書，取決方策，他日竊視，乃魯論耳。昔傳說告商高宗曰：『學于古訓乃有獲，事不師古，以克永世，匪悅攸聞。』普爲謀國元臣，乃能矜式往昔，著龜聖模，宋之爲治，氣象醇正，茲豈無助乎？」

〔註45〕聶崇岐，〈論宋太祖收兵權〉，《宋史叢考》（臺北：華世出版社，1986年12月，台1版），頁282。

〔註46〕顧炎武，《日知錄》十六〈館舍〉，頁353～354。

殫矣。」〔註47〕

第九節　胡虜無百年之運

蒙古耶律楚材定朝儀，確立君尊臣卑之一體勢治，鞏固窩闊台之帝位。〔註48〕耶律楚材為中書令，地方採分權制，凡州郡令長專理民事，萬戶總軍政，課稅使掌錢穀，各不相統攝。建議朝廷重用儒臣，為官治民，以為「制器者必用良工，守成者必用儒臣。」考試取士凡四千三十人。以儒生為官吏，造成淮水以北之小康之局。〔註49〕

元世祖亦以為儒足以致治，巏巏並進一步申言儒足以致治之原因：

> 達官有怙恃者，言曰：「儒有何好？君酷愛之。」巏巏曰：「世祖以儒足以致治，命裕宗學於贊善王恂。今秘書所藏裕宗倣書，當時御筆於學生之下，親署御名學書謹呈，其敬慎若此。世祖嘗暮召我先人坐寢榻下，陳說四書及古史治亂，至丙夜不寐。世祖喜曰：『朕所以令卿從許仲平學，正欲卿以嘉言入告朕耳。卿益加懋敬以副朕志。』今汝言不愛儒，寧不念聖祖神宗篤好之意乎？且儒者之道，從之則君仁、臣忠、父慈、子孝，人倫咸得，國家咸治，違之則人倫咸失，家國咸亂。汝欲亂而家，吾弗能禁，汝慎勿以斯言亂我國也。儒者身若不勝兵，言若不出口，然腹中貯畜有過人者，何可易視也？」達官色慚。〔註50〕

當代余英時等以為：

> 相形之下，相權則愈來愈微弱。傳統相權的衰落，宋代是一個關鍵時代。……可見宋太宗確是有意要削掉宰相的用人與司法之權。從

〔註47〕《古今圖書集成》（臺北：鼎文書局，民國74年4月影印再版），冊七《坤輿典》一一三卷〈建都部總論二・古今治平略・古今都會〉，頁1171。

〔註48〕宋濂等，《元史》（點校本）（臺北：鼎文書局，民國69年3月影印初版），卷一四六〈列傳第三十三耶律楚材〉，頁3457：「春，公在燕京。秋，太宗將即位，宗親咸會，議猶未決，時睿宗為太宗親弟。故公言於睿宗曰：『此宗社大計，宜早定。』睿宗曰：『事猶未集，別擇日，可乎？』公曰：『過是無吉日矣。』遂定策，立儀制，乃告親王察合台曰：『王雖兄，位則臣也，禮當拜。王拜則莫敢不拜。』王深然之。及即位，率皇族及臣僚拜帳下。既退，王撫公曰：『真社稷臣也。』元代尊屬有拜禮，自此始。」

〔註49〕宋濂等，《元史》卷一四六〈列傳第三十三耶律楚材〉，頁3461。

〔註50〕宋濂等，《元史》卷一四三〈列傳第三十巏巏〉，頁3415～3416。

這種發展的趨勢看，明太祖洪武十三年廢相之舉可以說是水到渠成的事。〔註51〕

驗之事實，殊有不然。中國宰輔地位在宋代固是大幅削減，但元代實施一省制，相權再度擴大。元代宰相權勢膨脹至足以與君權抗衡，有失君一臣百、君強臣弱之一體勢治之道。葉子奇以為元世祖建國以後，立中書省以總庶務，立樞密院以掌兵要，立御史台以糾彈百官，行三權分立之制。後世漸循私情，發生權勢下移之兼官現象，中書省之宰相多以親信擔任御史大夫，台省要務悉集中書，所幸燕帖木兒、脫脫、荅麻等「才智短拙，謀不逮心，向使莽操懿溫之倫居之，元之為元，已不逮順帝而後宗社為墟也。」〔註52〕明太祖亦云：

> 胡元之世，政專中書，凡事必先關報，然後奏聞。其君又昏蔽，是致民情不通，尋至大亂，深為可戒。〔註53〕

明太祖並以為壅蔽、門戶之產生，造成元之滅亡：

> 夫元氏之有天下，固由世祖之雄武，而其亡也，由委任權臣、上下蒙蔽故也。今禮所言，不得隔越中書奏事，此正元之大弊。人君不能躬覽庶政，故大臣得以專權自恣。〔註54〕

元朝滅亡原因之一是缺乏立子以嫡以長之繼統法，朱元璋〈討胡檄文〉云：「古云胡虜無百年之運，驗之今日，信乎不謬。……」〔註55〕驗之歷史，胡虜確實少見能延百年以上之政權，其最根本之原因在於胡虜無法有效建立宗族一體之勢治，缺乏中國自三代以來已確立「立子以嫡以長」之繼承制度，以達分定爭止、以貴制賤、以尊制卑、以強制弱、以合制分之家族一體之勢治。王國維在〈殷周制度論〉以為此法為周公所創，固是出於誤解。但王氏論其（立子以嫡以長）效用「乃出于萬世治安之大計，其心術規模，迥非後世帝王所能夢見也。」可謂生動深刻。中國三代以來，正常狀況下皆行立子以嫡以長之制，使皇（王）族之內部繼承紛爭、磨擦消弭於無形，皇（王）位繼承在揖讓進退中完成。此種轉移政權方式比之近世英國議會設計出之數

〔註51〕 余英時，〈君尊臣卑下的君權與相權〉，《歷史與思想》，頁58。

〔註52〕 葉子奇，《草木子·卷之三下》（北京：中華書局，1997年11月北京3刷），頁61～62。

〔註53〕 《明太祖實錄》（臺北：中央研究院歷史語言研究所，民國57年6月2版），卷一一七〈洪武十一年三月壬午條〉，頁1917。

〔註54〕 《明太祖實錄》卷五九〈洪武三年十二月己巳條〉，頁1158。

〔註55〕 《明太祖實錄》卷二六〈洪武元年十月丙寅條〉，頁401～402。

人頭代替殺人頭（或打破人頭）之政權轉移法絲毫不見遜色，但中國嫡長繼承制出現時間則早了四千年。中國人對此制之安邦定國效用司空見慣，毫不措意。但胡虜每遇繼承問題，往往立起紛爭，兄弟叔姪無法相容，演變成民族自相殘殺之慘局。匈奴之衰衰於五單于之爭立；〔註56〕東突厥之亡，亡於頡利、突利叔姪之爭，使唐有機可乘。〔註57〕元世祖以下諸帝之繼承亦是紛爭不絕，其著者如安西王與武宗之爭、文宗與天順帝之爭、寧宗與順帝之爭、順帝與太子之爭，元朝即在此種內耗中損及元氣，由衰而亡。呂思勉即認爲「從來北族之敗亡，無不以繼嗣之爭者。」〔註58〕

第十節　明太祖將政、軍之勢治推向極峰，但卻對宗族之勢、立國形勢掉以輕心

明在行政、軍事上之勢治是君合臣分。洪武十三年廢相之後，析中書省之政歸于六部，皇帝自操威柄；掌管軍事之大都督府被分之爲五；地方上元之行省改爲承宣布政使司，特將布政使之權力析之爲三，布政使負責行政，都指揮使負責軍事，按察使負責監察。〔註59〕明太祖並云：

> 自古三公論道，六卿分職。自秦始置丞相，不旋踵而亡。漢、唐、
> 宋因之，雖有賢相，然其間所用者多有小人，專權亂政。我朝罷相，
> 設五府、六部、都察院、通政司、大理寺等衙門，分理天下庶務，
> 彼此頡抗，不敢相壓，事皆朝廷總之，所以穩當。以後嗣君，並不
> 許立丞相。臣下敢有奏請設立者，文武群臣即時劾奏，處以重刑。
> 〔註60〕

這段話最足以說明明代政治以古制之君合臣分之勢治之道爲施政之主要原則。

明太祖廢相，直接總理庶務，君合臣分之形勢進一步加強，權力下移之

〔註56〕班固，《漢書》卷六十四〈匈奴傳下〉，頁3795～3797。
〔註57〕劉昫等，《舊唐書》（點校本）（臺北：鼎文書局，民國68年2月2版），卷一百九十四上〈突厥上〉，頁5158～5159。
〔註58〕呂思勉，《中國制度史》（上海：上海教育出版社，1998年5月2刷），第十章〈政體〉，頁479。
〔註59〕張廷玉等，《明史》卷七十二〈志第四十八職官〉，頁1729。
〔註60〕《明太祖實錄》卷二三九〈洪武二十八年六月己丑條〉，頁3478。

顧忌減至最低。廢相之舉有利有弊。置相的目的原本與嫡長繼承之君主有互補效用。立子以嫡以長，雖可避免紛爭，但所立之君未必皆賢，有時遭逢嗣位之君過於年幼，相之輔助作用立刻彰顯，如諸葛亮輔佐庸懦之劉禪，即足以致治。黃宗羲以爲有明政治之壞肇因於太祖高皇帝之廢相，錢穆先生稱之爲「一針見血之論」。〔註61〕余英時亦持相同之看法。〔註62〕此一說法驗之事實則殊有不然。順治即盛讚明制之完善：

> （上）又問：「上古帝王，聖如堯舜，固難與比倫。自漢高以下，明代以前，何帝爲優？」對曰：「漢高、文帝、光武、唐太宗、宋太祖、明洪武，俱屬賢君。」上曰：「此數君者，又孰優？」名夏曰：「唐太宗似過之。」上曰：「豈獨唐太宗，朕以爲歷代賢君，莫如洪武。何也？數君德政有善者，有未盡善者。至洪武所定條例章程，規畫周詳。朕所以謂歷代之君，不及洪武也。」〔註63〕

清制大體沿襲明制（不置相亦在沿襲之列）而來，只是去其苛政（如廠衛制度及各種苛捐雜稅）。有明一代固是無善政，但承襲廢相之明制而來之清政，非僅無惡政，其治績之佳，使大嘆「有明一代無善政始自太祖高皇帝廢相始」之黃宗羲發出由衷嘆賞「五百年名世，于今見之。」〔註64〕

明太祖違反宗族一體之勢治，大封諸王，假以兵權，形成耦國、尾大不掉之局，貽燕王奪嫡篡位之患。能洞悉此中幽隱者爲葉伯巨。洪武九年，葉伯巨上書反對行封建，以爲「當今之世，太過者三」之一即是「分封太侈」。書上，明太祖大怒，以爲葉伯巨離間骨肉，將其處死。至燕王稱兵，「人乃以伯巨爲先見」。〔註65〕

在立國態勢上，明太祖建都南京，實失內重外輕、居高臨下、居中制馭四方之地勢。明太祖曾言：

〔註61〕 錢穆先生，《國史大綱》（臺北：臺灣商務印書館，民國70年8月修訂8版），第七編〈第三十六章傳統政治復興下之君主獨裁（上）〉，頁510。

〔註62〕 余英時，〈君尊臣卑下的君權與相權〉，《歷史與思想》，頁69。

〔註63〕 《清太祖實錄》（臺北：華聯出版社，民國53年9月初版），卷七十一〈順治十年正月丙申條〉，頁848～849。

〔註64〕 黃宗羲，〈與徐乾學書〉，《黃宗羲南雷雜著稿眞跡》（杭州：浙江古籍出版社，1987年版），頁278。負責編輯《黃宗羲南雷雜著稿眞跡》之吳光，考證此文確是出自黃宗羲之手。見吳光，〈與徐乾學書的考證和說明〉，《古書考辨集》（臺北：允晨文化，民國78年12月），頁181～188。

〔註65〕 張廷玉，《明史》卷一三九〈列傳第二十七葉伯巨〉，頁3990～3996。

朕經營天下數十年，事事按古有緒，惟宮城前昂後窪，形勢不稱。
本欲遷都，今朕年老，精力已倦。又天下新定，不欲勞民。且廢興
有數，只得聽天。惟願鑒朕此心，福其子孫。〔註66〕

明太祖原本有意遷都西安。《明外史・懿文太子傳》云：

洪武二十四年八月，勅太子巡撫陝西，帝意欲都陝西，先遣太子相
宅。既行，使諭曰：「爾昨渡江，震雷忽起於東南，導爾前行，是威
震之兆也。」仍申諭從行諸臣，以宿頓聞。比還，獻陝西地圖，上
言經略建都事。〔註67〕

但皇太子回京不久病卒，明太祖傷心之餘，對遷都一事已力不從心。明太祖
「事事按古有緒」，只有建都一事未能遵循古制。勉強建都南京，此地果然風
水不佳，燕王發動靖難之役，太孫允炆根本守不住南京，最後結局是「宮中
火起，帝不知所終。」〔註68〕

第十一節　戚繼光以形勢整軍經武創建威震天下之戚家軍

明代將領行軍用兵最能得兵形勢精髓者為戚繼光。戚繼光自言其練兵、
用兵之法，源出於古：

如束伍之法，號令之宜，鼓舞之機，賞罰之信，不惟無南北水陸，
更無古今。其節制、分數、形名，萬世一道，南北可通也。……
今人治兵常曰：「古法，荃蹄之具耳，不足以施于實用。」嗚呼！
天下有無方之醫否耶？蓋地方風氣不同，人之情性各異，不能因
其所明而通其所蔽，遂謂兵法不足以實於實用，是豈能為兵者哉！

〔註69〕

戚繼光言及整軍經武之方，清澈見底，如云：

〔註66〕見吳晗，《朱元璋傳》（香港：龍門書店，1973年2月再版），第四章〈建都和
　　　　國防〉所引〈祭光祿寺灶神文〉，頁146。
〔註67〕《古今圖書集成》，冊七《坤輿典》第一一九卷〈建都部〉引《明外史・懿文
　　　　太子傳》，頁1239。
〔註68〕張廷玉等，《明史》卷四〈本紀第四恭閔帝〉，頁66。
〔註69〕戚繼光，《紀效新書》（北京：中華書局，1996年11月北京一刷），卷之首〈紀
　　　　效或問〉，頁7～15。

　　古今各色陣法，皆在于編伍時已定。一加旌旗立表，則雖畎畝之夫，

　　十萬之眾，一鼓而就列者，人見其教成之易，而知其功出于編伍者，

　　鮮矣。〔註70〕

其它如論及連坐法、行軍清道等，亦同樣可在兵形勢之《尉繚子》、《司馬法》
（劉歆《七略》雖將此書列入兵權謀家中，但就其殘文、佚文來看，《司馬法》
之思想實以兵形勢為主。）中找到淵源，有些地方幾乎是完全抄自《尉繚子》。
戚繼光盛讚孫武能得用兵之妙部份亦在形勢：

　　善哉孫子之教宮嬪曰：「汝知爾左右手心背乎？」嗚呼，此教戰之

　　指南，此千載不傳之秘文，此余獨悟之妙也，指以示人，尤為可惜。

　　〔註71〕

《四庫全書總目提要》亦以其書（《紀效新書》）可謂深明形勢。〔註72〕

第十二節　洪楊之亂，清失內重外輕之勢

　　清初致治之道，沿襲明制。在集天下之人才以成天下之治上，清朝以科
舉吸收漢族人才，雜以滿族人士，達到滿漢共治之目的。一體勢治之政治機
械充份發揮作用，清政府達到致太平之目的。此一運轉順暢之政治機械在洪
楊之亂爆發後開始逐漸失靈，內重外輕之形勢開始發生變化。官軍不堪攻戰，
湘軍趁勢拔興，造成「吾楚人才之在今日，盛矣。苟能軍無不將帥者；苟能
事無不軒冕者」之局面。〔註73〕地方督撫多由漢人充任，滿清政府對地方之
羈縻愈來愈感力不從心。南方大吏對中央詔旨多所推諉，甚至公然抗命。錢
穆先生自中學時代即嗜讀曾國藩文章。〔註74〕故其在《國史大綱》敘及曾氏
對朝廷諭旨陽奉陰違之應付之道，堪稱傳神：

　　此數年間，清廷雖知曾國藩才力可依，然並不曾想以削平洪楊事業

　　全付湘軍之仔肩。忽而令之援浙，忽而令之援閩。忽而令之入川，

〔註70〕戚繼光，《紀效新書》，卷之一〈束伍篇第一〉，頁29。

〔註71〕戚繼光，《紀效新書》，卷之二〈緊要操敵號令簡明條款第二〉，頁41。

〔註72〕永瑢等編撰，《四庫全書總目舉要》（臺北：臺灣商務印書館，民國74年5月
　　　　3版），卷九十九〈子部・兵家類・紀效新書十八卷條〉，頁2046。

〔註73〕郭嵩燾語，見《養知書屋文集》（臺北：文海出版社，收錄於《近代中國史料
　　　　叢刊第十六輯》中），卷十〈與曾沅浦〉，頁496。

〔註74〕錢穆先生，《八十憶雙親師友雜憶合刊》（台北，東大圖書公司，民國81年1
　　　　月3版），《師友雜憶》貳〈常州府中學堂〉，頁62。

又忽而令之赴蘇。若國藩遵從清廷意旨，必致一事無成，全局失敗而止。惟曾之意中，早有一整個討平洪楊之腹本。因此清廷命令，彼必宛轉因應，令其與自己計劃相應而止。〔註75〕

中法之役，法海軍截斷台灣與大陸之連絡，情況危急，但清廷無法指揮李鴻章、曾國荃之兵艦馳援南方，朝廷詔旨痛斥「可恨已極」：

奉旨：「李鴻章電稱援閩兵輪，北洋祇有二船，南洋亦實祇三船等語。前據左宗棠奏，已與曾國荃商派南洋五船赴援，何以又稱只有三船？台灣信息不通，情形萬緊，猶敢意存觀望，不遵諭旨，可恨已極！曾國荃著交部嚴加議處！即著多派兵輪，與李鴻章派出之船，在上海會齊，駛往福建，交楊昌濬調遣，速解台灣之危。該大臣等倘再遷延觀望，致誤戎機，自問應得何罪？……」〔註76〕

八國聯軍攻北京，漢人之總督、巡撫如李鴻章、張之洞、劉坤一、袁世凱等之表現更見精彩，大搞東南自保，與敵人妥協，拆朝廷之台。

慈禧後新政廢科舉，將中國傳統最為穩固之君一臣百吏千士農工商千萬或億之金字塔形勢之一體勢治之道，澈底瓦解，清室以及二千年來之帝制隨之而亡。

第十三節　湘軍仿戚氏成法治軍，開湖南兵威新局

洪楊之亂，滿清八旗、綠營均不堪攻戰。中國各地皆辦團練，以保家鄉，但團練完全不堪攻戰。曾國藩即云：「嗣後經過各省，從未見有團練能專打一役，專守一城者。」〔註77〕能擔負攻守之責者，僅曾國藩所練之湘軍而已，不但能保全鄉里，還能至境外平亂。此一異數肇因於曾之練軍能掌握兵之形勢。曾之練兵、用兵、組織之方，仿自戚繼光。曾氏自言：

請就現調之千人略仿戚人敬成法，束伍練技，以備不時之衛。由是

〔註75〕錢穆先生，《國史大綱》（臺北：臺灣商務印書館，民國71年8月修訂8版），第八編〈第四十五章狹義的部族政治下之民族〉，頁675。
〔註76〕〈軍機處寄直隸總督李鴻章等電旨（光緒十年九月十八日）〉，收錄於楊家駱編，《中法戰爭文獻彙編》冊六（臺北：鼎文書局，民國62年12月初版），頁94。
〔註77〕曾國藩，〈派宋夢蘭辦皖南團練片〉，《曾文正公奏稿·卷十二》（臺北：文海出版社，民國63年2月影印初版），收錄於《近代中國史料叢刊續輯》第一輯，頁1935～1936。

　　吾邑團卒，號曰鄉勇。此湘勇所自始。〔註78〕

其後湘軍轉戰天下，兵威之盛，迥出事前夢囈所及。王闓運云：

　　湘軍則南至交趾，北及承德，東循潮汀，乃渡海開台灣，西極天山、
　　玉門、大理、永昌，遂度烏孫，水屬長江三千里，擊櫂聞於海。自
　　書契以來，湖南兵威之盛未有過此者也。無他故，專滅洪寇之功也。

〔註79〕

清末民初以來，「無湘不成軍」之諺語不逕而走。

第十四節　太平天國等草莽英雄不學無術，只有亂天下之才而無治天下之能

　　洪楊由廣西起事，東馳西突，如入無人之境，只用了兩年三個月，即攻
克南京，稱孤道寡，兵力不可謂不強。但其立國未及十五年即自行隕滅，衰
亡亦不可謂不速。其衰亡之速固與其未能占據形勢之地以立國有所關連。〔註
80〕但其主因實在未能將所有力量安置在適當位置、建立君尊臣卑、君合臣分、
層層節制、如臂使指之一體政治機械，消弭一切之磨擦、碰撞與力量對消之
狀況。李秀成敘及天朝十天失誤原因之一即是「東王、北王兩家相殺，此是
大誤。」〔註81〕太平天國並肩而起之天王、東、西、南、北、翼、燕諸王，
除西、南二王先亡之外，東王因為軍師，掌握兵符，威風張揚，上欺天王，
下壓北、翼諸王，北王、翼王積怒難平，內訌慘殺一發不可收拾，天國各股
力量大幅對消，石達開將好兵將帶走，天京幾乎成為一座空城。後雖有忠王
李秀成、英王陳玉成之拚死苦戰，終難挽敗局。此一悲劇不只是太平天國之
悲劇，亦是百分之九十九舉事革命之草莽英雄之悲劇，其例證多至史不絕書
之地步。由此可知意圖瞭解一體勢治之道亦非易事。中國人常說：「秀才造反，

〔註78〕曾國藩，〈湘鄉昭忠祠記〉，《曾文正公全集》冊一（臺北：世界書局，民國80
　　　年11月4版），頁142。
〔註79〕王闓運，《湘軍志》（臺北：文苑出版社，民國53年8月初版），一〈湖南防
　　　守篇第一〉，頁2。
〔註80〕南京不易防守，由太平天國一舉攻下南京，當時即謠傳「紙糊的南京城」，可
　　　以知悉。太平天國自建都南京直至滅亡，天京未獲一天之安寧。李秀成以「不
　　　應專保天京扯動各處兵馬。」為天朝十大失誤之一。見李秀成，《李秀成親供
　　　手疏》（臺北：世界書局，1962年7月印行，未列頁碼。）
〔註81〕李秀成，《李秀成親供手疏》。

三年不成。」但草莽英雄基本上不學無術，若缺乏調和鼎鼐、深通勢治之謀士輔佐，也絕對成不了氣候。

第六章　結　論

　　胡適、許倬雲論及先秦思想史、治術全然不提勢治之道，可見胡、許二氏對勢治思想之陌生。

　　沈成添即使就〈論勢〉這一主題發揮，仍然無法釐清勢治之正確含意，說明現代人意圖瞭解先秦勢治思想良非易事。

　　一般學者（如陳啓天、王邦雄、吳康、蕭公權、楊寬、陳麗桂、張素貞、吳亞東等）論及勢治思想，僅限於韓非〈難勢〉篇所舉之借勢及君王之權力，故其結果限於以管窺天之一隅之見，難窺勢治之全貌。謝雲飛在君王權力上僅附加上「因緣際會之時機」。呂思勉看出明分爲勢治之重要因素之一，這確是呂氏高明之處。

　　敘述勢治思想稍詳之郭沫若、鄭良樹因專主一家，失去會通機會，〔註1〕以致聞見有限，其對韓非子正面所涉及之勢治思想瞭解不夠周全，對韓非子反面預防勢治之凌夷（此爲韓非論勢最主要、最核心之理論）幾乎付之闕如。

　　度量、度數實爲勢之變名，一體勢治之道主要關鍵在於分合，度量即是分合之具。故先秦諸子（特別是儒家、道家、法家、兵家）敘及度量之時，其意恒指勢治。

　　勢治思想在先秦時代實爲一普遍命題，先秦諸子殆無一家、一人可以自外於此一範疇。以重勢聞名之慎到、孫臏、魯仲連、兵形勢家固是以勢治、重勢爲其主要內容；張儀、蘇秦開口、閉口不離立國形勢，立國形勢實爲先秦勢治思想之分枝。

〔註1〕　盧文弨即云：「不通眾經，不能治一家。」見盧文弨，《說文解字註·讀序》（臺北：藝文印書館，民國55年10月11版），頁797。

　　管子爲法家之先驅人物，其對勢治之道再三致意。但《管子》之內容亦與正統派道家之思想，適相符合，故《漢書・藝文志》將其歸入道家。

　　道家實有正統派與放者，老子與莊子一樣同屬道家之放者。近代出土之《馬王堆老子乙本卷前古佚書》（唐蘭以爲此即《黃帝四經》）爲解決此一問題提供充份證據。老、莊對遠離勢治機械控制之五帝三王以前之至德之世寄予無限之嚮往；申、愼、韓之思想實歸本於強調一體勢治之道之黃帝，而非道家之放者老子。黃、老思想判然有別，《淮南子・覽冥訓》之說法實指申、韓、商鞅之思想背離老子，但《漢書・藝文志》、《史記・老莊申韓列傳》意指申韓源出於黃，若細加釐清，《淮南子》之說法雖在外觀上與《史記・老莊申韓列傳》、《漢書・藝文志》之說法有異，但其實際卻並無矛盾衝突之處。老、莊、陳仲、許行全力反對勢治機械之運作，但其思想實對先秦勢治之道有相輔相成之助益，班固之說法是「相滅亦相生」。

　　孔子以重禮、知禮聞名春秋時代，但禮實可看作勢之眾多變名之一，故依勢治觀點，孔子論治亦離不開勢治；法家之勢與儒家之禮大體相同，均主「君尊臣卑，上下之分」但其小節迥不相侔。法家施治是掌握要點，對於器用、喪葬之細節不甚措意，而儒家之禮制則巨細無遺，既重「君尊臣卑，上下之分」，又講究衣、食、住、行、婚喪之一切細微末節，弄到「累世不能通其學，當年不能究其禮」「其事難盡從」之地步。《管子》、《愼子》、《韓非子》、《淮南子》均喜以當時所能見及最爲複雜之車輛比喻勢治或勢治之分工。《韓非子・卷十四・外儲說右下》即云：

> 國者，君之車，勢者，君之馬。無術以馭之，則身雖勞，不免於亂；
> 有術以取之，身處佚樂之地，又致帝王之功也。

說明勢是國家整個力量來源，法、術不過是鞭策、銜勒。如喻之以現代車輛，就更見深切著明。引擎爲整個車輛之心臟，是最巧奪天工之設計，爲動力之來源，驅動連桿、轉軸、車輪之運轉，而油門、刹車、方向盤、排檔之作用則在控制、羈勒此一龐大力量避免偏差、出軌、使之更合主人心意。油門、刹車、方向盤、排擋之設計與引擎相比就顯得過於粗糙。而勢爲引擎及車之大體構造，法、術則爲油門、刹車、方向盤、排擋。這僅止爲一比喻，但即使是現代最精巧之引擎、車體之設計，與五帝、三王之集天下之人材安置在適當時空位置、以尊制卑、以貴制賤、以眾制寡、以強制弱、以合制分，避免力量之碰撞、對消、流散，使力量完全發揮，以成一如心身使臂、如臂使

指之一體之勢治（禮治）機械相比，就顯得太過簡略粗糙。王國維單只見及周制立子以嫡以長之家族勢治，即以為是「萬世治安之大計」，為之狂喜，以為「政治上之理想，殆有未尚于此者，文（《殷周制度論》）凡十九頁，此文于考據之中，寓經世之意，可幾亭林先生。」[註2] 王氏《殷周制度論》主要只論及嫡長繼承制，定之以天（嫡長），可免紛爭。王氏為之狂喜之創見，僅是先秦勢治思想之一根小枝而已。立子以嫡以長屬於家族之一體之勢，其它如軍事上之一體之勢、政治上之一體之勢、地理上之形勢，其所具「萬世治安之大計」之效用，實只在立子以嫡以長之上，而不在其下。此事最足以解釋何以先秦禮治後人只見其繁瑣可厭，只有孔子為其魅力所惑，為之寤寐求之、廢寢忘食，即使食亦是食不知味，對之不斷感嘆：「周監於二代，郁郁乎文哉，吾從周。」孔子不但深知五帝三王之「宗廟之美，百官之富。」而且對於婚喪嫁娶之禮儀亦有講求。孔子週遊列國無法得君行道，其「宗廟之美，百官之富」之廟堂恢宏氣象即使當時人亦已無法一窺堂奧，遑論二千年後之胡適博士。孔子見之設施行事者，多為喪葬事項，故胡適以為此即儒者賴以為生之主業，故儒者或孔子不過是喪葬業者，與孟子以及後人所認知之「自有生民以來未有盛於孔子者」完全不稱。胡適對孔門之道實只能見其小，而未能見其大。司馬遷至大行禮官處親眼目睹三代以來禮治機械之損益，見及禮之「經緯萬端、總一海內、整齊萬民」之效用，對之只有望洋興嘆。孟子敘及勢治（禮治）之分工合作大略，氣壯辭烈。荀子論列禮治（勢治）最見條理，並兼及經濟上之一體之制。

慎到論及勢治之道並不止於《韓非子・難勢》所舉之「飛龍乘雲」之借勢。其理論涉及勢治思想之大部。其論及順勢而發在先秦諸子之中允推獨步，足以令亞當・斯密之「一隻看不見的手推動經濟發展」黯然失色。慎到思想雖以重勢為主，但偶亦論及重法。韓非子與荀子因對慎到思想取材不同，韓非論及其勢治思想，而荀子論列其重法部份，因之而有不同之評論。

申不害之思想兼及勢、術，申不害留下惟一篇幅較長之〈大體篇〉，勢、術思想天衣無縫的融合為一。勢、術範疇有互相重疊之處，不易釐清，如獨視、獨聽，既可歸入勢治範疇，又可歸入術治範疇。荀子、韓非子取材有異，觀點不同，因之而對申不害有不同之評斷。

〔註2〕　長春市政協文史和學習委員會編，《羅振玉王國維往來書信，三七○王國維致羅振玉（1917 年 9 月 13 日）》（北京：東方出版社，2000 年 7 月 1 刷），頁290。

兵形勢家、兵權謀家之形勢與法家之勢、儒家之禮一理相通，均主將力量安排在適當時空位置上，建立以尊制卑、以貴制賤、以眾制寡、以強制弱、以合制分、以建立如臂使指、指揮如意之一體勢治，避免力量之碰撞、對消、流散，使力量充份發揮。故兵家之形勢、儒家之禮均可視爲勢之變名。勢、禮名稱有時隨時代不同而有不同之稱呼，此種以尊制卑、以眾制寡、以合制分、上下有序之一體之勢，在春秋時代稱之爲禮，戰國時代則稱之爲勢。劉歆以《司馬法》內容多談兵形勢，將其列入兵家；但班固《漢書‧藝文志》卻依時代將其列入禮部之中。但兵家之形勢與法家之勢在對應程度上卻非完全密合無間。如以嚴刑峻法、重將手段，以達形名一致、三軍用命之目的，在兵家屬於兵形勢之範疇而法家將此類思想歸入重法之範疇。兵家之形勢與縱橫家之形勢判然有別。兵家之形勢是指兵形、兵勢。縱橫家蘇秦、張儀等之形勢實指地理形勢、立國形勢。在利用地理形勢上克敵制勝，在兵家卻屬於兵陰陽之範疇。

墨子雖主兼愛、節葬，但間一涉及勢治之道；流傳至今之《尸子》雖已大量散佚，但其斷簡殘篇中勢治思想仍隱然可見；商鞅思想非僅限於重法，亦涉及勢治之道；鄒忌以親身體驗說明勢治範疇中壅蔽之害；談天衍其語雖荒誕不經，但其思想亦以勢治爲依歸；名家爲排列一體之位階，強強「名位不同，禮亦異數。」故亦注意於「君尊臣卑、上下有序」之一體勢治之道，故在先秦諸子敘及一體勢治之道最見扼要者居然爲名家之《尹文子》；范睢以勢治之道鼓動秦昭王進行殘酷之奪權行動，大權獨攬。

近代學者論列韓非思想，較少涉及韓非勢治思想之原因有二：一是對整個勢治之道理解不夠周全，一方面僅能在君王之權力、借勢等最狹小的範圍內論列韓非之勢治思想，一方面又完全忽略韓非對勢治各部份之支節敘述；二是學者多從正面探尋韓非勢治之道，但韓非論勢之重點卻在防範勢治之凌夷，此詳彼略，以至鮮有交集。

在勢治思想上，《呂氏春秋》雜取各家之長以立說，其論勢治，內容豐贍而又條理分明，使先秦諸子各得一察焉之勢治之道，復歸於合。尤其在〈審分覽〉中，《呂氏春秋》一氣寫成連續八篇之勢治論文，極其類似《尹文子》之疏證，以致引起陳奇猷之誤解，以爲《呂氏春秋‧審分覽》等連串勢治論文是襲自尹文學派。此一說法有待商榷，實因勢治之道爲諸子之共識，內容類似或雷同，並不足以說明其前承後繼之關係，而《呂氏春秋》對其勢治思

想之來源往往特別交待，其提及尹文子之處，實在不多。

　　先秦諸子之勢治思想得之於古者爲多；參驗古代及當時歷史者其次；其自行創獲或來自於親身體驗者最少。

　　管子輔佐桓公，建立霸業，完全是以天子之禁令，綱紀天下，恢復「君君臣臣父父子子」之一體勢治。《管子》明言其勢治之道實源出明主、有道之君、聖人、先王，明主、有道之君、聖人、先王實指五帝三王。

　　老、莊、許行等人一心嚮往五帝三王之前之小國寡民、沒有階級、君民並耕、人間無屬、政治機械尚未出現之平等社會，以爲此爲至德之世。人間樂園一失難復，面對撲天蓋地而來之政治機械，莊周、陳仲之行爲類似周初之處士狂矞、華士採取不合作態度，設法使自己無用，讓君王無所取材，以躲避政治機械之迫害。

　　孔子之禮制（勢治）思想可在五帝（特別是黃帝、堯、舜）三王之治術找到充份佐證；孟子之勢治思想主要源自周禮，其敘及分工之勢治之道，特引夏禹治水爲例加以說明；荀子論禮（勢）以後出轉精之周制爲主，但亦兼及五帝。

　　申、愼、韓之思想，特別在勢治方面，主要歸本於黃，尤其是《馬王堆老子乙本卷前古佚書》（唐蘭以爲此即漢後失傳之《黃帝四經》，李學勤稱此爲《黃帝帛書》）出土之後，已能坐實此一問題，顧實、陳鐘凡在文獻不足狀況下，獨得其實，實在不易。除黃帝之外，愼子言及其思想所自，或云古者，或云先王。惟以積兔滿市、行者不顧說明分定爭止之理，似是創自愼到。司馬遷論及韓非「捃摭春秋之文以著書。」韓非確實引用大量《春秋左傳》之故事以爲其勢治理論之佐證；此外，韓非自言其思想所自者尚有《周記》、《記》、《桃左春秋》、上古之傳言及戰國史實。

　　兵家之形勢思想確是源出司馬一職或《司馬法》，但亦與兵陰陽家之思想有所關連。尉繚之兵形思想與晉國之尉之職掌密不可分。

　　墨子思想源出於夏，夏代已具一體勢治之雛形，故墨子間一涉及勢治之道；鄒忌見及壅蔽之害來自其親身體驗；蘇秦、張儀之論及立國形勢可在三王時代找到充份歷史證據。

　　《呂氏春秋》在諸子之中列雜家，其勢治思想亦是雜取五帝三王及先秦諸子之說，冶爲一爐，使分裂之遠古道術復歸於合。

　　五帝三王以下，此種勢治（禮治）之宏規，後來者（秦末有劉邦、韓信、

陳平；西漢有賈誼、周亞夫；東漢末期有曹操、諸葛亮；隋末有李世民；宋初有趙普；蒙古有耶律楚材；元末有朱元璋；明代有戚繼光；清末有曾國藩等英雄豪傑之士）只須增損古制，即具文能安邦、武能定國之能耐，一再組合、重建中國帝國之規模。此即中國歷代王朝能「死則又育」之主要原因之一。

　　蔣廷黻以為過去中國人能建立偉大帝國，足徵中國人有政治天才，所言不誣。但梁啟超以為中國人欠缺政治能力是否就判斷錯誤？也不盡然。梁氏特舉中國人在南洋、美、澳與英、荷競爭為例說明。中國開發南洋、美、澳者人數雖眾，但均為中下階層之勞工、農民，不學無術，無法建構中國傳統上下有序、指揮如意之政治機械、戰鬥機械，以致一遇有嚴密組織而又嗜殺成性之白人即潰不成軍，一敗塗地。

　　一體勢治之局穩固之後，出現的是利出一孔之狀況。全國人民均受到羈勒、束縛。此事利弊相參。其利是一統之局出現，政局安定，可免自相殘殺及內部之戰禍。其弊是人之個性飽受壓抑摧殘，士人階層所受控制最為嚴重，往往無所逃於天地之間。當然若能經由選拔、科舉，躋身高位，亦可享利出一孔之大利，甚至能壟斷所有利源，但這只是極少數。廣大之農、工、商階層在太平盛世因其在整個機械中無所取材，其所受到之壓迫比之士人為輕，僅負完糧納稅之責。但一遇戰禍連綿，政府抽稅、抽兵上癮，農、工、商同樣遭遇毀滅性之災禍。一體之勢治之道將士、農、工、商全部納入國家控制。在推行政務上，政治機械不可或缺，政治機械組織愈是嚴密，收效愈宏。但在生活上離政治機械愈遠，人生就愈愜意。這就形成中國人處世最為奇怪的一種人生態度，在學習階段學的是儒家之修齊治平之理論；在朝為官則用法家之殘酷深刻之治術；退隱則過道家之自然適性之生活。其層次最高者可以同時既居高官顯宦行儒、法之治，又存林下之風流，過著老莊嚮往之理想生活。

引用書目

一、文獻與考古資料（大體依時代先後爲序）

1. 《書經》（蔡沈集傳本），六卷序一卷篇目一卷，臺北：世界書局，民國 70 年 11 月 5 版。

2. 《逸周書集訓校釋》（皇清經解本），朱右曾集訓校釋，十卷，臺北：世界書局，民國 69 年 11 月初版。

3. 《周禮》（永懷堂本），鄭玄注，四十二卷，臺北：新興書局，民國 82 年 6 月版。

4. 《禮記》（相台岳氏本），鄭玄注，二十卷，臺北：新興書局，民國 80 年 10 月版。

5. 《大戴禮記》（王文錦點校，王聘珍解詁本），十三卷，臺北：文史哲出版社，民國 75 年 4 月初版。

6. 《孫子》（靖嘉堂藏宋本武經七書，續古逸叢書之三十八），孫武撰，三卷，臺北：商務印書館，民國 60 年。

7. 《孫子》（宋本十一家注孫子），三卷孫子本傳一卷十家注孫子遺説一卷，臺北：世界書局，民國 76 年 3 月再版。

8. 《老子》（王弼注本），王弼注，二卷，臺北：世界書局，民國 63 年 7 月新 2 版。

9. 《管子》（顏昌嶢校釋本），顏昌嶢校釋，二十四卷，長沙：岳麓書社，1996 年 2 月 1 版。

10. 《論語》（劉寶楠正義本），劉寶楠正義，二十四卷，臺北：世界書局，民國 63 年 7 月新 2 版。

11. 《論語》（四書集註本，吳志忠校刊），朱熹集註，臺北：藝文印書館，民

國 69 年 5 月 5 版。

12. 《南華眞經》（郭象注宋刻本，卷一至六，南宋本，卷七至十，北宋本），十卷，臺北：商務印書館，民國 60 年。

13. 《晏子春秋》（張純一校注本），八卷，臺北：世界書局，民國 63 年 7 月新 2 版。

14. 《司馬法》（靖嘉堂藏宋本武經七書，續古逸叢書之三十八），三卷，臺北：商務印書館，民國 60 年。

15. 《墨子》（孫詒讓閒詁本），孫詒讓閒詁，十五卷目錄一卷附錄一卷後語二卷，臺北：世界書局，民國 63 年 7 月新 2 版。

16. 《吳子》（靖嘉堂藏宋本武經七書，續古逸叢書之三十八），三卷，臺北：商務印書館，民國 60 年。

17. 《春秋左傳》（點校本），楊伯峻注，北京，中華書局，1995 年 10 月北京 5 刷，1736 頁。

18. 《左傳》（杜預集解本），三十卷，臺北：中華書局，民國 59 年 4 月 2 版。

19. 《國語》（點校本），韋昭注，二十一卷，臺北：里仁書局，民國 69 年 9 月影印。

20. 《尉繚子》（靖嘉堂藏宋本武經七書，續古逸叢書之三十八），三卷，臺北：商務印書館，民國 60 年。

21. 《孟子》（焦循正義本），焦循、焦琥正義，十四卷，臺北：世界書局，民國 63 年 7 月新 2 版。

22. 《汲冢紀年存眞》（歸硯齋本），朱右曾輯校，臺北：新興書局，民國 48 年 12 月初版。

23. 《尸子》（湖海樓叢書本，汪繼培輯），二卷附存疑，收錄於《百部叢書集成》，臺北：藝文印刷館影印。

24. 《商君書》（嚴萬里校正本），臺北：世界書局，民國 63 年 7 月新 2 版，頁 46。

25. 《尹文子》（錢熙祚校本），二卷，臺北：世界書局，民國 63 年 7 月新 2 版。

26. 《慎子》（錢熙祚校本），正文一卷逸文一卷，臺北：世界書局，民國 63 年 7 月新 2 版。

27. 《荀子》（王先謙集解本），二十卷，臺北：世界書局，民國 63 年 7 月新 2 版。

28. 《韓非子》（陳奇猷集釋本），陳奇猷集釋，二十卷，高雄：復文圖書，民國 80 年 7 月影印。

29. 《呂氏春秋》（陳奇猷校釋本），呂不韋撰，陳奇猷校釋，上海：學林出版

社，1995 年 10 月 3 刷。

30. 《淮南子》（高誘注），二十一卷，臺北：世界書局，民國 80 年 3 月 5 版。

31. 《史記》（百衲本），司馬遷撰，一三○卷，臺北：商務印書館，1994 年 4 月臺 1 版 7 刷。

32. 《戰國策》（點校本），劉向輯錄，三十三卷，臺北：河洛出版社，民國 69 年 8 月影印初版。

33. 《劉向別錄》（洪頤煊集，經典集林本），一卷，收錄於《百部叢書集成》，臺北：藝文印刷館影印。

34. 《說苑》（程榮校本），劉向輯錄，二十卷，臺北：世界書局，民國 59 年 1 月再版。

35. 《尚書大傳》（皇清經解續編本，陳壽祺輯校），一卷，收錄於《皇清經解續編》卷二五五，或《續經解尚書類彙編》冊一中，臺北：藝文印書館。

36. 《梁穀傳》（校相台岳氏本），范寧注，二十卷，臺北：新興書局，民國 64 年 2 月版。

37. 《漢書》（點校本），班固撰，顏師古注，一百卷，臺北：世界書局，民國 61 年 9 月初版影印。

38. 《魏武帝注孫子》（清平津館刊顧千里摹本），曹操撰，三卷，收錄於《孫子集成・冊一》，山東，齊魯書社，1993 年 4 月初版。

39. 《諸葛亮集》（點校本），張澍編，七卷，臺北：天山出版社，民國 64 年 6 月影印初版。

40. 《後漢書》（點校本），范曄撰，李賢註，九○卷，臺北：鼎文書局，民國 72 年 9 月。

41. 《文心雕龍》（王利器校箋本），劉勰撰，十卷，臺北：明文書局，民國 74 年 10 月 2 版。

42. 《三國志》（點校本），陳壽撰，裴松之註，六十五卷，臺北：世界書局，民國 61 年 9 月影印初版。

43. 《隋書》（點校本），房玄齡等撰，八十五卷，臺北：鼎文書局，民國 69 年 3 月 2 版。

44. 《群書治要》（宛委別藏本），魏徵輯，五十卷，臺北：商務印書館，民國 70 年 10 月初版。

45. 《晉書》（點校本），房玄齡等撰，一三○卷，臺北：鼎文書局，民國 76 年 4 月影印 2 版。

46. 《貞觀政要》（元戈直集論本），吳兢撰，十卷，長沙：岳麓出版社，1991 年 10 月 1 版。

47. 《陸宣公奏議》（人人文庫本），陸贄撰，十卷，臺北：商務印書館，民國

58 年 4 月初版。

48. 《舊唐書》（點校本），劉昫等撰，二百卷，臺北：鼎文書局，民國 68 年 2 月 2 版。

49. 《唐摭言》（四庫全書本），王定保撰，十五卷，收錄於《四庫全書》一〇三五冊中，臺北：商務印書館印行。

50. 《何博士備論》（指海本），何去非撰，一卷，臺北：收錄於《百部叢書集成》，臺北：藝文印刷館影印。

51. 《新唐書》（點校本），歐陽修、宋祁撰，二二五卷，臺北：鼎文書局，民國 68 年 12 月影印。

52. 《東坡志林》（明湯雲孫輯本），蘇軾撰，五卷，收錄於《百部叢書集成新編》冊八六，臺北：新文豐出版社，民國 75 年元月影印初版。

53. 《資治通鑑》（點校本），司馬光撰，二百九十四卷序錄一卷目次一卷附進書表等一卷後序一卷，臺北：世界書局，民國 68 年 5 月 8 版。

54. 《涑水記聞》，司馬光撰，十六卷，收錄於《叢書集成新編》第八十三本中，臺北：新文豐出版社，民國 75 年元月影印初版。

55. 《郡齋讀書志》（宋刻袁本），晁公武撰，六卷，臺北：商務印書館，民國 60 年。

56. 《直齋書錄解題》（人人文庫本），陳振孫撰，二十二卷，臺北：商務印書館，民國 67 年 5 月台 1 版。

57. 《容齋隨筆》，洪邁撰，七十四卷，長春：吉林文史出版社，1994 年 1 月 1 版。

58. 《漢書藝文志考證》（慶元路儒學刊本），王應麟撰，收錄於《玉海》冊八《玉海別附十三種》，十卷，臺北：華文書店，民國 56 年 3 月再版。

59. 《文獻通考·經籍考》（點校本），馬端臨撰，七十六卷，臺北：新文豐出版社，民國 75 年 9 月台 1 版。

60. 《宋史》（點校本），脫脫等撰，四百九十六卷，臺北：鼎文書局，民國 69 年元月影印初版。

61. 《三國演義》，羅貫中撰，一二〇回，臺北：世界書局，民國 64 年 12 月 3 版。

62. 《元史》（點校本），宋濂等編撰，二一〇卷，臺北：鼎文書局，民國 69 年 3 月影印初版。

63. 《草木子》（點校本），葉子奇撰，四卷，北京：中華書局，1997 年 11 月 3 刷。

64. 《諸子辯》（人人文庫本），宋濂撰，收錄於《古書辨偽四種》，臺北：商務印書館，民國 67 年 6 月台 1 版，頁 1～27。

65. 《明太祖實錄》，二五七卷，臺北：中央研究院歷史語言研究所，民國 57 年 6 月 2 版。

66. 《遜志齋集》，方孝儒撰，二十四卷，臺北：中華書局，民國 56 年 6 月初版。

67. 《紀效新書》，戚繼光撰，十八卷，北京：中華書局，1996 年 11 月 1 刷。

68. 《清世祖實錄》，一四四卷，臺北：華聯出版社，民國 53 年 9 月出版。

69. 《日知錄》（黃季剛、張溥泉校記本），顧炎武撰，三十二卷附二卷，臺北：明倫出版社，民國 60 年 10 月初版。

70. 《黃宗羲南雷雜著稿眞跡》，黃宗羲撰，杭州：浙江古籍出版社，1987 年出版。

71. 《明史》（點校本），張廷玉等撰，三三二卷，臺北：鼎文書局，民國 68 年 12 月影印出版。

72. 《坤輿典》，陳夢雷等編撰，收於《古今圖書集成》冊七，臺北：鼎文書局，民國 74 年 4 月影印再版。

73. 《簷曝雜記》，趙翼撰，正文六卷續一卷，北京：中華書局，1997 年 12 月 2 刷。

74. 《說文解字注》（經韻樓藏本），段玉裁注，三十二卷，內附盧文弨〈讀序〉，臺北：藝文印書館，民國 55 年 10 月 11 版。

75. 《春秋大事表》（尚志堂板），顧棟高撰，五○卷，臺北：廣學社印書館，民國 64 年 9 月。

76. 《四庫全書總目提要》（鉛排本），永瑢等編撰，二○○卷，台北：商務印書館，民國 74 年 5 月增訂 3 版。

77. 《經籍纂詁》（琅環仙館刻本），阮元等編撰，一○六卷，北京：中華書局，1995 年 8 月 2 刷。

78. 《新唐書札記》，李慈銘撰，收錄《二十五史三編·唐書之屬》第七分冊，長沙：岳麓出版社，1994 年 12 月 1 版。

79. 《老子本義》，魏源撰，二卷，臺北：世界書局，民國 63 年 7 月 2 版。

80. 《魏源集》，魏源著，北京：中華書局，1976 年 3 月初版，862 頁。

81. 《養知書屋文集》，郭嵩燾撰，二十八卷，收錄於《近代中國史料叢刊第十六輯》，臺北：文海出版社。

82. 《李秀成親供手疏》，臺北：世界書局，1962 年 7 月仿原件三色影印。

83. 《曾文正公奏稿》，曾國藩撰，收錄於《近代中國史料叢刊續輯》第一輯，臺北：文海出版社，民國 63 年 2 月影印初版。

84. 《曾文正公全集》，曾國藩撰，五冊，臺北：世界書局，民國 80 年 11 月 4 版。

85. 《周書斠補》（籀廎署檢本），孫詒讓撰，四卷，臺北：藝文印書館，民國 60 年 1 月再版。

86. 《湘軍志》，王闓運撰，十六篇，臺北：文苑出版社，民國 53 年 8 月初版。

87. 《三國會要》（點校本），楊晨撰，二十二卷，臺北：世界書局，民國 64 年 3 月 3 版。

88. 《孫臏兵法》，銀雀山漢墓整理小組，北京：文物出版社，1975 年 2 月 1 版，154 頁。

89. 《馬王堆漢墓帛書》〔壹〕國家文物局古文獻研究室編，北京：文物出版社，1980 年 3 月 1 版。

90. 《銀雀山漢簡釋文》，吳九龍，北京：文物出版社，1985 年 12 月 1 版，頁 246。

91. 《銀雀山漢墓竹簡》〔壹〕，銀雀山漢墓竹簡整理小組，北京：文物出版社，1985 年 9 月 1 版。

92. 《中法戰爭彙編》，楊家駱編，臺北：鼎文書局，民國 62 年 12 月初版。

二、一般論著 (依姓氏筆劃爲序)

1. 《韓非子的哲學》，王邦雄，臺北：東大圖書公司，民國 79 年 8 月再版，310 頁。

2. 《莊子校詮》，王叔岷，臺北：中央研究院，民國 77 年 3 月出版，1491 頁。

3. 《諸子學派要詮》，王蘧常，香港：中華書局香港分局，1987 年 12 月重印版，318 頁。

4. 《司馬法淺說》，田旭東，北京：解放軍出版社，1989 年 5 月 1 版，145 頁。

5. 《先秦學術概論》，呂思勉，北京：東方出版社，1996 年 2 月 2 刷，162 頁。

6. 《經子解題》，呂思勉，上海：華東師範大學出版社，1995 年 12 月 1 版，210 頁。

7. 《中國制度史》，呂思勉，上海：上海教育出版社，1998 年 5 月 2 刷，844 頁。

8. 《簡帛佚籍與學術史》，李學勤，臺北：時報文化，1994 年 12 月初版，415 頁。

9. 《周代城邦》，杜正勝，臺北：聯經出版公司，民國 68 年 1 月初版，220 頁。

10. 《先秦諸子考佚》，阮廷焯，臺北：鼎文書局，民國 69 年 3 月初版，280

頁。

11. 《歷史與思想》，余英時，臺北：聯經出版公司，民國 78 年 14 刷，476 頁。

12. 《朱元璋傳》，吳晗，香港：龍門書店，1973 年 2 月再版，250 頁。

13. 《原始儒家考述》，吳龍輝，北京：中國社會科學出版社，1996 年 2 月 1 版，260 頁。

14. 《羅振玉王國維往來書信》，長春市政協文史和學習委員會編，北京：東方出版社，2000 年 7 月 1 刷，697 頁。

15. 《中國古代哲學史》，胡適，臺北：遠流出版社，1994 年 1 月初版 7 刷，347 頁。

16. 《新民說》，梁啓超，臺北：中華書局，民國 67 年 7 月台 2 版。

17. 《先秦政治思想史》，梁啓超，香港：中華書局香港分局，1986 年重印，217 頁。

18. 《春秋戰國思想史》，孫開泰，北京：人民出版社，1994 年 4 月 1 版，242 頁。

19. 《胡適雜憶》，唐德剛，臺北：傳記文學雜誌社，民國 67 年 8 月再版，237 頁。

20. 《晚清七十年》（三），唐德剛，臺北：遠流出版社，1999 年 2 月初版 3 刷，頁 247。

21. 《戰國時期的黃老思想》，陳麗桂，臺北：聯經出版社，民國 80 年 4 月初版，253 頁。

22. 《諸子通誼》，陳鐘凡，臺北：商務印書館，民國 66 年 1 月台 1 版，138 頁。

23. 《卜辭綜述》，陳夢家，臺北：大通書局，未標影印時間，708 頁。

24. 《逸周書彙校集注》，黃懷信、張懋鎔、田旭東，上海：上海古籍出版社，1995 年 12 月 1 版，1335 頁。

25. 《韓非子析論》，謝雲飛，臺北：東大圖書公司，民國 85 年 2 月 3 版，194 頁。

26. 《孔子改制考》，康有爲，北京：中華書局，1958 年 9 月 1 版，495 頁。

27. 《十批判書》，郭沫若，北京：東方出版社，1996 年 3 月 1 版，522 頁。

28. 《孫子譯註》，郭化若，上海：上海古籍出版社，1995 年 7 刷，215 頁。

29. 《荊門郭店楚簡老子研究》，崔仁義，北京：科學出版社，1998 年 10 月 1 版，129 頁。

30. 《原富》，亞丹·斯密原著，嚴復譯，臺北：商務印書館，民國 66 年台 1 版，978 頁。

31. 《韓非子思想體系》，張素貞，臺北：黎明文化事業，民國 83 年 8 月 5 刷，226 頁。

32. 《先秦道論發微》，張舜徽，臺北：木鐸出版社，民國 77 年 9 月初版，209 頁。

33. 《漢書藝文志通釋》，張舜徽，收錄於《二十五史三編》第三分冊中，長沙：岳麓書社，1994 年 12 月初版，85 頁。

34. 《中國上古史綱》，張蔭麟，臺北：華岡出版公司，民國 67 年 2 月 5 版，272 頁。

35. 《戰國史》，楊寬，上海：上海人民出版社，1991 年 9 月 2 版 8 刷，605 頁。

36. 《中國政治思想史》，蕭公權，臺北：中國文化大學出版部，民國 82 年 11 月新 1 版 5 刷，906 頁。

37. 《韓非之著述及思想》，鄭良樹，臺北：學生書局，民國 82 年 7 月初版，605 頁。

38. 《中國近代史大綱》，蔣廷黻，北京：東方出版社，1996 年 3 月北京第 1 次印刷，190 頁。

39. 《讀左箚記》，劉師培，收錄於《劉師培遺書》（上）中，上海：江蘇古籍出版社，1997 年 11 月 1 版 2 刷，292～301 頁。

40. 《先秦史》，黎東方先生，臺北：商務印書館，1995 年 11 月修訂 1 版，195 頁。

41. 《中國的科名》，齊如山，臺北：中國新聞出版社，民國 45 年 8 月初版，228 頁。

42. 《先秦諸子繫年》，錢穆，臺北：東大圖書公司，民國 78 年 9 月東大再版，624 頁。

43. 《八十憶雙親師友雜憶合刊》，錢穆，臺北：東大出版社，民國 81 年 1 月 3 版，328 頁。

44. 《國史大綱》，錢穆，臺北：商務印書館，民國 72 年 11 月修訂 10 版，701 頁。

45. 《論人類不平等的起源和基礎》，盧梭著，李常山譯，北京：商務印書館，1996 年 7 月 6 刷，239 頁。

46. 《先秦兵家思想探源》，羅獨修，文化大學八十八年史學博士論文，387 頁。

47. 《漢書藝文志講疏》，顧實，臺北：廣文書局，民國 77 年 10 月再版，262 頁。

48. 《顧頡剛年譜》，顧潮編著，北京：中國社會科學出版社，1993 年 3 月 1 版，631 頁。

三、論文（依姓氏筆劃順序）

1. 〈論司馬遷述慎到、申不害及韓非之學〉，王叔岷，《中央研究院歷史語言研究所集刊》五十四本第一分，民國 72 年 3 月出版，頁 75～99。

2. 〈申不害的重術思想研究〉，王曉波，《史學、先秦史研究論集》，臺北：《大陸雜誌‧史學叢書‧第五輯‧第一冊》，未標出版時間，頁 419～432。

3. 〈郭店老子說略〉，王中江，《郭店楚簡研究》，沈陽，遼寧出版社，1999 年 1 月 1 版，頁 103～117。

4. 〈韓非論勢〉，沈成添，《政治學論集》，臺北：華岡出版社，民國 67 年 3 月出版，頁 112～118。

5. 〈試論馬王堆漢墓帛書《伊尹‧九主》〉，李學勤，《馬王堆漢墓研究》，長沙：湖南人民出版社，1981 年 1 月 11 版，頁 110～118。

6. 〈君尊臣卑下的君權與相權〉，余英時，《歷史與思想》，臺北：聯經出版社，民國 78 年 14 刷，頁 47～76。

7. 〈與徐乾學書的考證和說明〉，吳光，《古書考辨集》，臺北：允晨文化實業公司，民國 78 年 12 月，頁 181～188。

8. 〈戰國法家思想概述〉，吳康，《史學先秦史論集》，《大陸雜誌‧史學叢書‧第三輯‧第一冊》，未標出版時間，頁 291～296。

9. 〈勢治是韓非政治思想的發端和歸旨〉，吳亞東，《華南師範大學學報‧社會科學報》1984 年第 1 期，頁 65～70。

10. 〈傑出的儒學傳人司馬遷〉，吳九龍，《原始儒家考述‧附錄》，北京：中國社會科學出版社，1996 年 2 月 1 版，頁 214～256。

11. 〈諸子不出於王官論〉，胡適，《古史辨》第四冊上編《諸子叢考》，臺北：明倫出版社據樸社初版影印，民國 59 年 3 月版，頁 1～7。

12. 〈說儒〉，胡適，《中央研究院歷史語言研究所集刊》第四本第三分，上海：中央研究院歷史語言研究所，民國 23 年，頁 233～284。

13. 〈殷代婚姻家族宗法生育制度考〉，胡厚宣，《甲骨文商史論叢》初集，臺北：大通書局，未標影印時間，頁 113～182。

14. 〈《史記》中所述諸子及諸子書最錄考釋〉，梁啓超，附在《清代學術概論》一書中爲附錄。《清代學術概論》，北京：東方出版社，1996 年 3 月 1 版，頁 182～238。

15. 〈《漢書藝文志‧諸子略》考釋〉，梁啓超，附在《清代學術概論》中爲附錄。《清代學術概論》，北京：東方出版社，1996 年 3 月 1 版，頁 182～238。

16. 〈馬王堆出土《老子乙本卷前古佚書》的研究〉，唐蘭，《考古學報》1975 年第 1 期，頁 7～17。

17. 〈減少人類痛苦的國富論〉，高希均，聯合報副刊，民國89年8月21日。

18. 〈漢代軍服上的徽幟〉，孫機，《文物》1988年8期，頁89～91。

19. 〈戰國的統治機構與治術〉，許倬雲，《求古篇》，臺北：聯經出版社，民國71年6月初版，頁381～421。

20. 〈法家述要〉，陳啓天，《中國上古史》待定稿第四本，臺北：中央研究院歷史語言研究所，民國74年7月出版，頁433～474。

21. 〈韓非學述〉，陳奇猷，收錄於《韓非子集釋》中，高雄：復文圖書出版社，民國80年7月影印，頁4～10。

22. 〈述東晉王導之功業〉，陳寅恪，《金明館叢稿初編》，臺北：里仁書局，民國70年3月，頁48～68。

23. 〈陶淵明之思想與清談之關係〉，陳寅恪，《金明館叢稿初編》，臺北：里仁書局，民國70年3月，頁180～205。

24. 〈馬王堆《老子》甲乙本卷前後佚書與道法家〉，裘錫圭，《古代文史研究新探》，南京：江蘇古籍出版社，1996年2月，頁555～572。

25. 〈關於儒、道、土匪〉，聞一多，《聞一多全集》戊集，臺北：里仁書局，民國87年影印民國37年本，頁19～23。

26. 〈左氏不傳春秋辨〉，劉師培，收錄於《劉申叔遺書》（下），上海：江蘇古籍出版社，1997年11月1版2刷，頁1215。

27. 〈黃帝制器的故事〉，齊思和，《中國史探研》（古代篇），臺北：弘文館出版社，民國74年9月初版影印，頁201～217。

28. 〈一個富有意義的人生〉，蔣夢麟，收錄於《新潮》，臺北：傳記文學出版社，民國56年9月初版，頁73～99。

29. 〈論宋太祖收兵權〉，聶崇岐，《宋史叢考》，臺北：華世出版社，1986年12月，台1版，頁263～282。

30. 〈從春秋三傳看周人羈縻、統治諸侯之術〉，羅獨修，《中華民國史專題論文集第五屆討論會》論文集，臺北：國史館，民國89年12月，頁105～125。

31. 〈從出土之簡帛資料研析「（法家）歸本於黃老」之真義〉，羅獨修，《第一屆簡帛學術討論會論文集》，文化大學主辦，民國88年12月10至12日，頁1～10。

32. 〈周公制禮的傳說和周官一書的出現〉，顧頡剛，《文史》第六輯，北京：中華書局，1979年6月，頁1～40。